审计效率手册

用Excel高效完成审计工作

涂佳兵 林铖 著

电子工业出版社

Publishing House of Electronics Industry

北京·BEIJING

U0722936

内 容 简 介

本书从审计程序出发，主要介绍了通过Excel提高审计工作效率的思路和方法。通过讲解在执行不同审计程序时遇到的各种文件、数据、信息处理问题的解决案例，展示Excel VBA、Excel Power Query、Excel Power Pivot，以及数据库等的使用。

本书适合希望在审计行业发展的学生、工作在审计一线的审计人员，以及每天和Excel打交道的财务人员等阅读。

图书在版编目（CIP）数据

审计效率手册：用Excel高效完成审计工作 / 涂佳兵，林铖著. —北京：电子工业出版社，2020.1
ISBN 978-7-121-37657-3

Ⅰ. ①审… Ⅱ. ①涂… ②林… Ⅲ. ①表处理软件－应用－财务审计 Ⅳ. ①F239.41-39

中国版本图书馆CIP数据核字(2019)第235287号

责任编辑：官　杨
印　　刷：北京捷迅佳彩印刷有限公司
装　　订：北京捷迅佳彩印刷有限公司
出版发行：电子工业出版社
　　　　　北京市海淀区万寿路173信箱　　　　邮编：100036
开　　本：787×980　1/16　　　印张：13.5　　　字数：277千字
版　　次：2020年1月第1版
印　　次：2024年9月第12次印刷
定　　价：79.90元

凡所购买电子工业出版社图书有缺损问题，请向购买书店调换。若书店售缺，请与本社发行部联系，联系及邮购电话：(010) 88254888，88258888。

质量投诉请发邮件至zlts@phei.com.cn，盗版侵权举报请发邮件至dbqq@phei.com.cn。

本书咨询联系方式：010-51260888-819，faq@phei.com.cn。

前 言

作者自述

涂佳兵——

"在刚进入审计行业时，我曾因为要完成审计过程中大量重复、枯燥的工作而感到苦恼。因此我一直在思考如何用计算机技术从那些繁复、机械的工作中'解脱'出来，让自己能够更加专注于审计职业判断，从而享受审计工作的乐趣。

在写作本书的过程中，我和本书的另一位作者朋友把自己使用、制作的技术工具分享出来，希望能够起到抛砖引玉的作用，给读者带来启发。技术的发展正影响、改变着各行各业，审计行业也在其中。作为审计师，我们应该保持着开放的学习心态，做好迎接未来行业变革的准备。"

林铖——

"回想我刚踏进审计这个行业的时候，还是一个连 VLOOKUP 函数和数据透视表都不会的'职场小白'，需要不断地询问审计前辈、浏览行业论坛、阅读专业书籍，以此磨炼专业技能。而在入行多年后，我和另一位经验丰富的审计师朋友决定将审计工作中遇到的问题的解决方案、工具模板的操作技巧记录下来，以此形成一本帮助审计新人提高工作效率的书籍。

希望你在阅读完本书之后，也能和我当初学习新技能时一样，获得惊喜和愉悦的体验。如果你在某些问题上有更简洁的解决方法，也希望可以第一时间分享给我们。我们相信那些优秀的思想、经验、工具，可以传承和发展。"

作者问答

审计行业中的哪些人适合看这本书？

涂佳兵： 本书适合从事审计现场实务工作的人阅读。从函证、盘点、现金流量表编制、底稿复核等实务操作到如何利用 IT 审计的探讨，涵盖了审计工作的方方面面，从审计助理到项目经理都能够受益。

林铖： 本书涉及审计实务的全流程，相信审计现场的工作人员看了这本书会有所收获。

书中介绍了哪些提高审计效率的工具？

涂佳兵： 书中介绍的工具主要有积木式询证函模板、银行流水核对工具、企业公告下载器、同行业数据获取工具、本福特定律检验工具、抽凭工具、底稿复核工具，等等。建议大家在阅读本书前，先下载本书附赠的电子资源（见"本书使用技巧"）。

林铖： 书中提供了在行业信息查询、公告下载、盘点、函证、报告等各个审计环节中可以提高审计效率的工具。

技术"小白"是否能够快速学会这些工具的使用？需要具备哪些知识？

涂佳兵： 本书提供的工具对于完全不会 Excel 或编程的人也能够轻松上手。需要注意的是，对于获取网络信息的工具，如果网站发生了变化，工具可能会失效。因此在第 3 章我们详细讲解了制作信息获取工具的方法，希望对工具制作感兴趣的读者也能够做出属于自己的工具。

林铖： 本书是一本提升审计基础技能的书籍。在开始学习前与其说具备什么知识，不如说具备一颗立志于终身学习的审计从业者之心更加重要！

本书使用技巧

1. 微信扫描以下二维码回复：37657

- 获取本书配套 Excel 模板、视频、文档等电子资源
- 获取更多技术专家分享视频与学习资源
- 加入读者交流群

2. 浏览图书目录制订学习计划

3. 微信扫描以下二维码，发送读书笔记，可与作者进行交流

注意：本书中的工具仅用于示例和学习，请在使用中遵守国家相关法律、法规，以及所涉及网站的规定。

目录

第 1 章　怎样学习 Excel 和 Excel VBA

1.1　如何学习 Excel 2

1.2　Excel VBA 能做什么 3

　　1.2.1　处理固定格式表格 3

　　1.2.2　批量操作 4

　　1.2.3　大量计算 6

1.3　Excel VBA 的优点 7

1.4　如何学习 Excel VBA 7

　　1.4.1　学习资料 7

　　1.4.2　学习方法 8

　　1.4.3　调试方法 9

第 2 章　Excel 的基础操作

2.1　Excel 的基础操作界面 12

2.2　Excel 常用功能介绍 12

2.3　Office 常用快捷键介绍 15

2.4　Excel 函数与通配符介绍 20

第 3 章　了解被审计单位

3.1　同行业数据的获取 23

3.2　企业公告下载器 28

3.3　信息获取工具制作通用方法 32

　　3.3.1　Fiddle 32

　　3.3.2　请求 / 响应 34

　　3.3.3　URL 编码 / 解码 37

　　3.3.4　数据处理：JSON 38

　　3.3.5　数据处理：HTML 40

　　3.3.6　数据处理：XML 44

　　3.3.7　数据处理：Split 函数 45

　　3.3.8　数据处理：正则表达式 46

3.4　怎样积累审计经验 51

第 4 章　审计执行阶段

4.1　货币资金 54

　　4.1.1　本福特定律的应用实例 54

　　4.1.2　银行流水核查 62

4.2　往来科目 67

　　4.2.1　函证 67

4.2.2　函证的登记 79

4.2.3　地址检查（"信息查询瑞士军刀"）................. 88

4.2.4　用公式区分账龄 97

4.3　费用科目：数据透视表的运用 100

4.4　存货监盘：智能手机里的盘点小结.......................... 107

4.5　收入科目 113

4.5.1　信赖财务系统数据还是业务系统数据 113

4.5.2　大数据量的数据处理 116

4.5.3　复杂业务逻辑的数据处理 119

4.5.4　IT 审计如何工作.................................... 120

4.5.5　电商"刷单"的分析性程序 122

4.6　抽凭工具的使用 127

4.7　底稿复核工具的使用 133

4.8　固定资产折旧与无形资产摊销公式......................... 134

第 5 章　结论和报告阶段

5.1　现金流量表的编制 137

5.2　合并抵消数据的统计 161

5.3　报告复核意见整理工具................................... 168

5.4　报告的生成 169

5.4.1　导入财务报表附注的 Excel VBA 模板 170

5.4.2　怎样建立合理的表数据链接 173

5.5　合并 TB 的搭建与更新 177

第 6 章　其他通用知识

6.1　Total Commander 183

6.2　数据模型搭建简易看账工具 188

6.2.1　使用 Power Pivot 建立数据模型 188

6.2.2　使用数据模型建立数据透视表 192

6.2.3　使用高级筛选快速找出需要的会计凭证 195

第 7 章　学会学习

7.1　关于学习 200

7.2　逻辑等式 201

7.3　知识的联系 205

7.4　学习时间 206

第1章

怎样学习Excel和Excel VBA

Excel 是财务、审计工作的必备工具，对其掌握的程度影响着日常工作的效率。笔者在上大学时攻读的是工科，因此之前完全没有接触过 Excel。直到 2016 年 11 月笔者进入了会计师事务所，发现绝大部分的工作都需要在 Excel 中完成时，才意识到掌握 Excel 的重要性。在年报期间，由于对审计实务不熟悉，加上对 Excel 操作一无所知，所以笔者在整个年报期间效率低下，只能硬着头皮完成任务。在第一个年报过后，进入到淡季，笔者才正式开始系统地学习 Excel 及 Excel VBA。针对审计过程中很多重复、枯燥的工作，笔者也开始思考怎样才能批量完成那些工作，以提高工作效率。

1.1　如何学习 Excel

在经历第一个项目时，看到同事们双手不停敲击键盘，Excel 数据变化得让人眼花缭乱，笔者就心生羡慕。其实经历过几个项目后，大家都能够达到这样的程度。那么对于初学者要怎么学习 Excel 呢？

搜

在工作中，看到好的 Excel 底稿里面的公式自己要去思考。对于不懂怎么用的公式，直接在百度中搜索用法或者在 Excel 中按 F1 键查看公式的详细说明，这种方式是最直接、有效、令人记忆深刻的。善于搜索及实践，在经历几个项目后你就能达到熟练的水平了。

问

在忙于项目时，通常可用于学习的时间有限，如果你发现某项数据在处理时特别费时间，并且在网上也没有搜索到解决方法，那么这个时候最好问一下你的同事。因为在这种情况下，一般会有一种你不知道的简单处理方式，问比你经验丰富的同事，或许能够得到快速处理的办法。

学

当工作进入"淡季"，有充裕时间的时候，你可以找一些网上的教程或者买一本书，系统地学习一下 Excel 知识。熟练掌握 VLOOKUP、SUMIF 等常用函数，以及数据透视表、分列、分类汇总等常用操作。

快

当你已经掌握了常用的操作后，那么接下来就是要解决如何变"快"的问题。

快捷键

要想比别人操作得更快，就要使用快捷键。将你经常使用的功能按钮添加到"快速访问工具栏"中，并牢记常用操作的快捷键，将大大提高你的操作速度。当然，仅仅依靠 Excel 自带的快捷键和你自己添加到"快速访问工具栏"中的快捷方式，还不能达到"键盘流"的程度。因为移动单元格、切换工作表、选中表格区域这些操作仅用键盘是不能完成的。如果你有成为"键盘流"的重度倾向，可以考虑利用 AHK（Auto Hot Key）脚本来定制你的快捷键，成为完全的"键盘流"。

Excel VBA

最后，如果想进一步解决平时工作中重复、费时的操作，那么你就要考虑学习一下 Excel VBA 了。

1.2　Excel VBA 能做什么

在学习之前，一起看一看 Excel VBA 能够帮助我们做什么。

1.2.1　处理固定格式表格

财务人员和审计人员天天和 Excel 打交道。对于财务人员来说可能每周、每月甚至每天都要制作固定格式的表格。这样的需求其实是最适合用 Excel VBA 来解决的，可能你要辛辛苦苦做几十分钟的表格，计算机只用不到 1 秒的时间就能做完。

案例 1：

2018 年 5 月底，公司的 IT 部同事找到笔者帮忙，他们被安排要把事务所在 2017 年出具的年报报表按照财政部发的格式（见图 1-2-1）重新填写并提交给总部。这项工作就他们三四个人做，而且只剩下 3 天时间，一个年报中包括那么多报告，每个报表有 12 张表，可能他们加班加点也很难干完。笔者花了一个白天加一个晚上的时间做了一个小工具，结果不到 1 秒就完成了一个报表，加上他们复核的时间，大约 3 分钟就可以处理完一家公司的数据。

	A	B	C	D
1	合并资产负债表			
2				
3	编制单位：	201X年12月31日		金额单位：元
4	项　　目	期末余额	期初余额	附注编号
5	流动资产			
6	货币资金			
7	△结算备付金			
8	△拆出资金			
9	以公允价值计量且其变动计入当期损益的金融资产			
10	衍生金融资产			
11	应收票据			
12	应收账款			
13	预付款项			
14	△应收保费			
15	△应收分保账款			
16	△应收分保合同准备金			
17	应收利息			
18	应收股利			
19	其他应收款			
20	△买入返售金融资产			
21	存货			
22	持有待售资产			
23	一年内到期的非流动资产			
24	其他流动资产			
25	**流动资产合计**	-	-	
26	非流动资产			
27	△发放贷款及垫款			
28	可供出售金融资产			

合并资产负债表 | 合并利润表 | 合并现金流量表 | 合并所有者权益变动表 | 资产负债表 | 利润表 | 现金流量表 | 所

图 1-2-1

案例 2：

2018 年 12 月，笔者接到客户某有限公司做一个报表自动化的小程序的任务。他们的财务人员每个季度都要做季报，还要填写报表附注。这个工作量很大，他们需要加几天班才能完成。由于他们的附注格式都是固定的，所以非常适合用 Excel VBA 将填写的过程自动化。因此笔者编写了从科目余额表中取数自动填写附注的工具，能够大大节约他们的时间。

1.2.2　批量操作

编写 VBA 代码可以方便快捷地完成重复，烦琐的批量操作任务，从而显著提高工作效率。

案例 3：

2017 年做年报时遇到一家金融企业，笔者做的科目需要核算该企业发行的理财产品的计提的利息，公司账上有约 200 个浮动利率的理财产品。

每个理财产品就是一个工作簿，如图 1-2-2 所示。投资者因投资本金不同，得到的利率不同。要是按照正常操作，那就需要对 200 个这样的工作簿计算出计息天数，并计算出应计提的利息，然后把理财产品利息汇总。在整个过程中只要中间某部分计算错误，那么就要重新来一次。

序号	客户姓名	认购金额（元）	产品收益（%）	起息日	结息日	计息天数	应付收益（元）	客户银行账号	银行名称	支行信息	备注
1	客户1	50,000.00	6.80%	2017-3-13	2017-3-28	15	139.73				
2	客户2	50,000.00	6.80%	2017-3-13	2017-3-28	15	139.73				
3	客户3	200,000.00	6.80%	2017-3-13	2017-3-28	15	558.90				
4	客户4	100,000.00	6.80%	2017-3-13	2017-3-28	15	279.45				
5	客户5	100,000.00	6.80%	2017-3-13	2017-3-28	15	279.45				
6	客户6	300,000.00	7.00%	2017-3-13	2017-3-28	15	863.01				
合计		800,000.00					2,260.27				

XXX产品兑付客户明细表
产品名称：XXXX01号　产品成立日：2017年3月13日　产品期限：398天　兑付期限：每季度28日
第一次兑付　认购期利息（%）5≤R<30,6.8%；30≤R<50，7.0%；50≤R<100，7.2%；100<R，7.3%/　计息时间：2017.3.13-
2017.3.27（共15天）　支付日期：2017年3月28日
经办：　　　复核：

图 1-2-2

于是笔者在现场花了一个晚上的时间写了一段 VBA 代码，一键就可以完成自动打开工作簿、计算每个投资人利息并求和、关闭工作簿、循环 200 个工作簿的计算过程。对于这 200 个理财产品的数据，只用大概 10 多秒时间就可以生成出如图 1-2-3 所示的表格，接下来只需要求和就可以完成任务。而且，做下一个年报的同事还可以继续使用该工具，利人利己。

	D	E	F	G	H	L	M
1	产品编号	产品期限（天）	产品收益	成立时间	到期时间	测算利息	获取信息
2	A00001号	695	5≤R<50,7.3%/;	2017-2-10	2019-1-5	3,240.00	
3	A00002号	688	5≤R<50,7.3%/;	2017-2-17	2019-1-5	43,381.23	
4	A00003号	412	5≤R<30,6.8%/;	2017-3-13	2018-4-28	72,487.40	
5	A00004号	405	5≤R<30,6.8%/;	2017-3-13	2018-4-21	20,742.79	
6	A00005号	398	5≤R<30,6.8%/;	2017-3-13	2018-4-14	44,150.68	
7	A00006号	315	5≤R<30,6.8%/;	2017-3-24	2018-2-1	60,572.05	
8	A00007号	307	5≤R<30,6.8%/;	2017-4-1	2018-2-1	184,413.26	
9	A00008号	308	5≤R<30,6.6%/;	2017-3-31	2018-2-1	17,856.16	
10	A00009号	301	5≤R<30,6.6%/;	2017-4-7	2018-2-1	30,001.32	
11	A00010号	298	5≤R<30,6.8%/;	2017-4-10	2018-2-1	27,734.25	
12	A00011号	365	5≤R<30,6.8%/;	2017-4-10	2018-4-9	28,082.74	
13	A00012号	294	5≤R<30,6.6%/	2017-4-14	2018-2-1	42,389.26	

图 1-2-3

1.2.3 大量计算

如果遇到大量计算，人工操作一次需要几个小时的时候，你就要考虑用编程来完成了。

案例 4：

2017 年，另外一组同事做一个资产证券化项目，监管机构需要这个项目的现金流预测值来评估项目风险。同事要根据条件概率分布来计算每个季度回收的现金流，并以此为基础计算下一个季度的现金流，需要这样迭代几次。

此项目的条件分布如图 1-2-4 所示。

11	条件分布:																												
12																													违约
13	付款方式			检验	0-29	30-59	60-89	90-119	120-149	150-179	180-209	210-239	240-269	270-299	300-329	330-359	360-389	390-419	420-449	450-479	480-509	510-539	540-569	570-599	600-629	630-659	660-689	690-719	720
14	商业贷款	0-29	98.15	1.00		0.10	0.13	0.14	0.12	0.10	0.08	0.06	0.05	0.03	0.03	0.02	0.02	0.01	0.01	0.01	0.01	0.01	0.01	0.00	0.00	0.01	0.00	0.00	0.04
15		30-59	88.10	1.00			0.14	0.16	0.14	0.11	0.09	0.07	0.05	0.04	0.04	0.02	0.02	0.02	0.01	0.01	0.01	0.01	0.01	0.00	0.00	0.01	0.00	0.00	0.04
16		60-89	75.60	1.00				0.19	0.16	0.13	0.10	0.08	0.06	0.04	0.04	0.03	0.02	0.02	0.01	0.01	0.01	0.01	0.01	0.00	0.00	0.01	0.00	0.00	0.05
17		90-119	61.52	1.00					0.20	0.16	0.13	0.10	0.07	0.05	0.05	0.03	0.03	0.02	0.02	0.01	0.01	0.01	0.01	0.01	0.00	0.01	0.00	0.00	0.06
18		120-149	49.51	1.00						0.20	0.16	0.12	0.09	0.07	0.06	0.04	0.03	0.03	0.02	0.01	0.02	0.01	0.01	0.01	0.01	0.01	0.00	0.00	0.08
19		150-179	39.51	1.00							0.20	0.16	0.12	0.08	0.08	0.05	0.04	0.03	0.03	0.02	0.02	0.02	0.01	0.01	0.01	0.02	0.00	0.01	0.10
20		180-209	31.67	1.00								0.19	0.14	0.11	0.10	0.07	0.05	0.04	0.03	0.02	0.03	0.02	0.02	0.01	0.01	0.02	0.00	0.01	0.12
21		210-239	25.50	1.00									0.18	0.13	0.12	0.08	0.07	0.05	0.04	0.03	0.03	0.03	0.02	0.01	0.01	0.03	0.01	0.01	0.15
22		240-269	20.91	1.00										0.16	0.15	0.10	0.08	0.06	0.05	0.04	0.04	0.03	0.02	0.02	0.01	0.03	0.01	0.01	0.19
23		270-299	17.56	1.00											0.18	0.12	0.10	0.08	0.06	0.04	0.05	0.04	0.03	0.02	0.02	0.04	0.01	0.01	0.22
24		300-329	14.45	1.00												0.14	0.12	0.09	0.07	0.05	0.06	0.05	0.04	0.02	0.02	0.04	0.01	0.01	0.27
25		330-359	12.39	1.00													0.14	0.11	0.08	0.06	0.06	0.06	0.04	0.03	0.02	0.05	0.01	0.02	0.32
26		360-389	10.69	1.00														0.13	0.10	0.07	0.07	0.07	0.05	0.03	0.03	0.06	0.01	0.02	0.37
27		390-419	9.34	1.00															0.11	0.08	0.09	0.08	0.05	0.03	0.03	0.07	0.02	0.02	0.42
28		420-449	8.30	1.00																0.09	0.10	0.09	0.06	0.04	0.03	0.08	0.02	0.03	0.47
29		450-479	7.56	1.00																	0.11	0.10	0.07	0.04	0.04	0.09	0.02	0.03	0.52
30		480-509	6.76	1.00																		0.11	0.08	0.05	0.04	0.10	0.02	0.03	0.58
31		510-539	6.04	1.00																			0.08	0.05	0.04	0.11	0.03	0.04	0.65
32		540-569	5.53																					0.06	0.05	0.12	0.03	0.04	0.71
33		570-599	5.21																						0.05	0.12	0.03	0.04	0.75
34		600-629	4.94																							0.13	0.03	0.04	0.79
35		630-659	4.29																								0.04	0.05	0.91
36		660-689	4.14																									0.05	0.95
37		690-719	3.93																										1.00
38		720-749																											

图 1-2-4

项目的现金流计算模型如图 1-2-5 所示。

	A	B	C	D	E	F	G	H	I	J	K	L
1	回款分布	逾期流入	逾期流入1	逾期流入（违约赎回）2	未到期流入	未到期流入1	未到期流入（违约赎回）2	逾期退房	未逾期退房	小计流入	现金流出	
2	2017/7/1	6,547,519.55	6,547,519.55	-	238865081.3	238,865,081.26	-	-	-	245,412,600.81	-	
3	2017/8/1	6,088,280.96	6,088,280.96	-	418282058.1	418,282,058.15	-	-	-	424,370,339.11	-	
4	2017/9/1	5,119,595.68	5,119,595.68	-	315611558.8	315,611,558.76	-	-	-	320,731,154.44	-	
5	2017/10/1	5,730,661.17	5,730,661.17	-	240234390.2	240,234,390.23	-	-	-	245,965,051.41	-	
6	2017/11/1	3,403,205.95	3,403,205.95	-	173536592.2	173,536,592.21	-	-	-	176,939,798.16	-	
7	2017/12/1	4,539,391.72	4,364,711.24	174,680.48	135188148.2	135,188,148.17	-	943,441.02	35,330,340.10	176,001,321.01	-	
8	2018/1/1	6,593,305.10	5,091,352.67	1,501,952.43	96104160.3	96,104,160.30	-	-	-	102,697,465.40	1,589,420,264.94	
9	2018/2/1	7,957,105.50	7,957,105.50	-	255037767.9	255,037,767.89	-	-	-	262,994,873.39	-	
10	2018/3/1	9,133,948.08	8,177,255.58	956,692.50	383232416.8	383,232,416.81	-	-	-	392,366,364.89	-	
11	2018/4/1	7,943,213.29	5,622,280.02	2,320,933.27	287963130.3	287,963,130.28	-	-	-	295,906,343.57	-	
12	2018/5/1	5,171,110.92	5,136,226.52	34,884.39	218893253.9	218,893,253.89	-	-	-	224,064,364.81	-	
13	2018/6/1	4,613,606.92	2,851,219.91	1,762,387.01	158597343.4	158,575,239.71	22,103.73	739,305.51	27,711,317.23	191,661,573.11	-	
14	2018/7/1	3,556,290.75	3,419,567.45	136,723.30	123495944.4	123,058,329.96	437,614.48	-	-	127,052,235.19	1,469,690,985.17	
15	2018/8/1	9,915,749.56	8,740,163.75	1,175,585.80	263152479.5	262,361,555.88	790,923.62	-	-	273,068,229.05	-	
16	2018/9/1	6,624,182.51	6,624,182.51	-	367501258.6	366,757,280.41	743,978.15	-	-	374,125,441.07	-	
17	2018/10/1	7,122,623.32	6,373,815.24	748,808.08	281524332.5	280,205,035.09	1,319,297.46	-	-	288,646,955.86	-	
18	2018/11/1	7,228,127.42	5,411,521.15	1,816,606.27	213530714.4	212,865,586.22	665,128.17	-	-	220,758,841.80	-	
19	2018/12/1	2,999,723.01	2,972,418.82	27,304.19	159207319.9	158,225,528.04	981,791.83	683,498.91	25,623,969.72	188,514,511.51	-	
20	2019/1/1	4,813,594.88	3,306,713.76	1,506,881.12	125496797.9	125,161,907.98	334,889.95	-	-	130,310,392.81	1,472,166,214.49	
21	2019/2/1	9,534,627.11	8,447,974.31	1,086,652.80	264939566.9	262,858,898.88	2,080,668.01	-	-	274,474,194.00	-	
22	2019/3/1	6,465,426.55	6,465,426.55	-	371868003.9	369,282,079.33	2,585,924.62	-	-	378,333,430.50	-	
23	2019/4/1	6,869,601.96	6,177,441.17	692,160.79	283637812	279,368,088.78	4,269,723.26	-	-	290,507,414.00	-	
24	2019/5/1	6,999,686.93	5,320,506.84	1,679,180.10	214264189.8	210,932,294.00	3,331,895.83	-	-	221,263,876.77	-	
25	2019/6/1	2,961,921.65	2,936,683.02	25,238.63	155121670.2	153,691,749.12	1,429,921.12	684,390.09	25,667,385.15	184,435,367.12	-	
26	2019/7/1	4,702,169.71	3,299,485.51	1,402,684.20	121923454.3	121,138,750.79	784,703.53	-	-	126,625,624.03	1,479,324,675.19	
27	2019/8/1	9,563,221.30	8,475,814.04	1,087,407.26	264413148.2	263,847,343.63	565,804.54	-	-	273,976,369.46	-	
28	2019/9/1	6,487,968.62	6,487,968.62	-	371451600	369,517,988.13	1,933,611.84	-	-	377,939,568.59	-	

分布汇总 | 商业分布 | 公积金分布 | 组合分布

图 1-2-5

最开始他们用手工计算，计算一次就需要 3 到 4 个小时。而且这中间有几个变量，每修改一次变量就需要重新计算，简直被折磨得死去活来。最后笔者帮助他们写了 VBA 代码工具，用递归函数只需要 10 多秒的计算时间，就可以完成人工 3 到 4 个小时的计算量，而且可以随意修改变量。

1.3　Excel VBA 的优点

Excel VBA 最大的优点就是可以直接在 Excel 中运行，不需要再安装其他的编程软件、环境。而且大多数电脑都安装了 Office 办公软件，也就是说你写的东西放到任何一台安装了 Office 办公软件的电脑上一般都可以"跑"起来（32 位和 64 位的 Office 版本存在部分兼容问题）。

在 Excel 中，按 Alt+F11 组合键，就可以进入 VBA 编程环境，调试功能也十分方便进行了代码调试。需要处理的数据就在 Excel 中，输出的数据也存储在 Excel 中。

最重要的是，如果你从来没有学过编程，那么还可以录制宏，把要进行的操作录制一遍后将自动生成 VBA 代码，再简单修改一下通常就可以满足你的要求了。学习的门槛很低。

当然，VBA 也有很多缺点。例如，相比 Python，Excel VBA 就连写个小功能都需要很多代码才能完成。

1.4　如何学习 Excel VBA

如果你没有过编程经历，那么也许会怀疑自己是否能快速学会 Excel VBA。如果你只是想用 Excel VBA 解决工作中经常遇到的问题，那么需要大概三个月的时间，就能够写出像样的工具了。

1.4.1　学习资料

（1）"兰色幻想 VBA 从入门到进阶 80 集完整版"视频教程

这个视频教程是 Excel VBA 视频类的教程里面质量很高的，内容十分全面、详尽。在刚开始学习的阶段，建议大家在看完一个视频后就跟着视频布置的作业练习。这个视频教程不一定要全部看完，可以根据自己的实际需求选择性学习，后面的高阶内容也可以不看。

（2）《Excel VBA 程序开发自学宝典》

如果习惯看纸质书的话，这本罗刚君老师的书值得推荐。图书内容质量上乘，可以作为平时查阅的工具书。

（3）ExcelHome 论坛

在经过上述两个步骤的系统学习后，我们就需要利用 Excel VBA 解决实际问题了。Excel Home 论坛的 Excel VBA 程序开发板块内容十分丰富，如果你在开发工具的过程中遇到问题，那么可以直接在该论坛里面搜索解决方法。你遇到的大部分问题都会有现成的答案，对解决问题有很大帮助。

（4）Excel 帮助文件（快捷键为 F1）

在 Excel 的编程界面中（按 Alt+F11 组合键进入编程界面），按 F1 键就能显示帮助文件，直接搜索函数名或关键字就可以显示出用法说明。在掌握了基础知识后，就要不断写一些代码解决实际问题，这个阶段可以靠 Excel 帮助文件和 ExcelHome 论坛来不断学习。

有一点需要注意，只有 Office 2007 及更早版本有本地的帮助文件，比 Office 2007 更高的版本都没有本地的帮助文件。所以，如果你联网查看在线帮助文件不方便，那么最好使用 Office 2007 版学习 Excel VBA，这样能够提高学习效率。

1.4.2　学习方法

建议在最开始学习 Excel VBA 时，跟着上面说的资料（1）、资料（2）进行学习，同时通过例题练习、思考。在这个阶段不能理解的问题，可以通过录制宏来看看实现的操作背后的代码是什么样。

完成基础知识的学习之后，就要以任务为导向，思考在工作中遇到的问题怎么用 Excel VBA

来解决。先尝试自己写代码，不会的再到 ExcelHome 论坛上搜索答案，同时通过 Excel 帮助文件扩展相关知识。这个阶段是一个分水岭，决定了你究竟是"会"还是"不会"Excel VBA。

在写过一两个工具的代码，解决了实际问题之后，基本上就算是"学成了"。这个阶段主要是在工作中学习，遇到问题后去查、去解决就行了。

1.4.3　调试方法

很多人学习编程时为什么会坚持不下去？不是因为没有兴趣，也不是因为不聪明，而是因为迟迟写不出一个程序。为什么会这样？看了书，明白了相关知识点该怎么用，但是一到自己在电脑上写代码就会出错。而自己没有能力看出问题出在哪儿，最终只能放弃。因此，学会调试，找出程序报错的原因，就是学习一门编程语言的第一步。

在 Excel VBA 中应该怎么调试呢？首先在编程界面的"视图"菜单中勾选"立即窗口"、"本地窗口"和"工具栏 – 调试"选项，如图 1-4-1 所示。这是我们需要的基本界面设置。

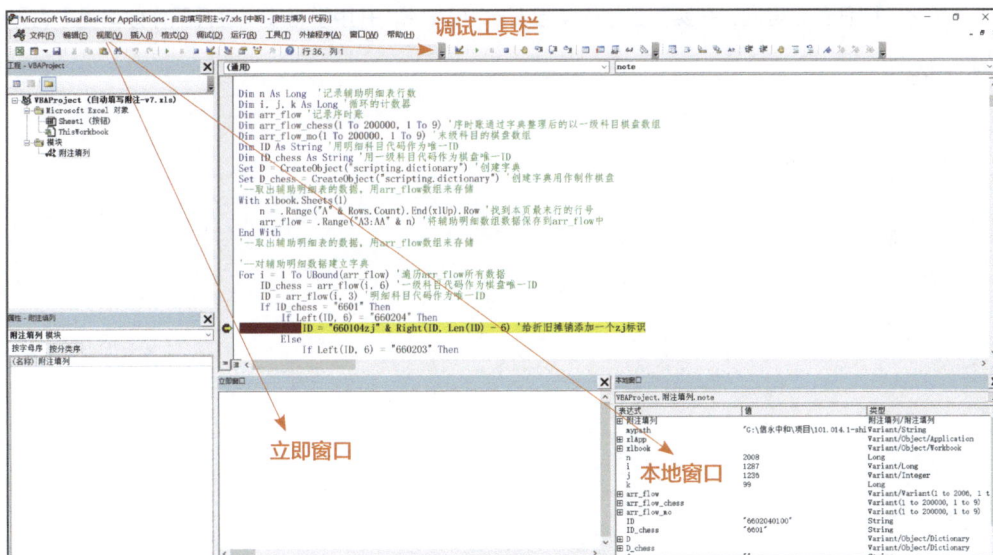

图 1-4-1

其次，当我们遇到 Bug 的时候，在调试工具栏中单击"逐语句"按钮可以看到每一行代码的执行效果，在本地窗口中会显示所有变量的值，根据这些变量的值你就会知道哪里出了问题。

当然，也可以在重要的语句中间写"debug.print 变量或值"，这样当执行到这句代码时，程序就会把该变量或值显示在立即窗口中了。

当程序的语句特别多的时候，你不可能一直单击"逐语句"按钮。这个时候，你可以在想要停止的某一行语句前设置断点。

在一个循环语句中，如果你想让程序在满足某个条件的时候停止，那么可以在循环语句内加入下列代码：

```
If then
  Stop
End if
```

这样你就可以快速查看断点处究竟出了什么问题。

总之，以任务为导向，在实际工作中学习 Excel VBA，并用学习成果提升工作效率是最有效的学习方法。

第2章

Excel的基础操作

2.1 Excel 的基础操作界面

Excel 是审计工作中最常用的工具，本节以 Excel 2016 版本为例介绍 Excel 的基本操作界面，如图 2-1-1 所示。

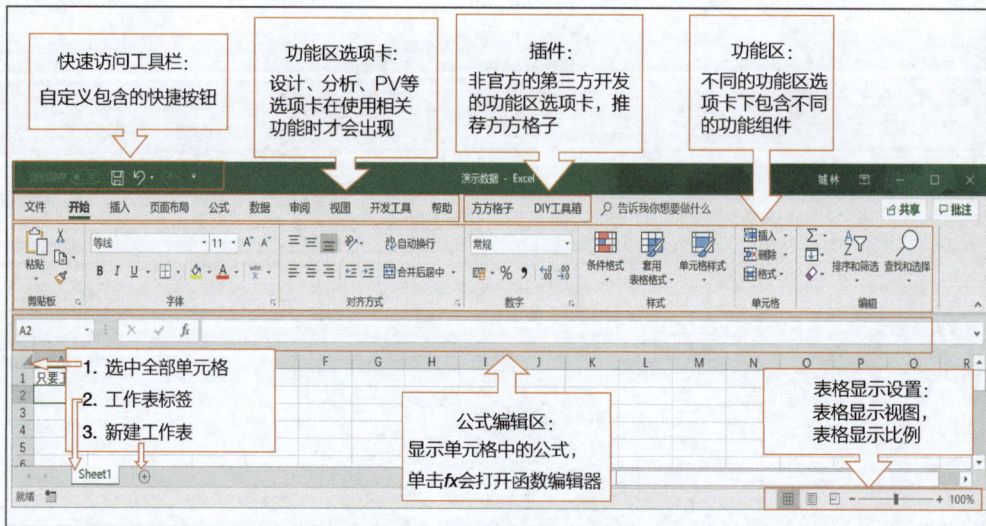

图 2-1-1

2.2 Excel 常用功能介绍

表 2-2-1 列出了在审计工作中常常会用到的功能区选项卡与对应的常用功能介绍，从"开始"到"视图"选项卡是所有版本的 Excel 都有的基本功能。表中列出的常用功能可以说是所有审计人员都需要掌握的，后文的实际案例中会涉及这些功能的组合运用。

Power Query、Power Pivot、Power View，再加上 Power BI Desktop 是基于大数据生成可视化报表的利器。笔者认为随着行业的不断发展，我们面对的客户的数据量将会越来越大，而这些可以拓展 Excel 数据处理边界的工具将会发挥更大的价值。

宏和插件（加载项）都是 Excel 功能的拓展，当 Excel 自带的功能无法满足广大用户个性化的工作需求时，就会有"大神"撸起袖子自己写代码。业内较出名的宏文件包括"信永中和小账套"

等各种各样的函证模板，功能集成得较多时就成了我们常见的插件。比如在审计行业大名鼎鼎的"京都底稿宏"，当然还有笔者个人最喜欢用的方方格子系列插件（直接在百度搜索"方方格子"就能找到下载链接，部分功能需付费使用）。对于方方格子，官网有很完善的动图和视频教学资料，这里不做详细介绍了。

表 2-2-1

功能区选项卡	常用功能与备注
开始	字体、对齐方式、查找、替换、筛选、格式刷、粘贴
插入	数据透视表、图表、切片器
页面布局	打印标题、页面方向
公式	函数、名称管理器、计算选项（手动 / 自动）
数据	排序、分列、筛选、高级筛选、删除重复项、快速填充
视图	冻结窗口
开发工具	宏、录制宏、加载项
Power Query	数据获取、数据清洗与建立数据模型
Power Pivot	建立数据模型后才会出现：对数据模型进行可视化的编辑和处理
Power View	Excel 2016 以上版本的功能，主要功能是建立可视化报表
方方格子、AudTool、DIY 工具箱	收费的第三方插件，常用功能包括：文本处理、汇总与拆分、合并转换、高级分列、添加或删除 ROUND 函数、统计与分析、Lotex、收纳箱、简称匹配全称

在 Excel 的快速访问工具栏中，我们可以通过单击功能按钮或使用快捷键（Alt+ 数字键）调用其功能。在审计工作中，可以将自己常用的功能添加到快速访问工具栏。下面以添加筛选功能为例，介绍设置方法。

在"数据"选项卡中找到"筛选"按钮，单击鼠标右键，在弹出的菜单中选择"添加到快速访问工具栏"命令，如图 2-2-1 所示。

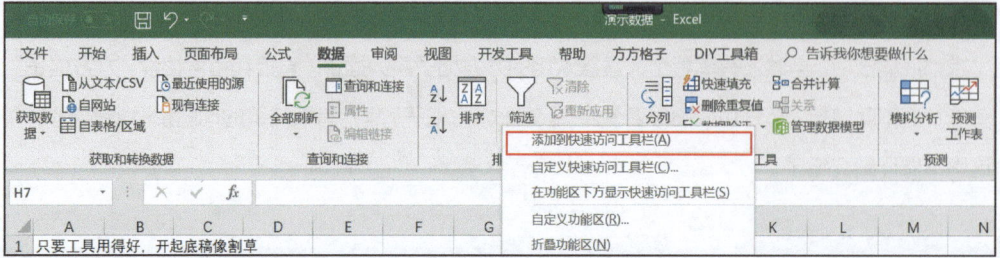

图 2-2-1

我们也可以在 Excel 的功能区中自定义一个包含自己常用功能的选项卡，便于在日常工作中使用，操作方法为：打开"Excel 选项"对话框，在左边列表框中选择"自定义功能区"选项，在右边窗格中单击"新建选项卡"按钮，如图 2-2-2 所示，然后将所需命令添加到此选项卡。

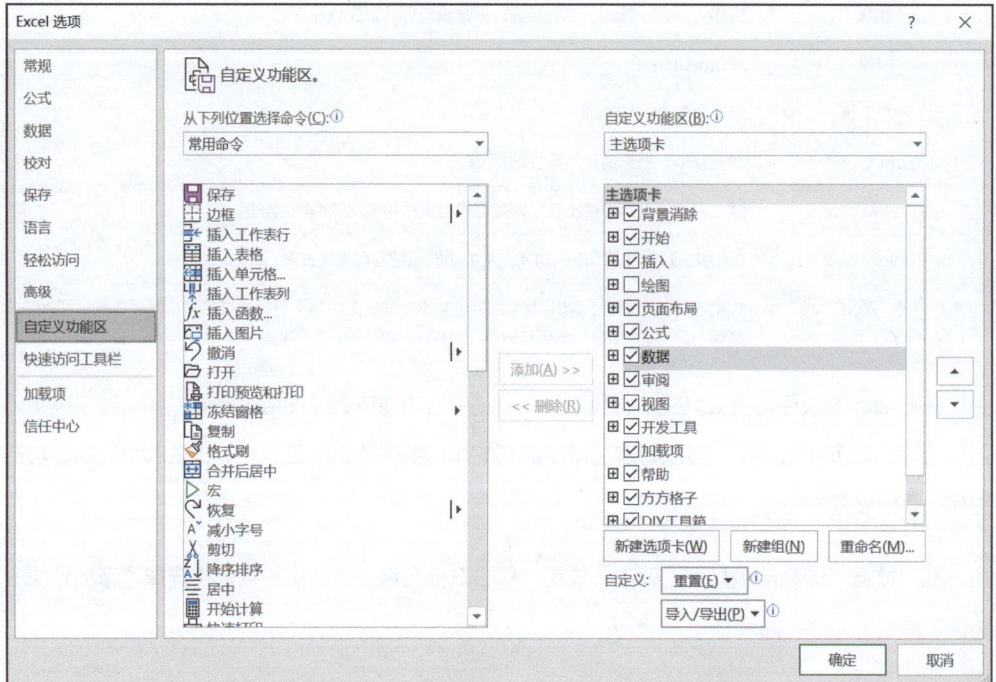

图 2-2-2

有的人知道将常用的工具添加到快速访问工具栏，但是基本上是零星的工具，不成体系。ez（网名）分享了他制作的快速访问工具栏，将常用的工具都涵盖了，通过按 Alt 键激活，按相应的数字键就能快速操作。如图 2-2-3 所示，菜单栏上方就是自定义的快速访问工具栏。

图 2-2-3

使用方法：将本书附赠资源中的"Excel.officeUI"复制到 Office 文件夹（\Local Settings\ Application Data\Microsoft\Office\）并替换原文件。

如果想对这个快速访问工具栏进行修改，可以在"Excel 选项"对话框的"快速访问工具栏"界面中自行添加或删除命令按钮。

2.3　Office 常用快捷键介绍

合理利用快捷键可以有效提高办公效率，也可以使用 Total Commander 等软件扩展你的"快捷键池"。但是并非所有人都适合全键盘操作，对快捷键的学习和掌握程度因人而异。总之"不管黑猫、白猫，能捉老鼠的就是好猫"，能快速保质、保量完成任务的就是好审计员。笔者个人习惯的是左手使用键盘快捷键、右手使用鼠标的模式。下面以笔者常用的办公电脑 ThinkPad 为例，给大家整理了一些 Excel 办公通用快捷键，如图 2-3-1 所示。大家可以打开 Excel，对照清单，逐个按快捷键试用。对各快捷键可以实现的功能有了基础印象之后，再结合日常工作针对自己常用的功能进行练习。

办公常用键盘快捷键功能一览表（以ThinkPad X1键盘为例）

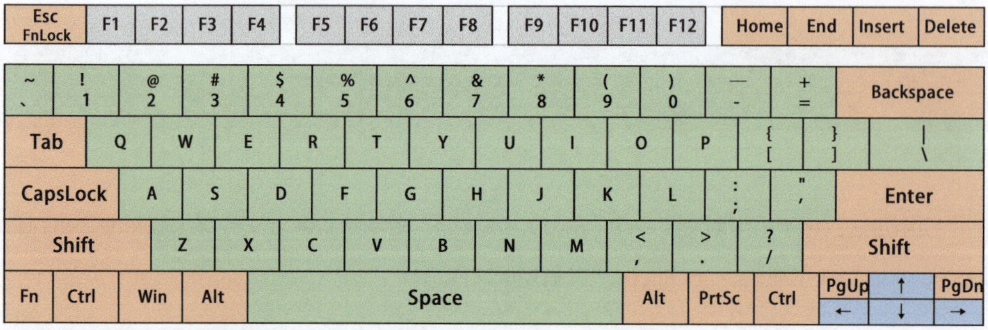

```
Esc/FnLock  F1 F2 F3 F4   F5 F6 F7 F8   F9 F10 F11 F12      Home End Insert Delete
~`  !1 @2 #3 $4 %5 ^6 &7 *8 (9 )0 —- +=                      Backspace
Tab  Q W E R T Y U I O P {[ }]  \
CapsLock  A S D F G H J K L :; "'   Enter
Shift  Z X C V B N M <, >. ?/   Shift
Fn Ctrl Win Alt      Space      Alt PrtSc Ctrl   PgUp ↑ PgDn   ← ↓ →
```

颜色说明	快捷键	功能	快捷键	功能
淡橙色：控制区	Ctrl+;	插入当天日期	Ctrl+F1	隐藏/显示工具栏
浅绿色：输入区	Ctrl+1	单元格格式	Ctrl+F2	打印预览
淡灰色：功能区	Ctrl+2	加粗	Ctrl+F3	名称管理器
浅蓝色：方向键	Ctrl+3	倾斜	Ctrl+F4	关闭工作簿
控制区按键说明	Ctrl+4	下画线	Ctrl+F5	还原窗口
Esc：取消、暂停、中断、返回某项操作	Ctrl+5	删除线	Ctrl+F7	移动窗口
Tab：移至下一个单元格或焦点	Ctrl+6	对象切换	Ctrl+F8	窗口大小
CapsLock：大写字母锁定开关	Ctrl+8	分级	Ctrl+F9	最小化窗口
Shift：输入时，键位上挡；操作时，反向操作	Ctrl+9	隐藏行	Ctrl+F10	最大化窗口
Ctrl：单独使用无意义	Ctrl+0	隐藏列	Ctrl+F11	插入宏表
Alt：配合字母键激活各菜单项，配合数字键输入ASCII字符	F1	帮助	Ctrl+F12	打开
Backspace：返回上一级、删除前一个字符	F2	编辑	Ctrl+Shift+L	筛选
Enter：确认、继续、完成某项操作	F3	粘贴名称	Ctrl+Shift+9	取消隐藏行
Win：激活"开始"菜单或Windows操作	F4	重复操作/绝对引用	Ctrl+Shift+0	取消隐藏列
Fn：Fn功能键与F1~F12组合使用（按键上图标功能）	F5	定位	Ctrl+Shift+7	应用边框
PrtSc：屏幕截图　　Delete：清除	F6	切换工作区域	Ctrl+Shift+	删除边框
PgUp：上一页　　Home：返回起点	F7	拼写检查	Ctrl+Shift+~	"常规"格式
PgDn：下一页　　End：移至终点	F8	扩展模式	Ctrl+Shift+$	"货币"格式
Insert：插入模式	F9	重新计算	Ctrl+Shift+5	"百分比"格式
快捷键说明：艳黄色表示最常用的快捷键	F10	激活菜单	Ctrl+Shift+6	"指数"格式

快捷键	功能	快捷键	功能	快捷键	功能	快捷键	功能
				F11	创建图表	Ctrl+Shift+3	"日期"格式
Ctrl+A	全选	Ctrl+O	打开	F12	另存为	Ctrl+Shift+2	"时间"格式
Ctrl+B	加粗	Ctrl+P	打印	Alt+F1	插入图表	Ctrl+Shift+1	"千位值"格式
Ctrl+C	复制	Ctrl+R	向右填充	Alt+F2	插入时间	Ctrl+Shift+*	选择环绕区域
Ctrl+D	向下填充	Ctrl+S	保存	Alt+F4	关闭	Ctrl+Shift+:	选择数据透视表
Ctrl+F	查找	Ctrl+U	下画线	Alt+F8	宏	Ctrl+Shift+"	插入时间
Ctrl+G	定位	Ctrl+V	粘贴	Alt+F11	启用VBA	Ctrl+Shift+=	插入单元格
Ctrl+H	替换	Ctrl+W	关闭窗口	Alt+1~9	快速访问工具	Win+D	显示桌面
Ctrl+I	倾斜	Ctrl+X	剪切	Alt+=	插入求和函数	Win+E	资源管理器
Ctrl+K	超链接	Ctrl+Y	恢复	Alt+PqUp	快速向左翻页	Win+F	反馈中心
Ctrl+L/T	创建表	Ctrl+Z	撤销	Alt+PqDn	快速向右翻页	Win+L	锁定操作系统
Ctrl+N	新建	Ctrl+~	显示公式	Alt+字母	激活各菜单项	Win+M	最小化所有窗口
						Win+R	运行
						Win+U	设置

审计工具用得好，开起底稿像"割草"

图2-3-1

我们在快捷键使用过程中会发现，一些快捷键不在主键盘区中，需要来回移动双手，导致体验不佳，操作效率低下。要想实现真正的全键盘操作，提高操作效率，还需要配合一个工具——AHK 脚本。

AHK 是一款免费的、Windows 平台开放源代码的热键脚本语言。通过 AHK 脚本我们可以自定义快捷键，简化 Excel 的操作步骤。这里介绍一下怎么使用 ez（网名）制作的"capsez.ahk"脚本。

首先在 AutoHotKey 官网下载 AutoHotKey 安装包，安装后运行本书的附件"capsez.ahk"。

这个 AHK 脚本包含的快捷键如表 2-3-1 所示，可以用于 Total Commander、网页浏览器、Excel、Word 等程序，你还可以根据自己的需要增加快捷键。

表 2-3-1

功能	快捷键
取消	Caps Lock
切换下一工作簿	Caps Lock + P
切换上一工作簿	Caps Lock + O
切换下一工作表	Caps Lock + U 或 Caps Lock + 双击 N
切换上一工作表	Caps Lock + I 或 Caps Lock + 双击 M
向下翻页	Caps Lock + N
向上翻页	Caps Lock + M
方向键左	Caps Lock + H
方向键右	Caps Lock + L
方向键上	Caps Lock + K
方向键下	Caps Lock + J
向左快速选择单元格	Caps Lock + A（相当于按 Ctrl + 方向键左）

功能	快捷键
向右快速选择单元格	Caps Lock + D（相当于按 Ctrl + 方向键右）
向上快速选择单元格	Caps Lock + W（相当于按 Ctrl + 方向键上）
向下快速选择单元格	Caps Lock + S（相当于按 Ctrl + 方向键下）
返回一行首个单元格	Caps Lock + Q（相当于按 Home 键）
粘贴数值	Caps Lock + V
鼠标右击	Caps Lock + Y
快速定位	Alt + G
重命名工作表	Alt + S
新建工作表	Alt + I
删除工作表	Alt + X
复制单元格文本	Alt + C
筛选	F3
向左快速选择数据	` + A（相当于按 Ctrl + Shift + 方向键左）
向右快速选择数据	` + D（相当于按 Ctrl + Shift + 方向键右）
向上快速选择数据	` + W（相当于按 Ctrl + Shift + 方向键上）
向下快速选择数据	` + S（相当于按 Ctrl + Shift + 方向键下）
Delete	; + X
Delete（删除所有）	; + A
最大化	Caps Lock + Enter
最小化	Caps Lock + Space
恢复大小写	Ctrl + Caps Lock

功能	快捷键
重启脚本	Ctrl + Alt + Win +R
暂停热键	Pause
自动调整列宽	Caps Lock+C
自动调整行宽	Caps Lock+R
删除单元格	Caps Lock+ –（减号）
插入	Caps Lock ++（加号）
选择整行	Shift + Space
选择整列	Ctrl + Space

除此之外，如果使用的是 Chrome 浏览器内核，那么可以使用浏览器插件 cVim，这样所有上网的操作都可以键盘化。

使用 AHK 脚本除了可以方便"改键"，还可以添加热字符串。比如，我们在后期修改底稿的时候，经常会写相同的审计结论，例如"经审计，未发现其他重大异常情况。"当每个表都需要写这么多字的时候，会十分麻烦。那么用 AHK 如何解决这个问题呢？

首先新建一个 txt 文档，然后用两个双冒号包围用来触发热字符串的自定义热字符串，最后在冒号外写上对应的文本。例如，将"经审计，未发现其他重大异常情况。"这句话自定义为"wyc"，如图 2-3-2 所示。

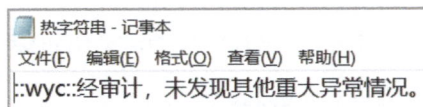

图 2-3-2

保存文档后，将文档后缀 .txt 改成 .ahk，再双击执行该文件。此时，只要在英文输入法状态输入"wyc"再按下空格键，就会输出文本"经审计，未发现其他重大异常情况。"所以利用 AHK 脚本，你可以把常用的语句自定义为某个缩写词，以提高输入效率。

2.4　Excel 函数与通配符介绍

　　表 2-4-1 中的函数和通配符是在审计过程中常用到的，作为审计人员应该熟练掌握。由于这些函数和通配符都比较简单，本节不再做详细演示和讲解，大家可以参考"函数宝典 2016"等学习这些公式，至少要在学习下一章前了解这些函数和通配符对应的效果。我们在后面的各个章节中都会涉及在审计实务中使用这些函数和通配符的实际案例。

表 2-4-1

函数类型	函数	备注
数值函数	SUM	对满足条件的单元格的数值求和
	SUMIF	根据指定条件对若干单元格、区域或引用求和
	SUMIFS	根据多重条件对若干单元格、区域或引用求和
	SUBTOTAL	返回数据清单或数据库中的分类汇总
	AVERAGE	返回参数的算术平均值
	ROUND	按指定位数四舍五入某个数字
	MAX	返回参数列表中的最大值
	MIN	返回参数列表中的最小值
	COUNTIF	条件计数
文本函数	LEFT	从第一个字符开始返回指定个数的字符
	RIGHT	从最后一个字符开始返回指定个数的字符
	MID	从中间某一位置起返回指定个数的字符
	LEN	返回文本字符串中的字符个数
	FIXED	将数值带上千位分隔符和小数点标记
	TEXTJOIN	将多个区域、字符串的文本组合起来，包括在要组合的各文本值之间指定的分隔符
逻辑函数	IF	指定要执行的逻辑检测
	IFS	检查一个或多个条件，返回与第一个符合条件对应的值
	OR	如果任一参数为 TRUE，则返回 TRUE
	AND	查看是否满足所有条件
	IFERROR	如果公式有效会返回表达式的值，否则返回指定的值（屏蔽错误值）

函数类型	函数	备注
日期函数	DATE	通过年、月或日返回日期
	DATEDIF	计算期间内的天数、月数或年数
	YEAR	返回某日期的年份
	MONTH	将序列号转换为月
	DAY	从日期中返回"日"
	DAYS	返回两个日期之间的间隔数
查找和引用函数	VLOOKUP	与对应查找范围第一列匹配，返回查询范围所需的查询列中第一个匹配的对应值
	INDEX	给定一个数组（向量）或者区域（多维矩阵），返回特定横纵坐标位置（row_num,column_num）上的值
	MATCH	在引用或数组中查找值
函数中的通配符	&	可以用于连接公式或单元格引用或文本
	$	加在引用单元格的行或列前面构成绝对引用（填充公式时不会跟着行或列变动），快捷键为 F4 键
	""	在公式需要连接各种文本字符时需要加上双引号
	?	可以在公式中替换单个字符
	*	可以在公式中替换多个字符

第3章

了解被审计单位

在 CPA 的审计考试中学到的教科书式的审计思路是：在阅读被审计单位的财务报表和数据之前，通过对被审计单位行业的经济形势、同行业的经济情况，还有被审计单位当年的经营状况和重大事项的了解，对被审计的财务数据形成预期；然后比较被审计单位的财务数据与预期是否存在重大差异；再判断这个差异是否代表了财务报表存在整体层次或认定层次的重大错报风险，并以此作为拟定进一步审计程序的依据。

本章将介绍几个常用的、从公开的免费渠道获取被审计单位行业数据、经营信息的方法，以及与信息整理相关的工具。

3.1　同行业数据的获取

形成财务报表的数据预期最常用的方法是，用被审计单位的财务数据和各项指标与同行业的上市公司的数据进行横向和纵向的对比分析。通过同花顺或者 Wind 等互联网金融数据服务商可以导出需要的财务数据。本节将给大家介绍一下如何快速获取并整理财经网站上的上市公司的数据。

当我们需要获取同行业的财务状况时，首先要筛选同行业的上市公司。同行业的分类方法很多，一般使用得比较多的是证监会、同花顺、申银万国对上市公司的行业分类。"财经行业数据查询"模板文件中存放了一版 2019 年 2 月 1 日导出的上市公司的基本资料（见图 3-1-1）。

从财经网站→股票→板块信息中查看上市公司的所属行业分类（见图 3-1-2），并且可以查看具体的同行业上市公司名单（见图 3-1-3）。在具体实务中，即使是证监会、同花顺、申银万国都划分为同一行业的上市公司，由于其针对的客户群体不同或者业务区域、产品细分的区别，也可能导致财务指标存在很大的异常。所以在选取被审计单位的同行业指标对比的样本池时，需要阅读各个公司的招股书、行业调研报告等信息，对划分为同行业的公司进行进一步细分，找到合适对比的样本。这个过程依赖于审计师的专业判断，并且每个被审计单位相互之间的区别较大，在此不进行更进一步的说明。

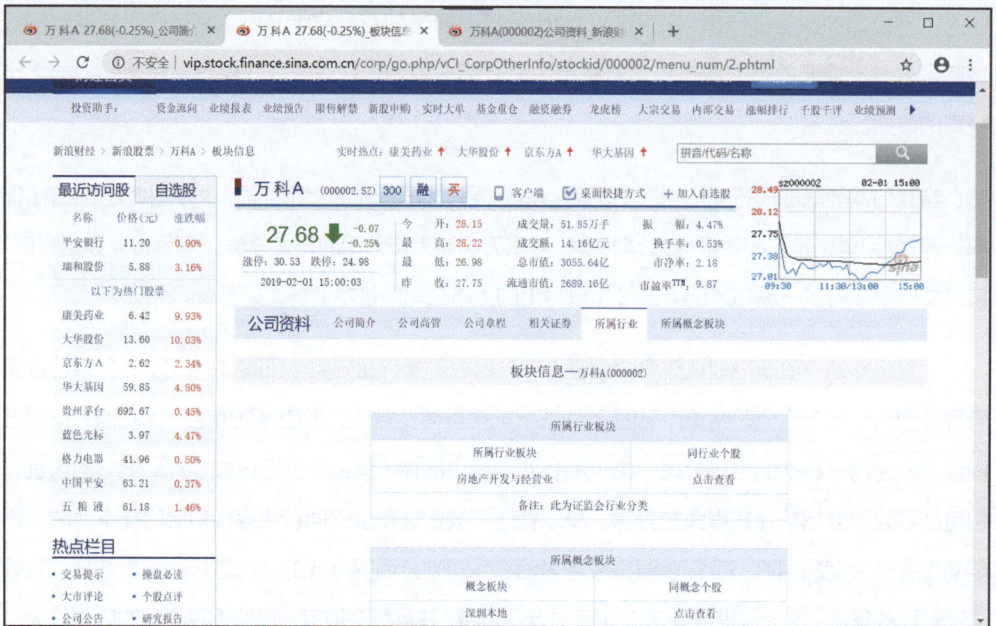

图 3-1-1

图 3-1-2

以万科 A（000002.SZ）为例，首先获取其同行业上市公司的名单（见图 3-1-3），然后获取相应的财务指标（见图 3-1-4）、资产负债表（见图 3-1-5）、利润表、现金流量表等，得到我们想要的财务数据和指标。

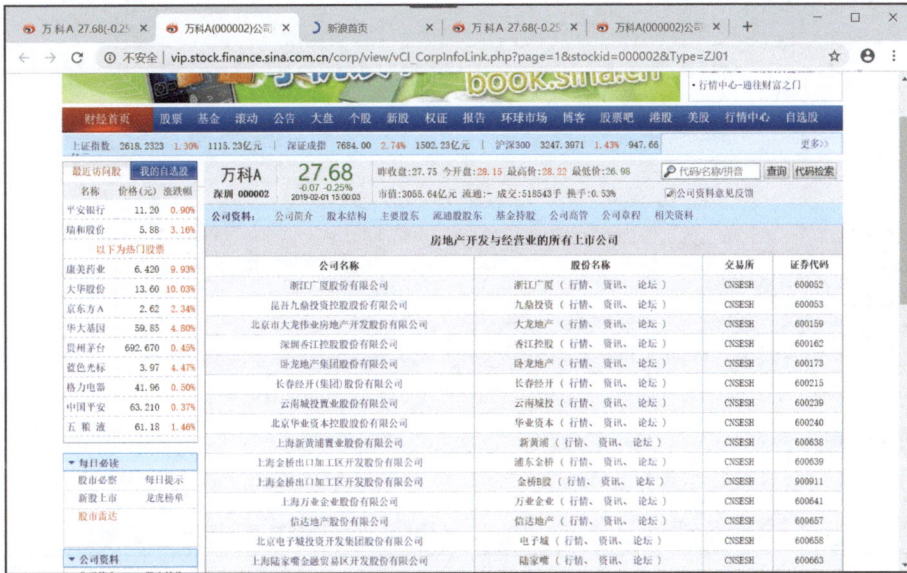

图 3-1-3

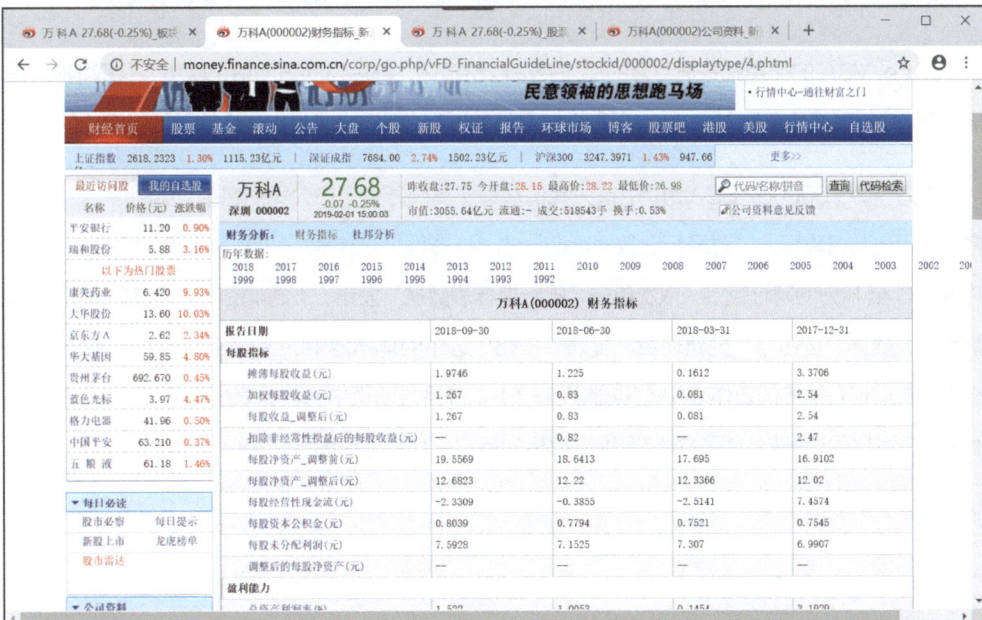

图 3-1-4

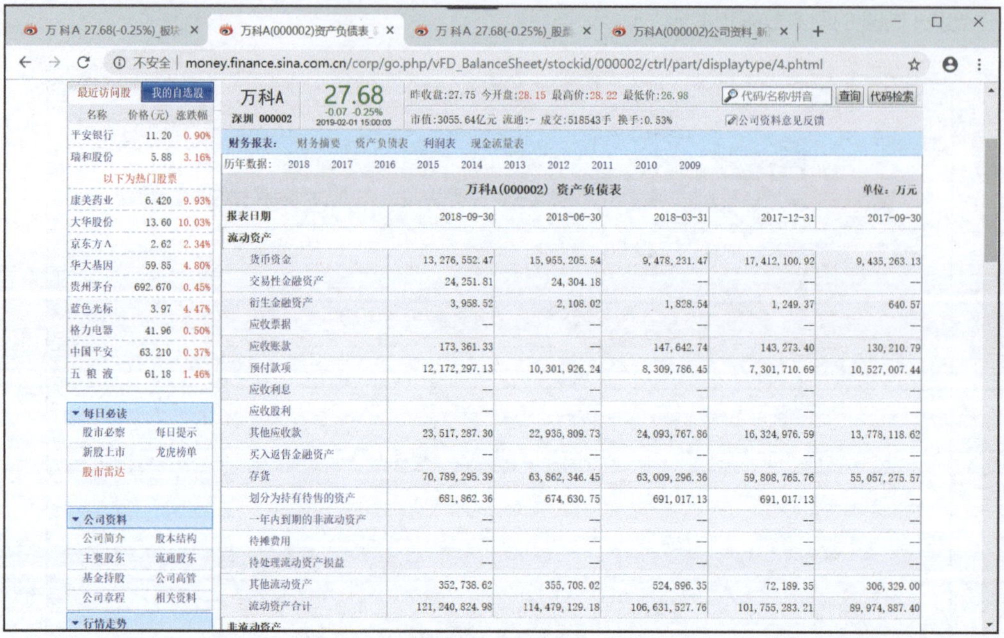

万科A(000002) 资产负债表 单位：万元

报表日期	2018-09-30	2018-06-30	2018-03-31	2017-12-31	2017-09-30
流动资产					
货币资金	13,276,552.47	15,955,205.54	9,478,231.47	17,412,100.92	9,435,263.13
交易性金融资产	24,251.81	24,304.18	--	--	--
衍生金融资产	3,958.52	2,108.02	1,828.54	1,249.37	640.57
应收票据	--	--	--	--	--
应收账款	173,361.33	--	147,642.74	143,273.40	130,210.79
预付款项	12,172,297.13	10,301,926.24	8,309,786.45	7,301,710.69	10,527,007.44
应收利息	--	--	--	--	--
应收股利	--	--	--	--	--
其他应收款	23,517,287.30	22,935,809.73	24,093,767.86	16,324,976.59	13,778,118.62
买入返售金融资产	--	--	--	--	--
存货	70,789,295.39	63,862,346.45	63,009,296.36	59,808,765.76	55,057,275.57
划分为持有待售的资产	681,862.36	674,630.75	691,017.13	691,017.13	--
一年内到期的非流动资产	--	--	--	--	--
待摊费用	--	--	--	--	--
待处理流动资产损益	--	--	--	--	--
其他流动资产	352,738.62	355,708.02	524,896.35	72,189.35	306,329.00
流动资产合计	121,240,824.98	114,479,129.18	106,631,527.76	101,755,283.21	89,974,887.40

图 3-1-5

但是当需要样本池内多家公司的财务数据和指标时，我们需要将以上过程重复多次。

Excel VBA 的作用就是把重复的操作变成自动循环，程序自动访问指定网页，获取相应的表格信息，并将表格信息导入 Excel。原本机械重复的过程，瞬间变成单击一个按钮就能完成的事情。

以万科 A（000002.SZ）为例，首先我们获取了其同行业上市公司的名单（见图 3-1-3）后，将股票代码与名称导入“财经行业数据查询”的“样本池”工作表（见图 3-1-6）的对应列中，并更新 C 至 F 列的网址链接。依次单击“更新指标表数据”按钮、“更新资产负债表”按钮、“更新利润表数据”按钮与“更新现金流量表”按钮。选中的样本池中的上市公司的对应数据会以表格的形式呈现在相应的工作表中（见图 3-1-7），并且与网页中的数据表格的格式一致。根据数据需求，可以另设表格，用公式获取相应指标的行业平均数（见图 3-1-8）。

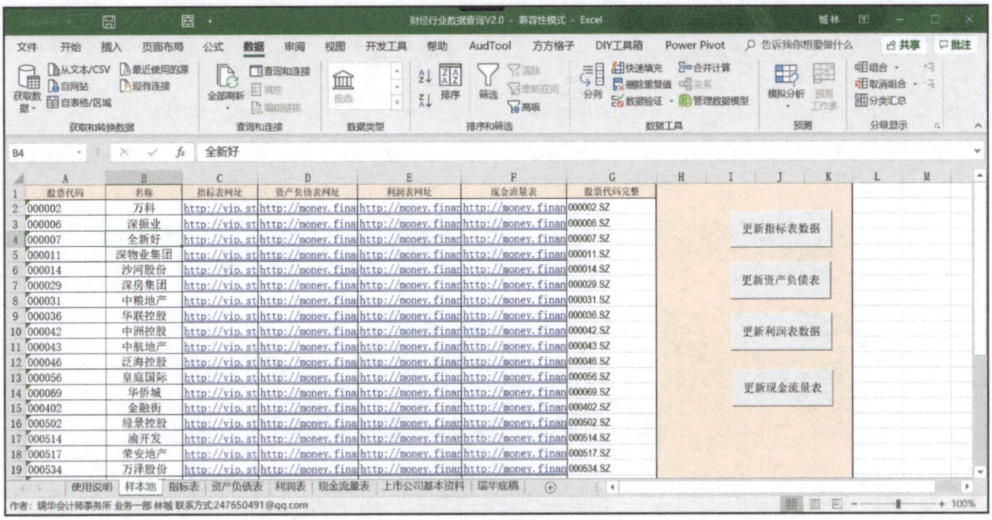
财经行业数据查询V2.0 - 兼容性模式 - Excel
文件 开始 插入 页面布局 公式 数据 审阅 视图 开发工具 帮助 AudTool 方方格子 DIY工具箱 Power Pivot
获取和转换数据
查询和连接
数据类型
排序和筛选
数据工具
预测
分级显示
B4
全新好
股票代码
名称
指标表网址
资产负债表网址
利润表网址
现金流量表
股票代码完整
000002 万科
000006 深振业
000007 全新好
000011 深物业集团
000014 沙河股份
000029 深房集团
000031 中粮地产
000036 华联控股
000042 中洲控股
000043 中航地产
000046 泛海控股
000056 皇庭国际
000069 华侨城
000402 金融街
000502 绿景控股
000514 渝开发
000517 荣安地产
000534 万泽股份
更新指标表数据
更新资产负债表
更新利润表数据
更新现金流量表
使用说明 样本池 指标表 资产负债表 利润表 现金流量表 上市公司基本资料 瑞华底稿
作者：瑞华会计师事务所 业务一部 林城 联系方式:247650491@qq.com

图 3-1-6

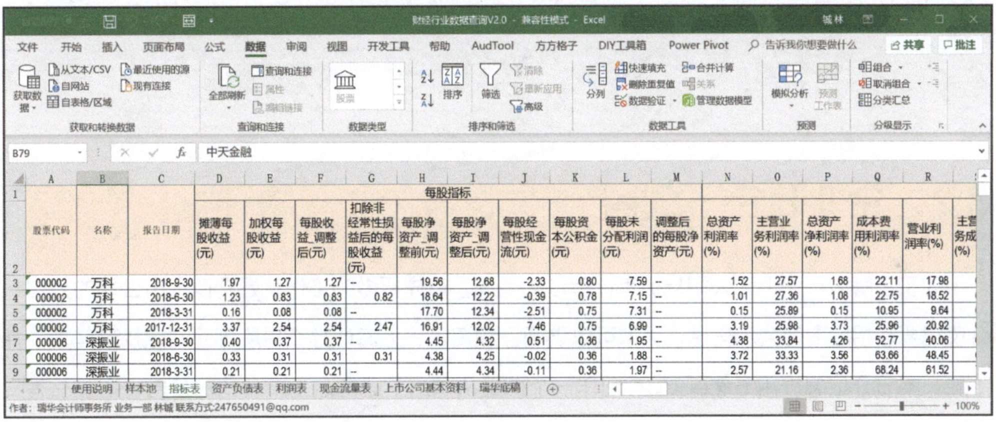
财经行业数据查询V2.0 - 兼容性模式 - Excel
B79
中天金融
每股指标
股票代码
名称
报告日期
摊薄每股收益(元)
加权每股收益(元)
每股收益_调整后(元)
扣除非经常性损益后的每股收益(元)
每股净资产_调整前(元)
每股净资产_调整后(元)
每股经营性现金流(元)
每股资本公积金(元)
每股未分配利润(元)
调整后的每股净资产(元)
总资产利润率(%)
主营业务利润率(%)
总资产净利润率(%)
成本费用利润率(%)
营业利润率(%)
000002 万科
000006 深振业
使用说明 样本池 指标表 资产负债表 利润表 现金流量表 上市公司基本资料 瑞华底稿
作者：瑞华会计师事务所 业务一部 林城 联系方式:247650491@qq.com

图 3-1-7

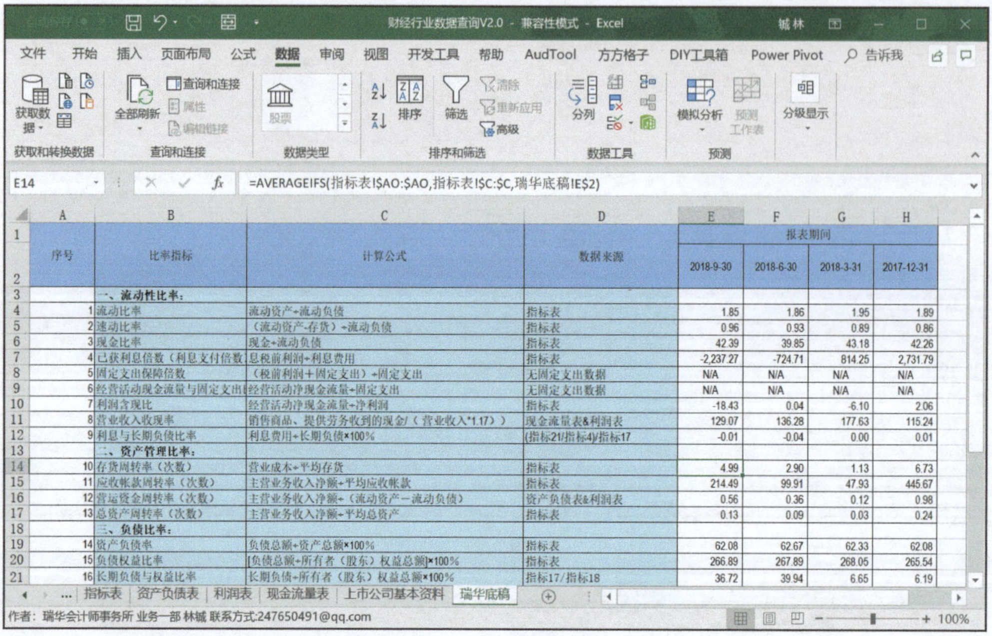

序号	比率指标	计算公式	数据来源	报表期间			
				2018-9-30	2018-6-30	2018-3-31	2017-12-31
	一、流动性比率：						
1	流动比率	流动资产÷流动负债	指标表	1.85	1.86	1.95	1.89
2	速动比率	（流动资产-存货）÷流动负债	指标表	0.96	0.93	0.89	0.86
3	现金比率	现金÷流动负债	指标表	42.39	39.85	43.18	42.26
4	已获利息倍数（利息支付倍数	息税前利润÷利息费用	指标表	-2,237.27	-724.71	814.25	2,731.79
5	固定支出保障倍数	（税前利润＋固定支出）÷固定支出	无固定支出数据	N/A	N/A	N/A	N/A
6	经营活动现金流量与固定支出	经营活动净现金流量÷固定支出	无固定支出数据	N/A	N/A	N/A	N/A
7	利润含现比	经营活动净现金流量÷净利润	指标表	-18.43	0.04	-6.10	2.06
8	营业收入收现率	销售商品、提供劳务收到的现金/（营业收入*1.17））	现金流量表&利润表	129.07	136.28	177.63	115.24
9	利息与长期负债比率	利息费用÷长期负债×100%	(指标21/指标4)/指标17	-0.01	-0.04	0.00	0.01
	二、资产管理比率：						
10	存货周转率（次数）	营业成本÷平均存货	指标表	4.99	2.90	1.13	6.73
11	应收帐款周转率（次数）	主营业务收入净额÷平均应收帐款	指标表	214.49	99.91	47.93	445.67
12	营运资金周转率（次数）	主营业务收入净额÷（流动资产－流动负债）	资产负债表&利润表	0.56	0.36	0.12	0.98
13	总资产周转率（次数）	主营业务收入净额÷平均总资产	指标表	0.13	0.09	0.03	0.24
	三、负债比率：						
14	资产负债率	负债总额÷资产总额×100%	指标表	62.08	62.67	62.33	62.08
15	负债权益比率	[负债总额÷所有者（股东）权益总额]×100%	指标表	266.89	267.89	268.05	265.54
16	长期负债与权益比率	长期负债÷所有者（股东）权益总额×100%	指标17/指标18	36.72	39.94	6.65	6.19

图 3-1-8

3.2 企业公告下载器

为了了解同行业上市公司与被审计单位的情况，首先要做的工作就是阅读上市公司的公告、会议纪要、招股书等公示信息。大家可以访问巨潮资讯、上海证券交易所等网站查找这些文件并下载。本节介绍怎样用 Excel VBA 制作一个批量从网络下载指定上市公司的公告、招股书等文件的程序。

以某公司为例，我们在访问资讯网站之后输入股票代码，可以检索到对应公司的所有公告（见图 3-2-1），但是每一个页面容纳的公告数量是有限的，需要不断翻页才能查看或下载所有公告。此时通过输入关键字，对公告名称进行检索，例如输入“招股”可以检索出名称中有相应字段的公告文件（见图 3-2-2）。

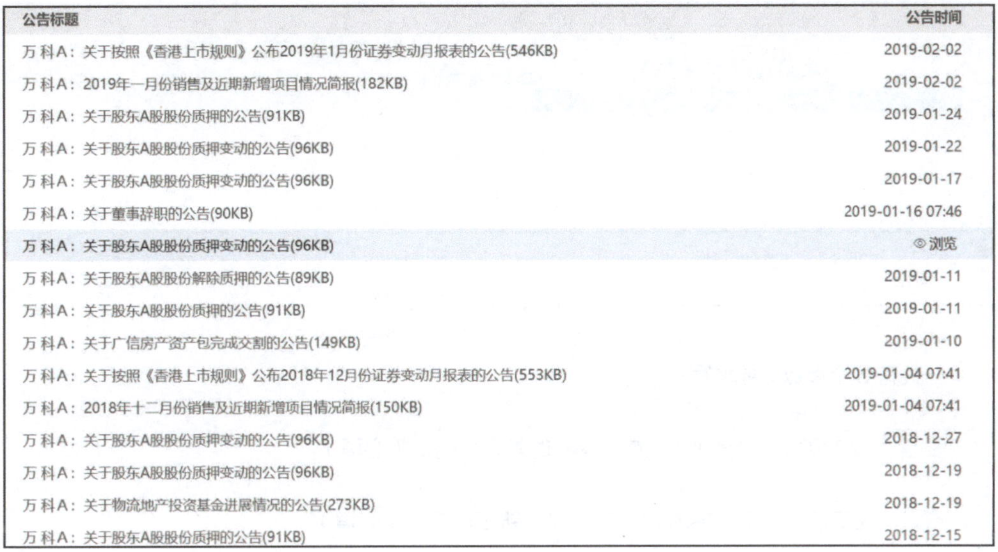
公告标题
公告时间
万科A：关于按照《香港上市规则》公布2019年1月份证券变动月报表的公告(546KB)
2019-02-02
万科A：2019年一月份销售及近期新增项目情况简报(182KB)
2019-02-02
万科A：关于股东A股股份质押的公告(91KB)
2019-01-24
万科A：关于股东A股股份质押变动的公告(96KB)
2019-01-22
万科A：关于股东A股股份质押变动的公告(96KB)
2019-01-17
万科A：关于董事辞职的公告(90KB)
2019-01-16 07:46
万科A：关于股东A股股份质押变动的公告(96KB)
浏览
万科A：关于股东A股股份解除质押的公告(89KB)
2019-01-11
万科A：关于股东A股股份质押的公告(91KB)
2019-01-11
万科A：关于广信房产资产包完成交割的公告(149KB)
2019-01-10
万科A：关于按照《香港上市规则》公布2018年12月份证券变动月报表的公告(553KB)
2019-01-04 07:41
万科A：2018年十二月份销售及近期新增项目情况简报(150KB)
2019-01-04 07:41
万科A：关于股东A股股份质押变动的公告(96KB)
2018-12-27
万科A：关于股东A股股份质押变动的公告(96KB)
2018-12-19
万科A：关于物流地产投资基金进展情况的公告(273KB)
2018-12-19
万科A：关于股东A股股份质押的公告(91KB)
2018-12-15

图 3-2-1

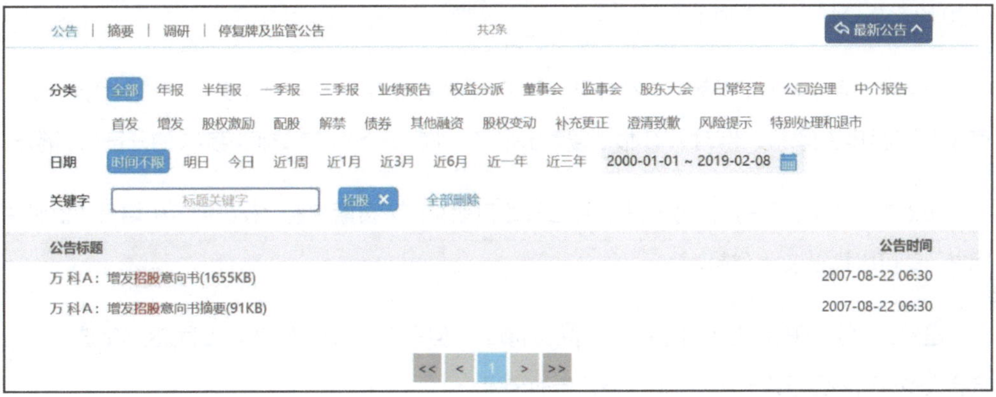
公告 | 摘要 | 调研 | 停复牌及监管公告
共2条
最新公告
分类
全部 年报 半年报 一季报 三季报 业绩预告 权益分派 董事会 监事会 股东大会 日常经营 公司治理 中介报告
首发 增发 股权激励 配股 解禁 债券 其他融资 股权变动 补充更正 澄清致歉 风险提示 特别处理和退市
日期
时间不限 明日 今日 近1周 近1月 近3月 近6月 近一年 近三年 2000-01-01 ~ 2019-02-08
关键字
标题关键字
招股
全部删除
公告标题
公告时间
万科A：增发招股意向书(1655KB)
2007-08-22 06:30
万科A：增发招股意向书摘要(91KB)
2007-08-22 06:30

图 3-2-2

以上查询方式十分简单，但是如果需要下载某公司全年的公告，或是多家公司的招股书，逐一下载的过程非常机械和烦琐。此时我们可以让程序去执行这项机械、重复的文件采集工作，而审计师的精力可以更多地放在阅读这些文件、了解行业信息上。

笔者制作的“企业公告下载器”能够批量下载的公告类型包含：A 股、港股、新三板、老三板、开放式基金、封闭式基金、债券共 7 种类型。打开该工具后，界面如图 3-2-3 所示。

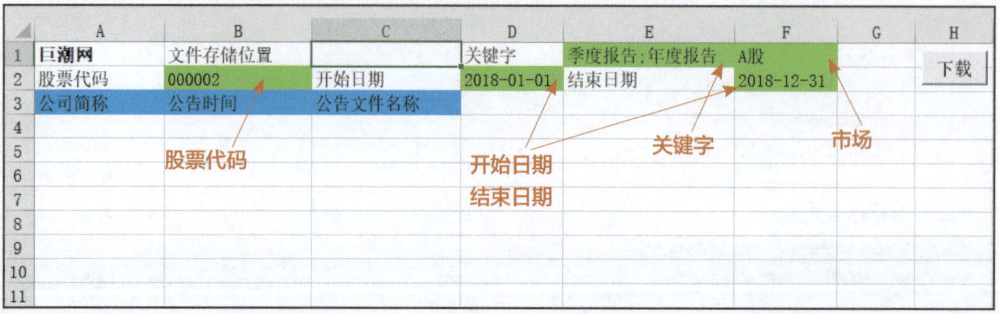

图 3-2-3

一共有 5 个参数需要填写：

股票代码：填写公司股票代码或者基金的基金代码。（必填）

市场：在下拉框中，选择 A 股或者港股、新三板等。（必填）

开始日期、结束日期：比如现在审计 2018 年年度的数据，就填写"2018-01-01"到"2018-12-31"。（选填）

关键字：搜索特殊的关键字，比如要搜索公司披露的财报，那么加上关键字"季度报告；年度报告"就可以把季报、半年报、年报都搜索出来了。注意多个关键字之间用英文的分号（；）隔开。

如果想找这家公司的招股说明书，那么开始日期和结束日期空着，在关键字中填写"招股说明书"就可以找出来。（选填）

虽然关键字和开始日期、结束日期都是选填的，但是不能同时都不填，因为这样筛选出的公告会太多，可能会导致电脑因下载大量公告而卡死。

填写好参数后，单击"下载"按钮后，弹出如图 3-2-4 所示的窗口。选择公告保存的文件夹位置，单击"Yes"按钮，系统开始下载公告。

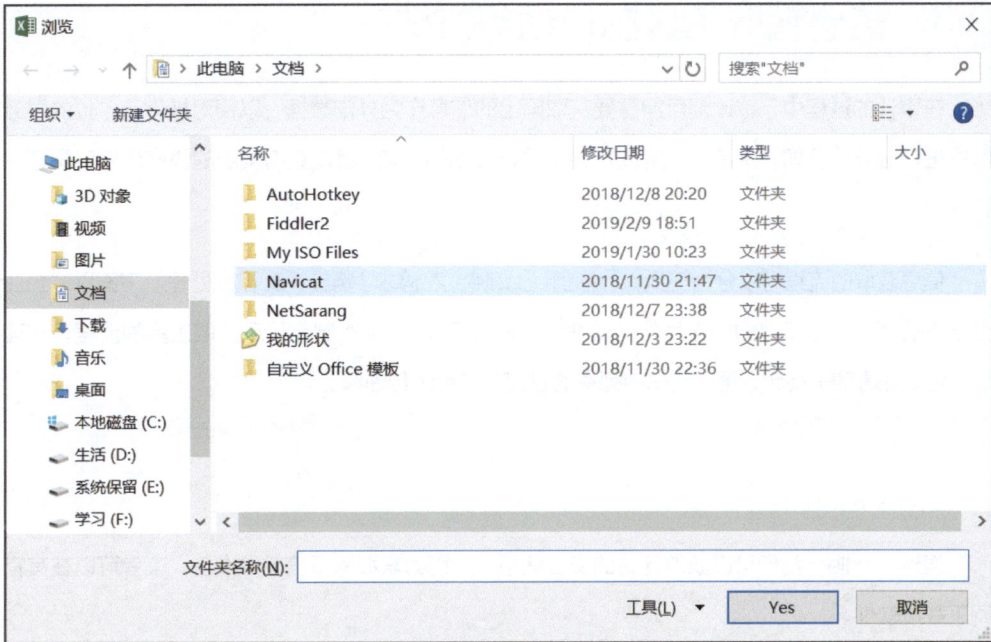

图 3-2-4

下载完成后，公告信息会展示在工作表中，如图 3-2-5 所示。同时本地文件夹保存有已下载公告的 PDF 文件。

图 3-2-5

如果想查看某个公告，那么除直接找到本地存储的公告文件外，还可以在工作表中用鼠标左键双击相应公告，则会自动打开对应的公告。

3.3　信息获取工具制作通用方法

在审计的过程中，审计师可能需要获取网上的信息作为外部数据，以便对被审计单位的财务数据进行验证。例如，函证控制需要审计师验证发函的地址，通过查询发函的快递信息对函证保持控制。

信息获取的流程可以分为三步：1. 使用 Fiddle；2. 请求 / 响应；3. 数据处理。下面以"企业公告下载器"这个工具的制作为例，详细讲解使用 Excel VBA 制作信息获取工具的流程，阅读时一定要先看随书视频，再对应书中列举的过程关键点进行理解。

3.3.1　Fiddle

通过 Fiddle，我们可以获取网站的交互信息，从而为获取网页信息做准备。读者可以在其官网下载该软件。

Fiddle 界面

打开 Fiddle，图 3-3-1 中左边是 Web Session 窗口，展示的是网址信息。在图 3-3-1 中右上方菜单栏中选择单击 Inspectors → Raw 按钮，显示 Request 窗口，该窗口展示的是向网站服务器发送的请求信息。在图 3-3-1 中右下方菜单栏中单击 Raw 按钮，显示 Response 窗口，该窗口展示的是网站服务器接收请求后响应并返回的信息。

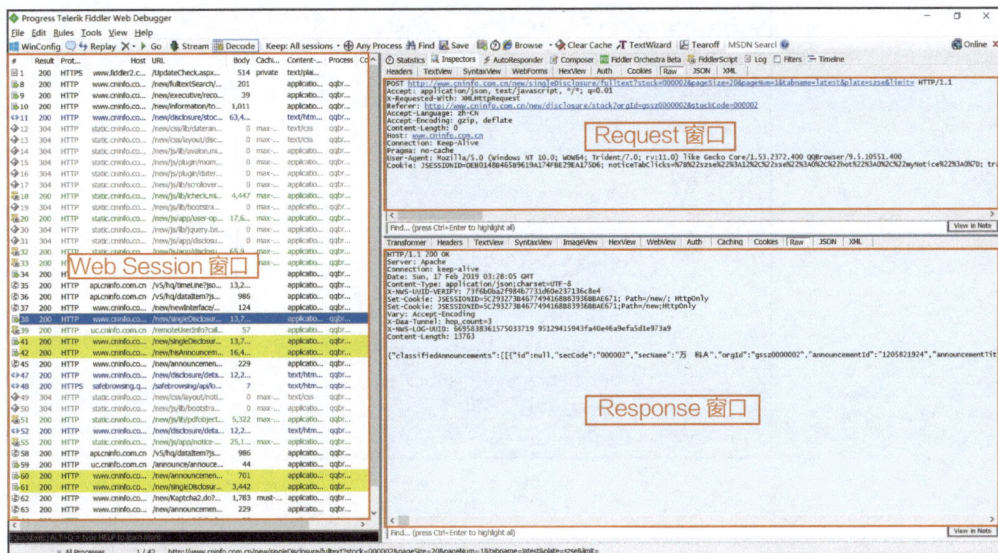

图 3-3-1

Fiddle 设置

如图 3-3-2 所示，在菜单栏中选择 Rules → Hide Image Requests 命令，其作用是在 Web Session 列表中隐藏图像类的 Session。一般图像类的 Session 对我们没有用处，所以把它们隐藏即可。

在菜单栏中选择 Rules → Hide CONNECTs 命令，其作用是隐藏 CONNECT 请求方法的 Session。

在菜单栏中选择 Rules → Remove All Encodings 命令，其作用是删除所有的请求和相应的 HTTP 内容编码、传输编码。该功能也可以通过工具栏中的 Decode 按钮来调用。

如图 3-3-3 所示，在菜单栏上选择 Tools → Options 命令，在打开的对话框中切换到 HTTPS 选项卡，勾选"Capture HTTPS CONNECTs""Decrypt HTTPS traffic""Ignore Server certificate errors（unsafe）"复选框。

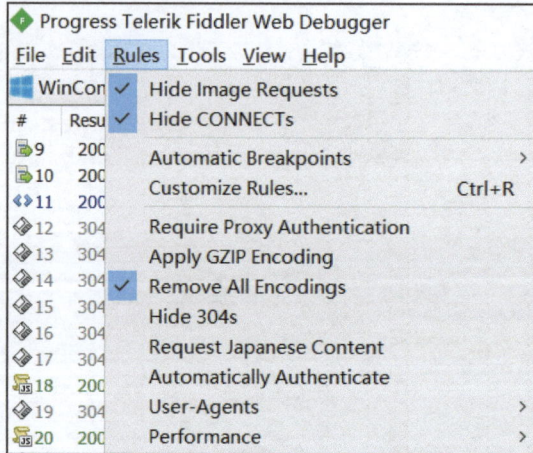

图 3-3-2

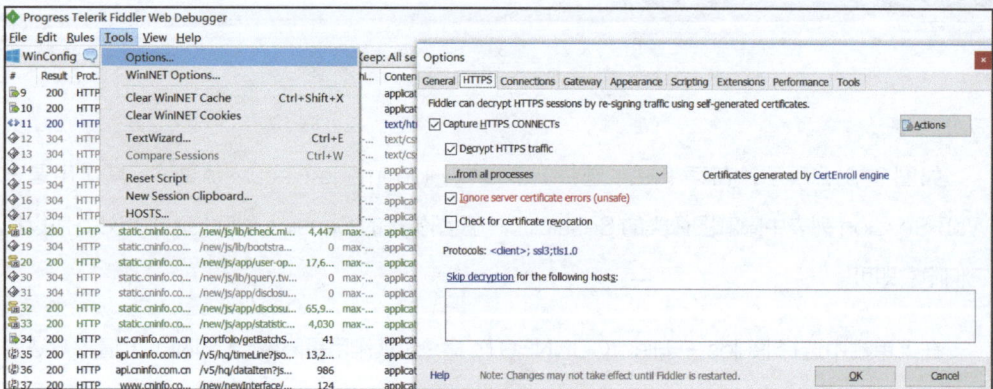

图 3-3-3

3.3.2 请求 / 响应

在完成上述操作后，就可以在 Excel VBA 中写代码了，向服务器发出请求，服务器响应后返回我们需要的数据。代码如下：

```
With CreateObject("WinHttp.WinHttpRequest.5.1")
        .Open "POST", "", False
        .setRequestHeader "Content-Type", " application/x-www-form-
urlencoded"
```

```
        .setRequestHeader "Referer", ""
        .setRequestHeader "Cookie", ""
         .send
        strText=.responsetext
End With
```

请求的方法有两种：GET 和 POST。GET 就是被动地从网页获取数据，POST 则需要向服务器提交参数后才能获取数据。如果 Fiddle 使用的是 GET 方法，那么将上述代码中的 POST 替换成 GET 即可。这里的 CreateObject("WinHttp.WinHttpRequest.5.1") 也可以换成 CreateObject("MSXML2.XMLHTTP")，这两种方式都可以。我们需要做的是根据这个主体代码，在每一行双引号中间填上发出请求的信息。而这些信息就是我们用 Fiddle 得到的信息。当然，"Content-Type""Referer""Cookie"不是必填的。写好代码后，可以尝试在这些语句行前面打上单引号将其转为注释，再执行。如果能获取正确的数据，则说明这些语句行不是必需的，可以删掉。

下面以万科 A 公告信息为例进行说明，如图 3-3-4 所示。

图 3-3-4

用 Fiddle 得到 Request 信息，如图 3-3-5 所示。

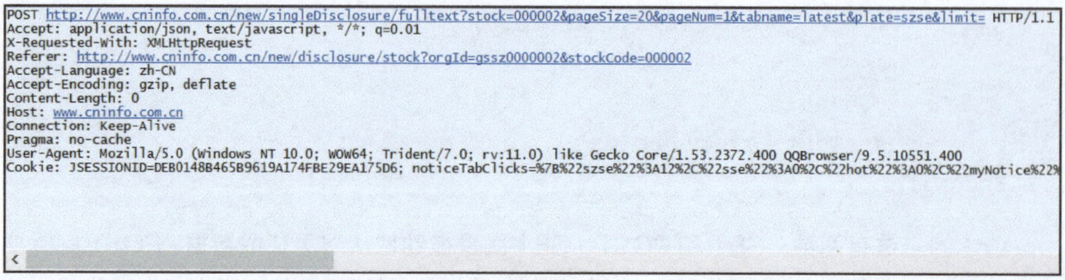

图 3-3-5

把得到的 Request 信息填写到对应的主体代码中（注意，如果 Cookie 下方还有信息，则需要把该信息用双引号括起来并放到代码 .send 后面，作为字符串发送出去），代码如下：

```
With CreateObject("WinHttp.WinHttpRequest.5.1")
    .Open "POST", "http://www.cninfo.com.cn/new/singleDisclosure/fulltext?stock=000002&pageSize=20&pageNum=1&tabname=latest&plate=szse&limit=", False
    .setRequestHeader "Content-Type", "application/x-www-form-urlencoded"
    .setRequestHeader "Referer",
 "http://www.cninfo.com.cn/new/disclosure/stock?orgId=gssz0000002&stockCode=000002"
    .setRequestHeader "Cookie", "JSESSIONID=DEB0148B465B9619A174FBE29EA175D6"
    .send
    strText = .responsetext
End With
```

用 debug.print strText 在立即窗口中打印出执行结果，如图 3-3-6 所示。

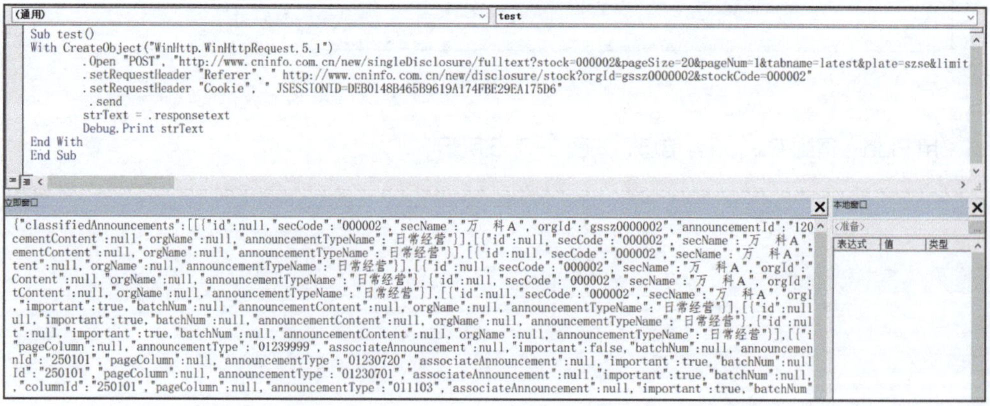

36

图 3-3-6

可以看到立即窗口显示了公告的所有信息。这里只是简单地做了"填空题"，就能完成获取信息的工作。

3.3.3　URL 编码 / 解码

当我们向服务器发送汉字或一些符号的时候，如果直接发送，服务器是看不懂的，那么这个时候就需要用到 URL 编码，把汉字或符号编码为服务器看得懂的字符。主体代码如下：

```
Function encodeURIByHtml (strText As String) As String
    With CreateObject ("htmlfile")
        .write "<html><script></script></html>"
        encodeURIByHtml = CallByName (.ParentWindow,
"encodeURIComponent", VbMethod, strText)
    End With
End Function
```

这里把编码的过程定义成一个自定义函数 encodeURIByHtml，在实现过程中创建了一个 HtmlFile 对象。用这个函数的目的是调用 JavaScript 的 encodeURIComponent 函数进行 URL 编码。例如通过自定义函数把中文字符"万科"进行 URL 编码：

```
Sub url()
    Debug.Print encodeURIByHtml(" 万科 ")
End Sub
```

执行后，立即窗口会显示出字符串"%E4%B8%87%E7%A7%91"。

我们可以在 W3school 网站查看 JavaScript 可以调用的全局函数，如表 3-3-1 所示。与 encodeURIComponent 函数相对应的就是 decodeURIComponent 函数。

因此我们也可以编写出 URL 解码的自定义函数，在需要解码时直接调用函数进行解码。除上述两个函数外，JavaScript 中的 eval 函数也经常被用到，它可以执行 JavaScript 脚本。后面在讲到数据处理时会再提到这个函数。

表 3-3-1

函数	描述
decodeURI()	解码某个编码的 URI
decodeURIComponent()	解码一个编码的 URI 组件
encodeURI()	把字符串编码为 URI
encodeURIComponent()	把字符串编码为 URI 组件
escape()	对字符串进行编码
eval()	计算 JavaScript 字符串，并把它作为脚本代码来执行
getClass()	返回一个 JavaObject 的 JavaClass
isFinite()	检查某个值是否为有穷大的数
isNaN()	检查某个值是否是数字
Number()	把对象的值转换为数字
parseFloat()	解析一个字符串并返回一个浮点数
parseInt()	解析一个字符串并返回一个整数
String()	把对象的值转换为字符串
unescape()	对 escape() 编码的字符串进行解码

通过编写主体代码，获得服务器返回的信息并赋予变量 strText 后，接下来要做的就是进行数据处理，从服务器返回的信息中提取我们想要的数据。

一般来讲，服务器返回的信息有 JSON、HTML、XML 三种数据格式。针对这三种数据格式，常用的处理方式有 Split 函数、htmlfile 对象、Microsoft.XmlDom 对象和正则表达式等。下面具体讲解如何进行处理。

3.3.4　数据处理：JSON

本节讲解最常见的数据格式——JSON。例如在编写好主体代码后，返回如图 3-3-7 所示的 JSON 格式的数据，需要获得 orgId 对应的数字编码，并且用到 htmlfile 对象。我们看看是怎么处理 JSON 数据的。

```
[
    {
        "orgId": "9900021965" ,
        "category": "港股" ,
        "code": "01916" ,
        "pinyin": "jxyh" ,
        "zwjc": "×× 银行"
    },
    {
        "orgId": "9900031314" ,
        "category": "开放式基金" ,
        "code": "001916" ,
        "pinyin": "xwtba" ,
        "zwjc": "新沃通宝A"
    }
]
```

图 3-3-7

首先，创建一个 htmlfile 对象并赋予 oDom 变量（变量名可以自己设定），将 oDom 的窗口赋予变量 oWindow。

```
Set oDom = CreateObject("htmlfile")
Set oWindow = oDom.ParentWindow
```

然后，把服务器返回的信息 strText 利用 JavaScript 赋予变量 s：

```
oWindow.execScript "var s=" & strText
```

这里的 exeScript 函数和 eval 函数一样都是可以执行 JavaScript 脚本的。但是如果想用 eval 函数写成如下形式：

```
oWindow.eval "var s=" & strText
```

则需要在之前添加语句：

```
oDom.Write "<script></script>"
```

用带有 <script> 的标签组告诉计算机这是执行的 JavaScript 语句，否则会报错。

接下来，我们就可以获取数据了。从图 3-3-7 中可以看到中括号中是一个数组，里面有两个花括号包裹起来的元素。如果要获取"×× 银行"的 orgId，那么可以使用以下语句：

```
Debug.Print oWindow.eval("s[0].orgId")
```

获取到第一个元素的 orgId 后，通过 s[1].orgId，可以获取第二个元素的 orgId。

如果这个数组里的元素很多，则需要用到循环。使用循环时，可以通过 length 函数得到数组元素的个数，然后再遍历所有的元素。

```
For i = 0 To oWindow.eval("s.length") - 1
Debug.Print oWindow.eval("s[ " & i & "].orgId")
Next i
```

这样就可以打印出数组内所有的 orgId 了。

3.3.5 数据处理：HTML

HTML（Hyper Text Markup Language，超文本标记语言）是一种用于创建网页的标准通用标记语言。它由成对出现的标签组成，我们先看一看 HTML 格式数据的构成形式：

```
<!DOCTYPE html>
<html>
<head>
<meta charset="utf-8">
<title> 示例 </title>
</head>
<body>
    <h1> 我的第一个标题 </h1>
    <table id="historyTable">
    <tr>
        <td> 年度 </td>
        <td> 月份 </td>
    </tr>
    <tr>
        <td>2019 年 </td>
        <td>6 月 </td>
    </tr>
    </table>
</body>
</html>
```

对于 HTML 格式的数据处理可以分为三步：声明变量、加载数据、获取元素。

声明变量

声明变量的代码如下所示。

```
Set oDom = CreateObject("HTMLFIlE")
```

加载数据

加载数据的代码如下所示。

```
oDom.Write strText
```

strText 为服务器返回的 HTML 文本。

获取元素

获取元素的代码如下所示。

```
oDom.getElementById("id name")
oDom.getElementsByTagName("tag name")
oDom.getElementsByClassName("class name")
```

在示例的 HTML 文本 <table id="histroyTable">… </table> 中 "histroyTable" 就是 "id name"，而 "table" 就是 "tag name"。

如果需要使用 getElementsByClassName，则在声明变量的时候需要用 Dim oDom As New HTMLDocument 来进行声明。同时加载数据不能用 Write 方法，需要使用：

```
oDom.body.innerHTML = strText
```

注意，要在 Excel VBA 的 "工具" → "引用" 中勾选 "Microsoft HTML Object Library"，如图 3-3-8 所示。

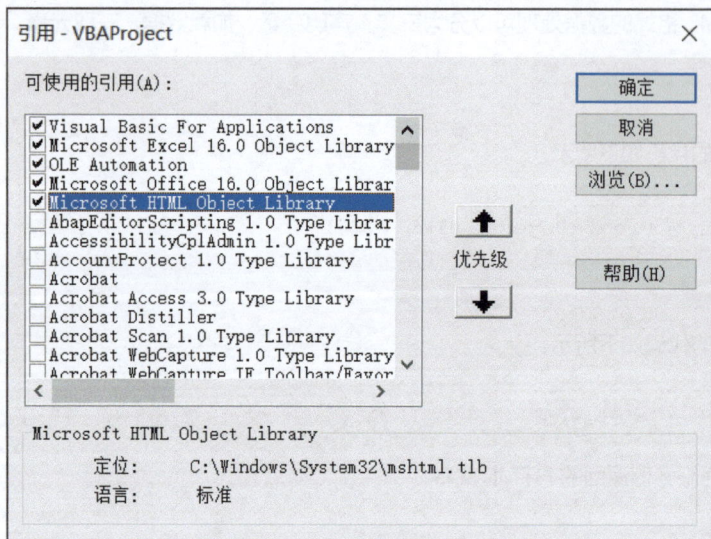

图 3-3-8

"id name"是唯一的，因此用的是 getElement（不加"s"）。而"tag name"和"class name"不是唯一的，因此用的是 getElements（加"s"）并且得到的是数组，所以需要加上索引才能取到指定位置的元素。比如：getElementsByTagName（"td"）（0）.innertext 获取的就是第一组 <td></td> 标签包裹的文本值"年度"；getElementsByTagName（"td"）（3）.innertext 获取的就是第四组 <td></td> 标签包裹的文本值"6 月"。

Table 处理

针对 HTML 中的 Table，可以使用 rows、cells，表示行和每一行的单元格。利用 rows、cells 可以取出指定的表格数据。

例如，如果取第 i 行、第 j 列的单元格数据，则代码如下：

```
oDom.getElementByID（"historyTable"）.rows(i).cells(j).innertext
```

如果要打印出所有单元格的数据，则代码如下：

```
Set oNode= oDom.getElementByID("historyTable") '将表格赋予 oNode 变量
For i=0 to oNode.rows.length-1
    For j=0 to oNode.rows(0).cells.length-1
```

```
        Debug.print oNode.rows(i).cells(j).innertext
    Next j
Next i
```

通过 length 函数得到行数和列数，从而可以用 For 循环打印所有的单元格数据。当然，也可以用 For Each 循环写出更简洁的代码。

```
Set oNode= oDom.getElementByID("historyTable")'将表格赋予 oNode 变量
For Each c In oNode.cells
    Debug.print c.innertext
Next c
```

循环遍历所有元素

上面的方法是 Table 通过 rows 和 cells 来处理的，这是一种特殊的用法，那么对于不是 Table 的节点下还有多个节点的数据，怎么用 For 循环来打印出所有节点的数据呢？

答案就是使用 ChildNodes，它会把子节点的所有元素组成一个数组，我们只需要遍历这个数组就可以打印所有子节点的数据了。比如：\<table\> 标签里的数据不用 rows 和 cells 处理，而是将其 ChildNodes 赋于 oNode 变量。

```
Set oNode= oDom.getElementByID("historyTable").ChildNodes' 将所有
子节点数据赋予 oNode 变量
For Each c In oNode
    Debug.print c.innertext
Next c
```

这种方式就是通过循环，批量获取数据的通用方式。

定位

通过 Tag Name 获取元素时，如果有很多同名的 Tag Name 怎么办？直接用 getElementsByTagName（"tag name"）(i) 很难知道这个 i 是第几个 i。这个时候就需要"定位"，首先定位到一个精确的范围，然后再在这个范围里获取数据。

比如，前面的 HTML 标签中有多个 Table，如果想获取标签 \<td\>\</td\> 中的值就很困难。此时考虑到 \<td\>\</td\> 标签所在的父节点 \<table id="historyTable"\>\</table\> 有唯一的 id 是

可以精准定位的，所以先获取这个 Table，然后再在 Table 范围内查找 td。以获取 Table 中第二个 td 数据为例，编写代码：

```
oDom.getElementByID("historyTable").getElementsByTagName("td")(1).
innertext
```

最终通过多次使用 getElement，就可以定位到需要的数据了。

3.3.6　数据处理：XML

XML（Extensible Markup Language，可扩展标记语言）和 HTML 很像，都是标记语言。只是在处理 XML 时，我们用的是 Microsoft.XmlDom 对象。以下为数据处理过程。

声明变量

声明变量的代码如下：

```
Set oDom = CreateObject("microsoft.xmldom")
oDom.async = False '关闭异步处理
```

加载数据

加载数据的代码如下：

```
oDom.LoadXML(strText)
```

获取元素

根据元素的 id、TagName 属性访问元素数据。

XML 数据示例如下：

```
<?xml version="1.0" encoding="UTF-8"?>
<note>
  <to>Tove</to>
  <from>Jani</from>
  <heading>Reminder</heading>
  <body>Don't forget me this weekend!</body>
```

```
</note>
```

要想获取 <from>Jani</from> 标签中 Jani 这个数据，可以用以下语句：

```
oDom.getElementsByTagName("from")(0).text
```

在 HTML 中获取标签内文本用的是 innertext，而在 XML 中获取标签内文本用的是 text。

循环遍历所有元素

假如要获取 <note>…</note> 标签下所有的元素，和 HTML 一样，使用 ChildNodes 将父节点下所有的子节点组成一个数组，然后用 For Each 循环来进行遍历。

```
Set oNode = oDom.getElementsByTagName("note")(0).ChildNodes ' 将所
有子节点数据赋予 oNode 变量
For Each c In oNode
    Debug.Print c.Text
Next c
```

定位

如果先定位到 <note>…</note>，再获取子节点 <from></from> 的数据，那么可以用以下语句：

```
oDom.getElementsByTagName（"note"）(0).getElementsByTagName（"from"）
(0).Text
```

3.3.7　数据处理：Split 函数

除针对 JSON、HTML 和 XML 特有的处理方式以外，还有通用的处理数据的方法，例如 Split 函数和正则表达式。Split 函数比较像 Excel 里的分列，通过分割符将文本拆分成数组。

用法：Split（文本，分割符）

```
Sub test()
Dim strText As String
strText = "公司，股东，高管"
For i = 0 To 2
    Debug.Print Split(strText, "，")(i)
```

```
Next i
End Sub
```

通过这段代码就可以分别打印出"公司""股东""高管"了。使用 Split 函数的优点就是简单、灵活，缺点是不善于处理复杂的文本。

3.3.8　数据处理：正则表达式

正则表达式是处理文本的"利器"，它的名字听起来高深莫测，但实际上要学会其中简单的功能，只需要一两天就足够了。首先，看一下在日常生活中我们是如何描述客观事物的。例如这里有一句话"桌子上有五根香蕉和三个苹果"。这句话可以拆分成以下几个要素：

位置：桌子上。

品种：香蕉、苹果。告诉了我们具体是什么水果。

数量：五根、三个。用来描述水果的数量。

关系：香蕉和苹果。这里的"和"表示了香蕉、苹果之间的关系。

正则表达式就是用这样四个要素描述文本信息的，告诉程序想要的字符串，让程序提取出来。

元字符

元字符就是最基本的字符符号，通过元字符构成正则表达式，告诉程序想要的数据。元字符可以分为位置、品种、数量、关系。

位置

^ 表示文本开头的位置。

& 表示文本结束的位置。

品种

\w 表示任意一个英文字符 (A-Z,a-z,0-9)。

\d 表示数字 0-9。

. 表示任意一个除换行符外的字符。

\s 表示任意不可见字符。例如，空格、换行、回车、换页等。

以上是描述品种的最基本的字符，告诉程序我们到底是想要香蕉还是苹果。除此之外，还可以用字符组来描述我们想要的品种。

在 [a-z] 这样一个中括号里面，两个字符用短横线连接起来就构成了一个序列，表示包含两个字符之间的任意一个字符。这里的 [a-z] 可以表示为英文的 26 个字母之一。同样的 [0-9] 表示为 0、1、2、3、4、5、6、7、8、9 这十个数字中的任意一个。那么汉字怎么表达呢？在 [\u4e00-\u9fff] 中 \u 代表 unicode 编码类型，4e00 是汉字中的第一个字符，9fff 是汉字中的最后一个字符，通过构建这样一个序列就可以表示任意一个汉字。

如果在表示序列的中括号里加一个 ^ 符号则表示否定。例如，[^a-z] 表示的是除 26 个字符以外的任意一个字符。

除用短横线构建一个序列以外，还可以用枚举的方式构建序列。例如，[ade] 代表了 a、d、e 三个字符中的任意一个字符。通过品种字符即字符组可以构建出所有文本的品种信息。

数量

* 表示 0 个或多个字符。

\+ 表示至少一个字符。

? 表示 0 个或一个字符。

{n} 表示 n 个字符。

{n,m} 表示至少 n 个字符，最多 m 个字符。

关系

| 表示"或"。例如，goodmorning|goodafternoon 就表示 goodmorning 或者 goodafternoon。

() 表示捕获型括号。可以把 () 里的内容当成一组，并且告诉正则表达式引擎把括号里的字符串保存到特殊变量 &1、&2……中。有了上述描述文本的四种元字符，就可以描述要提取的数据信息了。

例 1 tujiabing81@163.com

从一段文本中提取出这个邮箱，我们可以写出正则表达式 \w+@\w+\.\w+。

其中第一个 \w+ 表示 @ 符号前的字符串，第二个 \w+ 表示 163，由于点号是元字符，所以要表示点号就需要在前面加一个转义字符 \，即写成 \.，最后的 \w+ 表示 com。这样就可以完整表达出这个邮箱地址了。

例 2 mmmkmmafternoonppoinmorning

从这段文本中提取出 noon 和 morning 两个字符串，可以写出正则表达式 noon|morning。通过 |（或）的符号，可以把 noon 和 morning 都提取出来。

例 3 <A boss="nigo">

这样的标签在 HTML 及 XML 中经常出现，可以写出正则表达式 <[^>]+>。原文本中最后是以符号 > 结尾的，尖括号中的文本只要不是 > 就符合要求。因此，用 [^>] 来表示非 > 字符序列。

正则表达式方法

Execute 方法：在目标文本中执行正则表达式搜索。

语法：set mhs=object.execute(S)

其中 mhs 是用户自定义的对象变量，S 是值为目标文本的字符串变量，object 是正则对象。Execute 方法会作用于目标文本，并返回集合对象，如下代码所示。在这个集合对象中包含它找到的成功匹配对象。

```
Sub execute()
Dim strText As String
strText = "100,200,300,400"
Set reg = CreateObject("vbscript.regexp")'创建正则对象
```

```
reg.Global = True  '全局模式
reg.Pattern = "\d+"     '正则表达式
Set mhs = reg.execute(strText)      '匹配结果赋予 mhs 变量
For Each mh In mhs
    Debug.Print mh.Value      '循环打印所有匹配结果的值
Next mh
End Sub
```

例如,"100,200,300,400"这个字符串,用正则表达式 \d+ 来提取出所有的数字。执行结果为:

```
100
200
300
400
```

由于 mhs 返回的是所有的匹配结果即一个数组,因此我们可以用数组索引来访问第 n 个元素。如用 mhs(2).value 就可以表示第三个元素值 300。同样,mhs.count 可以计算出数组的元素个数为 4。

Test 方法:测试目标文本中是否包含正则表达式所描述的字符串。如果存在,则返回 True,否则返回 False。

当需要对正则表达式提取出来的数据进行后续处理时,一般会加一个判断,用 Test 方法来查看能不能提取出数据。如果能提取出数据,则再进行后续的处理。

语法:Object.Test(string)

Replace 方法:替换在目标文本中用正则表达式查找到的字符串。

语法:Object.Replace(string,replacestring)

```
Sub replace()
Dim strText As String
strText = "100,200,300,400"
Set reg = CreateObject("vbscript.regexp")'创建正则对象
reg.Global = True  '全局模式
reg.Pattern = ","       '正则表达式
```

```
Debug.Print reg.replace(strText, "-")    '用 - 替换,
End Sub
```

如果想把"100,200,300,400"中的逗号全部替换成"-"，那么用 Replace 方法就可以做到。

肯定环视与否定环视

"环视"这个概念其实很简单，就是告诉正则表达式引擎要匹配的目标文本后面是什么字符或不是什么字符。比如"2019year,6month"字符串，如果想提取里面的数字，那么可以写为正则表达式 \d+。但是如果只想要数字后面是"month"，那么就要用肯定环视来进行限制了。

肯定环视语法：(?= 字符串)

否定环视语法：(?! 字符串)

例如，可以用 \d+(?=month) 来获取月份的数字。

```
Sub test()
Dim strText As String
strText = "2019year,6month"
Set reg = CreateObject("vbscript.regexp")'创建正则对象
reg.Global = True ' 全局模式
reg.Pattern = "\d+(?=month)"    ' 正则表达式
Set mhs = reg.execute(strText)    ' 匹配结果赋予 mhs 变量
For Each mh In mhs
    Debug.Print mh.Value    ' 循环打印所有匹配结果的值
Next mh
End Sub
```

以上代码执行后就会打印出数字 6。

如果把上述代码中的reg.Pattern = "\d+(?=month)"改成reg.Pattern = "\d+(?!month)"，那么就是否定环视，即匹配的数字后面不能是 month。执行出来的结果就是 2019。

至此，本章的知识就讲解完了，建议大家配合本书附赠资源中的视频一起学习。视频里的讲解是以实际的审计工具制作流程为主线的，详细讲解了大家在信息获取过程中可能会遇到的问题。希望大家能够尽早学会信息获取的方法，提高工作效率。

3.4　怎样积累审计经验

笔者所在的部门有一位经理，对他来说发现问题不像是逻辑推理，而更像是一种本能。在审计工作中你会发现面对同一家被审计单位、同一个审计程序，有的人做完能够发现企业舞弊、内控缺陷等问题，而有的人只能是很认真地用数据填满底稿，被审计单位的重大错报往往就在眼前，可是依然发现不了。

我们十分羡慕那些一眼就能看到数据背后问题的人。此时，你向经验丰富的前辈请教"如何才能变得跟他们一样"，想进一步了解他们思考问题的角度和思路时，往往会得到"这就是审计经验！""保持职业怀疑就能发现！""多做项目，多思考，过几年你也可以！"等这样的回答。

通常意义上的审计思维和在注册会计师考试时做综合题的思路没有太大的区别。1. 根据题目描述获取被审计单位相关的信息与行业背景资料，形成对被审计单位财务数据的预期。2. 带着预期去看被审计单位的财务报表，评估整体层面或认定层次的重大错报风险。3. 设计与执行进一步的审计程序去确定是否存在错报。

在做 CPA 审计题时，我们看到"市场竞争激烈"就能形成"毛利率下降"的预期。可是在实务工作中，我们可以阅读的材料或是网络获取的行业信息浩如烟海，将收集到的信息整理成对公司报表的预期，这一过程体现的就是"审计思维"。作为一个天赋不太出众的普通人，如何将审计经验和审计思维从一个抽象的概念变成一个可以积累的过程。除系统学习审计知识、积累实务经验之外，最好的方法就是"审计调整"。

"审计调整"的定义是"注册会计师在对被审计单位会计报表进行审计后，为使审计后的会计报表在所有重大方面符合合法性、公允性，而对审计中发现的审前报表中存在的会计误差进行的调整。"也就是说在审计实务工作中，我们对企业的财务报表进行了审计调整，就代表被审计单位必然存在错报或者是内部控制缺陷。如果一个企业内部控制完善、健全，那么管理层自己就应当能发现所有需要调整的事项。

作为一个审计人员，当对一个项目进行复盘时，应当拿出对被审计单位的审计调整，或者发现的内部控制缺陷进行逆向思考。如果审计的现场工作重新进行一次是否能在更早的时候发现这些审计调整？这些调整事项影响的金额指标是否对企业的财报数据与指标造成了较大的异常，或是与同行业信息和数据的偏离？下一次再出现类似的问题的时候，是否能在了解被审计企业整体情况的时候就发现这些问题，并有针对性地执行进一步的审计程序？

表 3-4-1 是从调整事项出发，以作者自己的审计经历为基础总结的经验表格，仅作为抛砖引玉。大家可以根据自己的需要设计表格。这样的经验整理，有些信息是可以分享的，有些信息是保密的。只有自己整理的，才会变成自己的审计经验。如果你对审计工作中遇到的所有审计调整都进行这样的记录，那么只需要坚持一个年审，相信你的审计思维会有很大进步。

表 3-4-1

行业	涉及的科目与认定	审计调整事项	发现错报执行的程序	是否能更早发错报
制造业	主营业务收入 - 截止性、主营业务成本 - 截止性、存货 - 完整性	收入跨期：被审计出口收入以 FOB 条款确认。由于离岸时间需要关务人员手动填写维护，难以取数。财务人员偷懒发货就直接开形式发票确认收入，由于报关周期原因导致被审计单位出口收入存在 1~2 周时间跨期	截止性测试	预审：预审已经发现被审计单位错误的账务处理习惯。提请被审计单位注意，被审计单位保证会减少年末最后一周的海外发货，并对该类发出商品的截止性进行调整和关注。由于审计员没有做好备忘录，年审时并未对截止性进行重点关注 监盘：执行期末监盘程序时，由预审负责"生产与存货循环"的审计员负责对外贸易仓的存货进行监盘。由于存货摆放不整齐，同一料号存货在仓库多处位置存放，盘点过程艰难，最终盘点结果无差异。仓管人员解释，"前两天一直忙着发货，存货摆乱了，不好意思。"审计员表示理解，仅在盘点小结里记录"存货摆放不齐，需要改善。" 工作习惯：分析性程序做得没有重点，习惯把检查性的程序留到最后做。早就跟企业取得了截止性测试的资料，一直到临近撤场才进行查看

第4章

审计执行阶段

4.1　货币资金

货币资金是新人审计师在入行第一年必做的科目。虽然货币资金执行的程序比较简单，但像核对流水、制作银行询证函等工作却较为枯燥、烦琐。我们可以针对一些通用的程序编写 Excel VBA 工具，简化审计工作。比如，可以利用本福特定律识别是否有财务舞弊的风险、批量核对银行流水、批量制作银行询证函，等等。

4.1.1　本福特定律的应用实例

"本福特定律也称为本福特法则，说明一堆从实际生活得出的数据中，以 1 为首位数字的数的出现概率约为总数的三成，接近期望值 1/9 的 3 倍。推广来说，越大的数，以它为首几位的数出现的概率就越低。它可用于检查各种数据是否有造假。"

首位数字为 1~9 的概率分布如表 4-1-1 所示。

表 4-1-1

d	1	2	3	4	5	6	7	8	9
p	30.1%	17.6%	12.5%	9.7%	7.9%	6.7%	5.8%	5.1%	4.6%

本福特定律公式如下：

$$p(n)=\log_{10}\left(\frac{n+1}{n}\right)$$

利用本福特定律作为审计过程中的分析性程序，可以发现是否有财务造假的迹象。在做实质性科目底稿时，可以对银行流水、应收账款、主营业务收入等科目进行检查，看是否和本福特定律的概率分布有偏差，从而识别舞弊风险。为简化测试过程，我们可以把计算方法写成 Excel VBA 代码工具。

工具使用方法

将序时账金额或业务数据粘贴到 A 列，然后单击"计算"按钮，会测算出首位数字为 1~9 的概率分布，同时有图表对测算的样本分布和本福特定律分布进行对比展示，如图 4-1-1 所示。当测算出首位数为 1~9 的概率分布后，要和本福特定律分布进行对比，查看其是否相符。

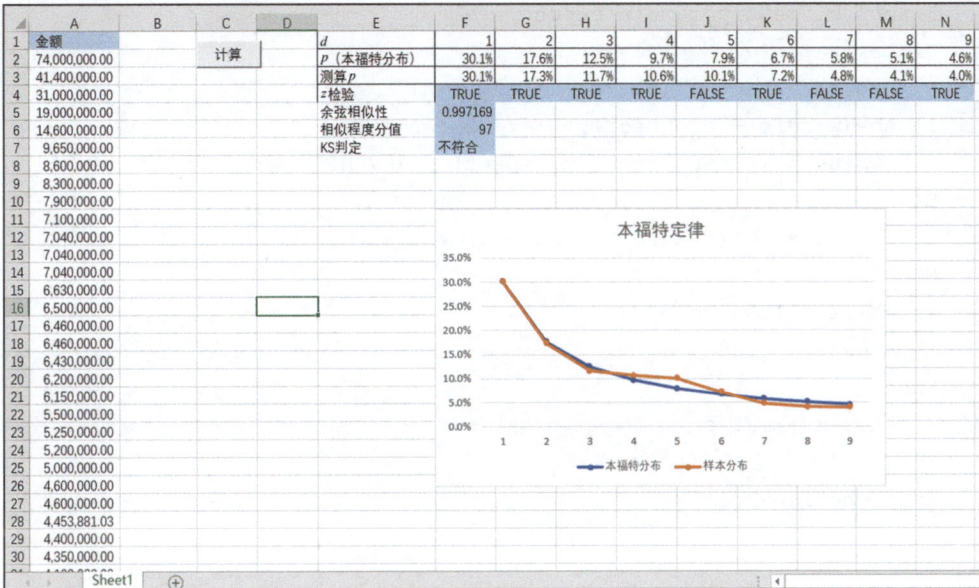

图 4-1-1

相似性判断方法

检验测试数据首位数字是否符合本福特定律称为"相似性判断方法"，包括 Z 检验、KS 检验、余弦相似性。

Z 检验

用 z 检验来检验各频数是否服从本福特定律分布，如下所示：

$$z = \frac{|p_o - p_e| - \dfrac{1}{2n}}{s_i}$$

$$z = \left[\frac{p_e(1-p_e)}{n}\right]^{\frac{1}{2}}$$

其中 n 是样本总数，$\dfrac{1}{2n}$ 是连续性校正，是本福特定律分布的期望频率，是样本中对应位数的频率。在 95% 的置信区间的情况下，如果 $z < 1.96$，那么首位数为 i（1~9）的这个频率是可信的，图 4-1-1 中"z 检验"就会写上 TRUE，否则写上 FALSE。

```
Function testZ(p_zero,p_expect,n)
Dim s#,value#
s = Sqr(p_expect * (1 - p_expect) / n)
If Abs(p_zero - p_expect) > 1 / (2 * n) Then
    value = (Abs(p_zero - p_expect) - 1 / (2 * n)) / s
Else
    value = Abs(p_zero - p_expect) / s
End If
If value < 1.96 Then
    testZ = True
Else
    testZ = False
End If
End Function
```

KS 检验

在文章 *Financial statement errors: evidence from the distributional properties of financial statement numbers* 中美国上市公司的年报数据应用了本福特定律。结果是：在同一年中，重修订的数据比原始谎报数据更符合本福特定律；统计越偏离本福特定律，该上市公司的持续盈利能力就越差。

```
KS=Max(|AD1 - ED1|,|(AD1+AD2) - (ED1+ED2)|,…,|(AD1+AD2+…+AD9) -
(ED1+ED2+…+ED9)|)
```

其中 AD 是统计数据的真实分布，ED 为该数据在本福特定律中的期望概率。在 95% 的置信区间的情况下，如果 KS<1.36/$\sqrt{n}$（n 为总的样本数量），那么样本的分布与本福特定律分布是相符的，否则不相符。在图 4-1-1 中添加了"KS 判定"，根据 KS 公式得出样本分布与本福特定律分布是否相符的结论。

```
Function KS(arr1,arr2,n)
Dim i&
Dim calc#,div#
For i = 1 To 9
    div = div + arr1(i) - arr2(i)
    calc = Application.Max(calc,Abs(div))
Next i
If calc < 1.36 / Sqr(n) Then
```

```
    KS = "符合"
Else
    KS = "不符合"
End If
End Function
```

余弦相似性

笔者以审计项目中账套的实际数据为例进行验证，发现上述两种检验方法过于严格，通过两个分布的折线图对比，可以看到就算是几乎重合的情况下，KS 检验和 Z 检验还是会判定为不相符。所以，上述的检验方法用在实际审计工作中可能很难适用。因此，笔者就思考有什么方法，可以得出一个量化的相似性结论，而不是"一竿子打死"，只判定不符合或符合。

首先把问题进行简化。本质上是对两个概率分布的数列比较其相似性。此时可以用到向量，首位数为 1~9 的概率分布可以当成一个 9 维的向量。对两个向量求夹角，夹角的重合度越高则说明相似度越高，反之相似度越低。

$(x_1, x_2, \cdots, x_n)$ 和 $(y_1, y_2, \cdots, y_n)$ 两个向量的余弦值公式为：

$$d = \frac{\sum_{i=1}^{n} x_i y_i}{\sqrt{\sum_{i=1}^{n} x_i^2} \sqrt{\sum_{i=1}^{n} y_i^2}}$$

```
Function similar(arr1,arr2) '余弦相似性
Dim calc#
Dim div1#,div2
For i = 1 To UBound(arr1)
    calc = calc + arr1(i) * arr2(i)
    div1 = div1 + arr1(i) ^ 2
    div2 = div2 + arr2(i) ^ 2
Next i
similar = calc / (Sqr(div1) * Sqr(div2))
End Function
```

根据这个公式编写代码，求出余弦值。余弦值的取值范围为 [-1,1]，因此余弦值越接近 1，相似度就越高。如图 4-1-1 所示，"余弦相似性"是两个概率分布作为向量的夹角的余弦值，而"相似程度分值"是根据余弦值取得的一个更容易让我们判断的数据。如果余弦值为 0.9971，那么

当它在大于 0.9 的情况下，取小数点后第三位数、第四位数作为分值，即 97。如果余弦值小于 0.9，那么分值就设定为 0。因此这个"相似程度分值"是一个从 0 到 100 的数，越接近 100，就越符合本福特定律。这样一个参考量，在审计项目实践中更具有参考意义。

审计项目实际测试

根据这个规律，将审计的公司的数据对比查看是否符合以上的概率分布，要是偏离了这个分布，那么就可以合理怀疑是否有被操纵的可能。

为了检验这个规律，笔者以一个线上卖书的公司的销售数据为例进行测试。

如图 4-1-2 所示，可以看到执行的结果和本福特定律的概率分布的偏差是非常大的。其中 Z 检验的每一个首位数都是 FALSE，KS 判定为不符合，相似程度分值为 30 分。

E	F	G	H	I	J	K	L	M	N
d	1	2	3	4	5	6	7	8	9
p（本福特分布）	30.1%	17.6%	12.5%	9.7%	7.9%	6.7%	5.8%	5.1%	4.6%
测算 p	47.8%	24.1%	9.9%	2.2%	2.3%	1.5%	0.8%	2.5%	8.8%
z检验	FALSE	FALSE	FALSE	FALSE	FALSE	FALSE	FALSE	FALSE	FALSE
余弦相似性	0.930841								
相似程度分值	30								
KS判定	不符合								

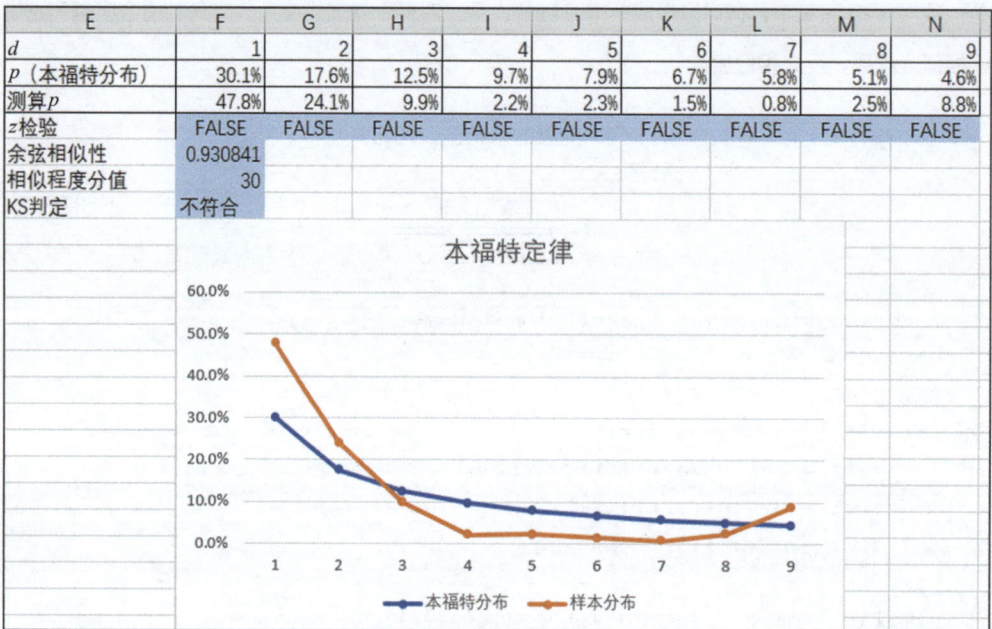

图 4-1-2

为什么会出现这样的情况呢？

如图 4-1-3 所示，这家公司销售的都是单一种类的产品，销售单价就几块钱，订单金额主要集中在 0~40 元这个范围内。

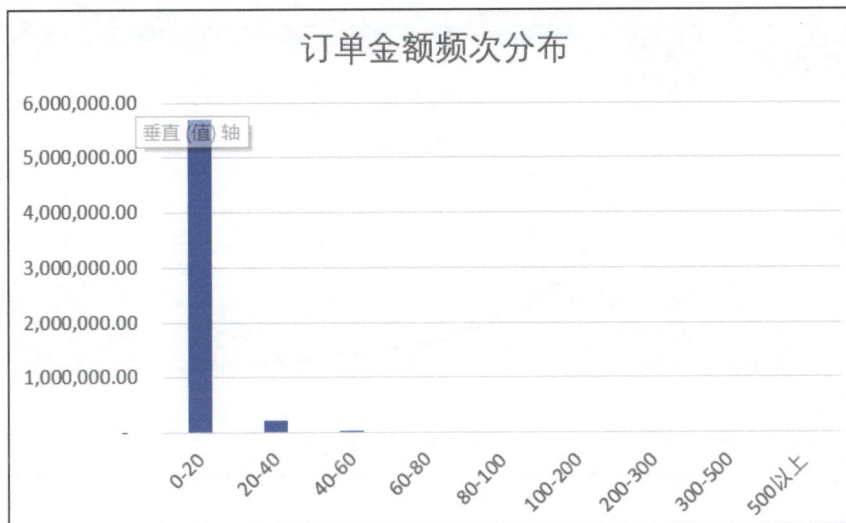

图 4-1-3

这样的数据必定导致数字 1、2 出现的概率更高，同时 9 元的订单也很多，因此数字 9 出现的概率也会比正常的分布高。

考虑到这个局限性，笔者以之前做过的一家公司的主营业务收入为例进行测试。这家公司是一家大型百货公司，不会出现上面数据的局限性。

执行结果如图 4-1-4 所示，从折线图可以看出基本上是完全符合本福特定律的。但是 Z 检验除了数字 5 是 TRUE 之外，其他都是 FALSE，KS 判定结果也是不符合。由此可见 Z 检验、KS 判定太严格，和我们的直观感受相背离。相似程度分值为 98 分接近 100 分，这和我们的直观感受是相符的，由此可认定和本福特定律是相符的。同样对主营业务成本、应收账款、应交税费、银行存款等科目进行测试也是相符的。

E	F	G	H	I	J	K	L	M	N
d	1	2	3	4	5	6	7	8	9
p（本福特分布）	30.1%	17.6%	12.5%	9.7%	7.9%	6.7%	5.8%	5.1%	4.6%
测算p	30.6%	19.4%	12.9%	9.2%	7.8%	6.0%	5.2%	4.7%	4.2%
z检验	FALSE	FALSE	FALSE	FALSE	TRUE	FALSE	FALSE	FALSE	FALSE
余弦相似性	0.998749								
相似程度分值	98								
KS判定	不符合								

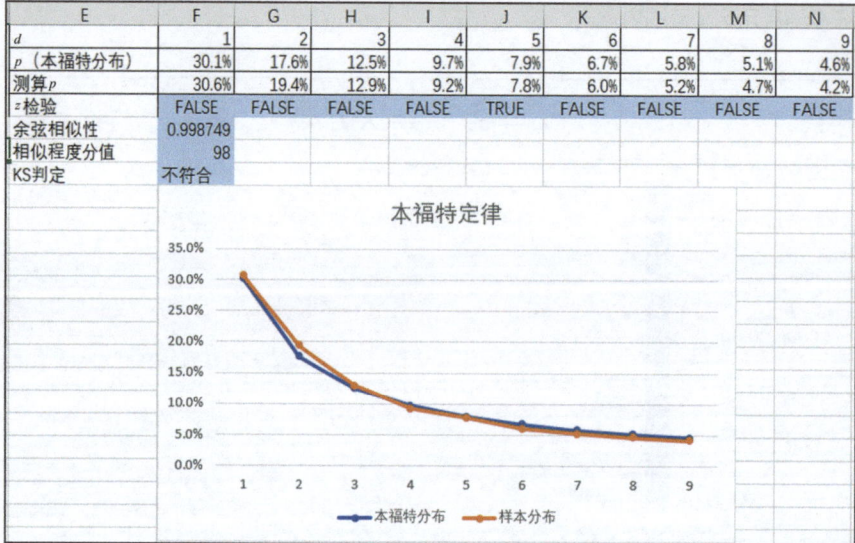

图 4-1-4

如图 4-1-5 所示，我们对应付职工薪酬科目进行测试，相似程度分值为 0 分，折线图偏离也非常大。这又是为什么呢？这就要考虑本福特定律的适用范围了。因为它不是什么样的数据都可以使用的。

E	F	G	H	I	J	K	L	M	N
d	1	2	3	4	5	6	7	8	9
p（本福特分布）	30.1%	17.6%	12.5%	9.7%	7.9%	6.7%	5.8%	5.1%	4.6%
测算p	5.3%	18.1%	28.1%	22.2%	7.6%	5.8%	2.9%	6.4%	3.5%
z检验	FALSE	TRUE	FALSE	FALSE	TRUE	TRUE	FALSE	TRUE	TRUE
余弦相似性	0.70206								
相似程度分值	0								
KS判定	不符合								

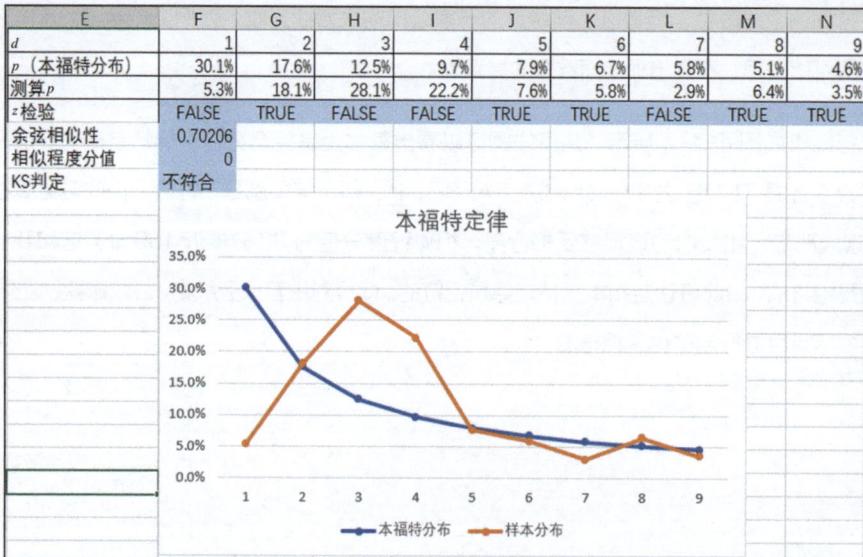

图 4-1-5

本福特定律适用范围

图 4-1-6 为本福特定律的适用范围，笔者按照自己的理解翻译一下本福特定律适用和不适用的情形。

Table 2	
When Benford Analysis Is or Is Not Likely Useful	
When Benford Analysis Is Likely Useful	**Examples**
Sets of numbers that result from mathematical combination of numbers - Result comes from two distributions	Accounts receivable (number sold * price), Accounts payable (number bought * price)
Transaction-level data - No need to sample	Disbursements, sales, expenses
On large data sets - The more observations, the better	Full year's transactions
Accounts that appear to conform - When the mean of a set of numbers is greater than the median and the skewness is positive	Most sets of accounting numbers
When Benford Analysis Is Not Likely Useful	**Examples**
Data set is comprised of assigned numbers	Check numbers, invoice numbers, zip codes
Numbers that are influenced by human thought	Prices set at psychological thresholds ($1.99), ATM withdrawals
Accounts with a large number of firm-specific numbers	An account specifically set up to record $100 refunds
Accounts with a built in minimum or maximum	Set of assets that must meet a threshold to be recorded
Where no transaction is recorded	Thefts, kickbacks, contract rigging

图 4-1-6

本福特定律适用的情形：

（1）通过多个数据集运算形成的数据。例如，应收账款 = 销售量 × 单价，应付账款 = 采购量 × 单价。

（2）真实交易数据。

（3）大数据量，可观测的数据越多越符合。例如，全年的交易数据。

（4）符合下面规律的会计科目，一组数字的平均数大于中位数，且偏差为正。例如，大部分的会计科目。

（注：平均数大于中位数的意思就是在这组数据中数字小的数占多数，数字大的数占少数。

也就是说可能 20% 的金额是由 80% 的数量构成的，而 80% 的金额是由 20% 的数量构成的。数据的金额变化一定要大，不能局限在某一小范围内）

本福特定律不适用的情形：

（1）数据集合是标志性的编号。例如，对账单号、发票号、邮政编码。

（2）数字会受到人为影响。例如，商家通常采用 99 尾数的定价方法。

（3）数据集合包含大量公司特定的数字。例如，用来记录 100 美元退款的账户。

（4）数据集合设定有最大值、最小值的门槛。例如，某类资产必须大于多少金额才会被记录。

（注：像固定资产公司规定有一个起点金额的，就不适合）

（5）不是真实交易的数据。例如，盗取、回扣、合同操纵。

（注：像很多人工调账的数据应该要剔除出去）

可以看出本福特定律给审计工作提供了一个思路。但是我们一定要掌握它的适用范围。例如，在了解了适用范围后，再回过头来看应付职工薪酬科目为什么不符合，首先全年应付职工薪酬科目的数据量只有 147 条，数据量太少；其次应付职工薪酬科目中不管是工资还是社保这些数据每个月都是十分固定的。因此它不仅数据的数量少而且分布范围也小。

作为审计人员，可能很多人并没有听过本福特定律，有的人即使知道但也没有实际使用过。的确，本福特定律的适用范围有一些局限性，很多人说它并没有什么用，分析出异常怎么办呢？如果在一级科目分析出异常，并且确定不是适用范围的原因，那么可以进一步对这个一级科目下的二级科目进行测试，看异常是哪个二级科目引起的，从而缩小审计范围。如果测试是相符的又怎么样呢？它虽然不能给我们审计的科目提供最直接的审计证据，但却可以提高审计信心。

4.1.2　银行流水核查

货币资金是新入职的小伙伴必定会做的科目。而银行流水核对是除函证外非常重要的实质性程序。作为核实公司真实资金流的程序，与众多科目关联，如果公司出现财务舞弊，那么在大多数情况下在银行流水中能够反映出相关迹象。

由于银行流水核对工作相对来说比较简单，过程比较枯燥，没有什么技术含量，所以在实务中一般都是交给实习生来做。核对方法也是挑选主要银行账户，对发生额大于某个值的流水与账面进行双向核对。

很多时候，为了应对监管机构的检查，要拿到企业有银行签章的纸质银行流水进行人工核对。其实我们也可以亲自与出纳人员导出银行账户的网银，在保证网银流水真实性的前提下，采用 Excel VBA 程序批量进行核对。

核对思路

如果财务账与流水每一笔都是一一对应的关系，那么这种情况是最简单的。写 Excel VBA 代码"最不费脑子"的方法就是：

1. 将某一银行账号的序时账存储到数组 arr_cw（"cw"是"财务"的缩写），将对应的网银流水存储到数组 arr_wy（"wy"是"网银"的缩写）中。

2. 将 arr_cw 的每行数据进行遍历（i=1 to ubound(arr_cw)），对于第 i 行序时账数据通过遍历 arr_wy 的每行数据（j=1 to ubound(arr_wy)），查找满足匹配条件的数据。

3. 匹配条件：上面第 2 步就是模拟了双方数据进行比对的过程，那么满足什么条件就视为匹配成功呢？

- 日期：考虑到存在未达账项的情况，双方数据的日期应该是相近的，比如双方数据日期相减小于等于 3，即设定未达账项时间差最多 3 天。

- 金额：由于这里讨论的是一一对应的情形，所以双方数据金额要相等。

- 对方单位：如果序时账里有对方单位的辅助项，则应该把对方单位这个条件加上，这也是在人工核对时要关注的，以便查看资金的真实流向。

当满足上述三个条件时，即可认定匹配成功。此时给匹配成功的数据添加一列标记对方数据的序号（或者把网银数据添加到对应的序时账后面，以便直接作为底稿的核对过程）。

这样在完成核对工作后，我们只需要进一步检查未标记的数据即可，大大缩短了人工核对的时间。如果人工核对需要 30 分钟的话，那么采用 Excel VBA 程序只需要几秒钟，并且可以做到全量数据核对，而不是只对大额的流水进行核对。

多借多贷的核对思路

对多借多贷的情况需要根据对方单位等条件综合考虑。如果没有对方单位或其他能将多笔合计在一起的关键信息，实际上就完全变成了去凑数，那么程序的速度是很慢的。因此，在上述未匹配的情况下，笔者仅仅将剩下的序时账和银行流水按月合计。如果序时账月合计数和银行流水月合计数核对上，就匹配成功了。

通过上述三个步骤可以模拟出人工的核对思路，完成全量数据核对。我们只需要对剩下未匹配的序时账和银行流水进行进一步检查即可。

工具使用方法

如图 4-1-7 所示，在工作表"序时账"或"银行流水"中左键双击"科目名称"，启动导入功能。

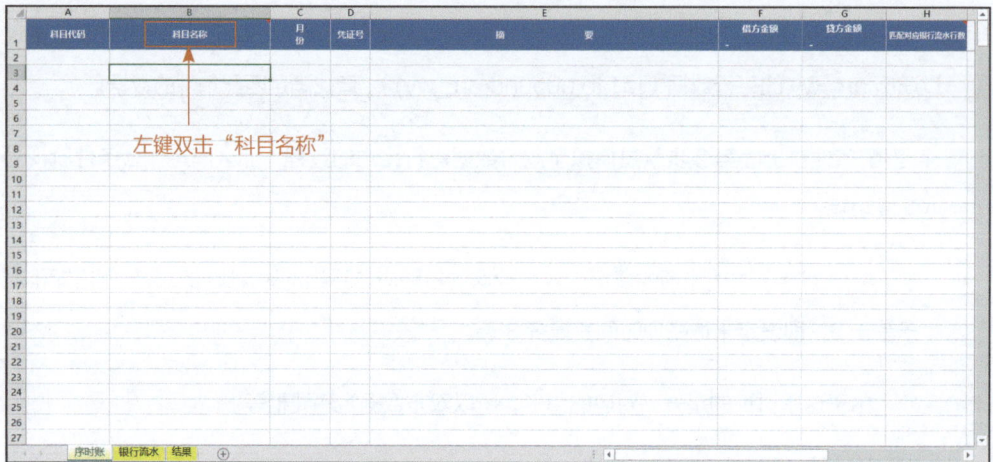

图 4-1-7

如图 4-1-8 所示，将序时账导入表格，然后添加"标题行"。这里标题行会自动匹配，如果没有匹配，那么单击下拉选项，选择合适的标题。将银行流水导入表格的方法也是如此。注意：
1. 导入前需要对序时账和网银流水进行处理，仅保留标题行和银行数据，删掉其余的表头和表尾的说明。2. 导入后核对“起始行号”和“截止行号”的数字是否与数据项行号相符。完成上述操作后，用鼠标左键双击“开始导入”。如果不会使用这个导入功能，那么也可以手动将序时账和银行流水的数据粘贴进来，再使用核对功能。

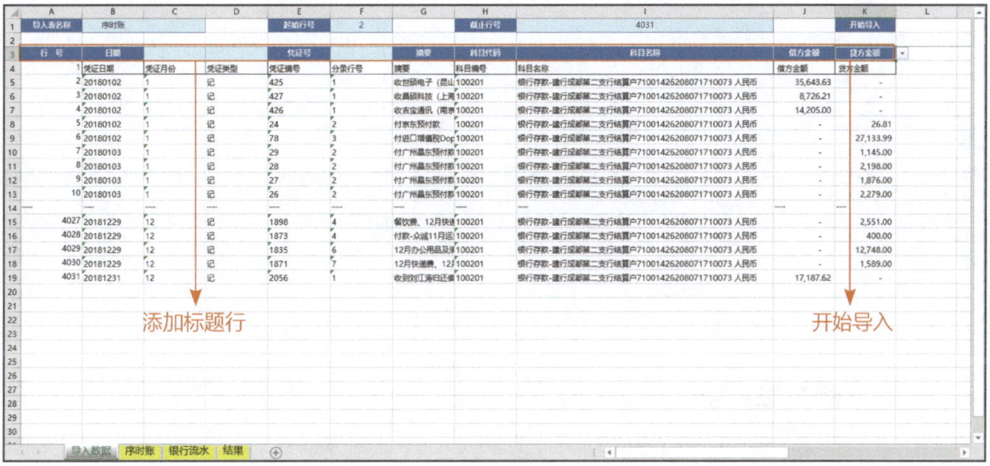

	A	B	C	D	E	F	G	H	I	J	K
1	导入表名称	序时账			起始行号	2		截止行号	4031		开始导入
2											
3	行　号	日期			凭证号		摘要	科目代码	科目名称	借方金额	贷方金额
4	1	凭证日期	凭证月份	凭证类型	凭证编号	分录行号	摘要	科目编号	科目名称	借方金额	贷方金额
5	2	20180102	1	记	425	1	收世硕电子（昆山	100201	银行存款-建行成都第二支行结算户71001426208071710073 人民币	35,643.63	-
6	3	20180102	1	记	427	1	收晶硕科技（上海	100201	银行存款-建行成都第二支行结算户71001426208071710073 人民币	8,726.21	-
7	4	20180102	1	记	426	1	收吉宝通讯（南京	100201	银行存款-建行成都第二支行结算户71001426208071710073 人民币	14,205.00	-
8	5	20180102	1	记	24	2	付京东预付款	100201	银行存款-建行成都第二支行结算户71001426208071710073 人民币	-	26.81
9	6	20180102	1	记	78	3	付进口增值税Dop	100201	银行存款-建行成都第二支行结算户71001426208071710073 人民币	-	27,133.99
10	7	20180103	1	记	29	2	付广州晶东预付款	100201	银行存款-建行成都第二支行结算户71001426208071710073 人民币	-	1,145.00
11	8	20180103	1	记	28	2	付广州晶东预付款	100201	银行存款-建行成都第二支行结算户71001426208071710073 人民币	-	2,198.00
12	9	20180103	1	记	27	2	付广州晶东预付款	100201	银行存款-建行成都第二支行结算户71001426208071710073 人民币	-	1,876.00
13	10	20180103	1	记	26	2	付广州晶东预付款	100201	银行存款-建行成都第二支行结算户71001426208071710073 人民币	-	2,279.00
14	……	……	……	……	……	……	……	……	……	……	……
15	4027	20181229	12	记	1898	4	餐饮费、12月快递	100201	银行存款-建行成都第二支行结算户71001426208071710073 人民币	-	2,551.00
16	4028	20181229	12	记	1873	4	付款-众诚11月运	100201	银行存款-建行成都第二支行结算户71001426208071710073 人民币	-	400.00
17	4029	20181229	12	记	1835	6	12月办公用品及	100201	银行存款-建行成都第二支行结算户71001426208071710073 人民币	-	12,748.00
18	4030	20181229	12	记	1871	7	12月快递费、12	100201	银行存款-建行成都第二支行结算户71001426208071710073 人民币	-	1,589.00
19	4031	20181231	12	记	2056	1	收到刘江涛归还借	100201	银行存款-建行成都第二支行结算户71001426208071710073 人民币	17,187.62	-

图 4-1-8

这里需要注意的是“序时账”“银行流水”两个表的日期需要使用标准的日期格式，例如“2018/12/31”。很多时候网银导入的格式是类似“20180102 09:49:17”这样的，如果不处理，那么程序就会报错。当然，导入时程序会对常见的三种格式进行清洗，如果没清洗成功，则需要手动处理成如“2018/12/31”这样的日期格式。

如图 4-1-9 所示，在“结果”表里填写可跨期天数。这样可以使前后日期间隔相近且金额相同的数据匹配成功，避免因账务处理跨期影响匹配效果。

	A	B	C	D	E	F	G
1	可跨期天数	前	3	天	后	5	天
2		借方	贷方				
3	网银总计						
4	序时账总计						
5	匹配						
6	匹配率		跨期天数				
7							
8							
9	操作说明：						
10	1、	双击《序时账》、《银行流水》中"B1"单元格，导入数据					
11		注意《银行流水》表中借方为公司收款，贷方为公司付款。					
12	2、	注意两个表时间均为日期格式，双击《银行流水》表“交易时间”可以批量清洗日期格式。					
13	3、	填写“可跨期天数”，防止未达账项的情况。（可填写范围1-31天）					
14	4、	匹配说明：					
15		(1)	单笔匹配（可成功匹配“可跨期天数”内的单笔金额），若匹配成功，最后一列标注对方数据的序号。				
16		(2)	对剩下未匹配的，按月进行匹配，若匹配成功，最后一列标注“-”				
17		(3)	《网银流水中》对方户名若与序时账摘要中出现（包含关系），匹配成功标记的单元格会标上绿色。				

序时账 | 银行流水 | 结果

图 4-1-9

填写好参数后，在“序时账”“银行流水”工作表中用鼠标左键双击表头“匹配对应银行流水行数”，程序开始对银行流水和序时账进行双向核对。

如图 4-1-10 所示，程序会显示出借贷双方的匹配率。

	A	B	C	D	E	F	G
1	可跨期天数	前	3	天	后	5	天
2		借方	贷方				
3	网银总计	319,034,932.44	347,018,698.48				
4	序时账总计	318,664,049.85	346,647,815.89				
5	匹配	307,533,026.84	322,585,958.77				
6	匹配率	97%	93%				

图 4-1-10

如图 4-1-11 所示，匹配完成后。“序时账”表和“银行流水”表的最后一列会标注对方数据的序号，同时如果标注为绿色，则表示序时账的摘要里包含在银行流水中对方账户的名称。例如，序时账里摘要为“张三借备用金”，而银行流水里对方账户是“张三”，那么在两者金额一致的前提下会标注成绿色。因此，如果读者所在的项目序时账有对方账户名称，那么可以将其粘贴到“摘要”那一列中，这样程序会自动完成对方账户名称的核对，检查资金流向是否相符。

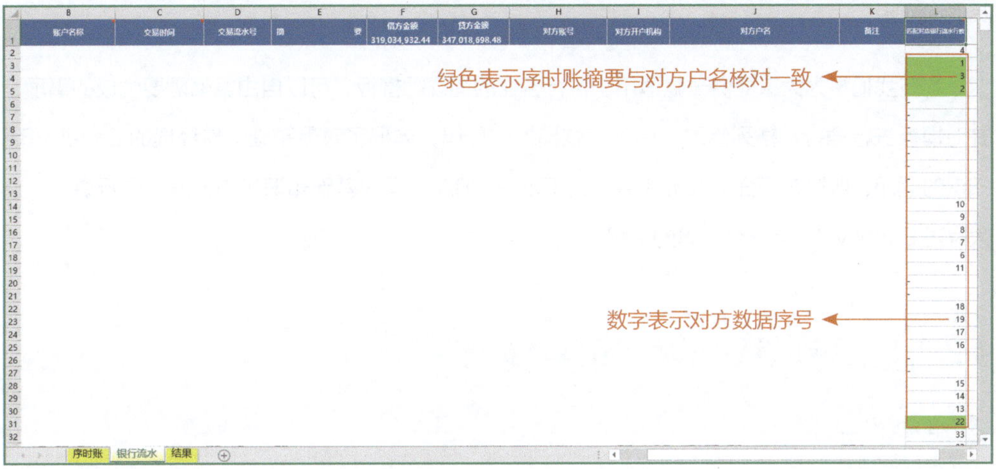

绿色表示序时账摘要与对方户名核对一致

数字表示对方数据序号

图 4-1-11

在完成上述自动匹配的基础上，再将未匹配出的大额流水进行手工核对，这样就可以快速完成流水核对程序了。总之，对于银行流水核对的工作，尤其是在面对集团银行账户，资金量特别大的情况下，可以考虑采用 Excel VBA 程序批量核对的思路。

4.2　往来科目

往来科目包括其他应收款、其他应付款、应收账款、应付账款、预收账款、预付账款等。往来科目往往是成对出现的，用于表示对应客户、供应商、员工等内、外部往来单位的债权与债务。做这类科目时，一定要关注其挂账的对方单位是否合理、是否存在关联往来、是否存在挂账单位与实际发生的凭据（银行回单）不一致的情况。

4.2.1　函证

函证是指审计人员为印证被审计单位会计记录所载事项而向第三者发函询证的一种方法。基本上十个证监会的处罚有八个会提到函证相关的问题。往往执行函证这个程序的对象一般有银行、客户或供应商等往来单位，被审计单位的高管、员工、律师、海关等。函证程序需要的函件的内容和形式也会根据审计证据的需要有所不同，一般分为银行询证函、企业询证函、律师询证函、其他询证函。

　　本节我们将为大家提供一款适用于各行各业的询证函模板，可以自由编辑需要生成的事项，并对模板进行插行、插列修改。由于这款模板的代码，体现了对最基础、最经典的 Excel VBA 知识的运用，所以在下面的章节中我们对 Excel VBA 代码的基础知识和内容编写进行讲解，让大家对 Excel VBA 有一个简单的了解。

4.2.1.1　示例：积木式询证函模板的使用

模板的修改与制作

　　步骤 ①　单击"显示模板"按钮，如图 4-2-1 所示。

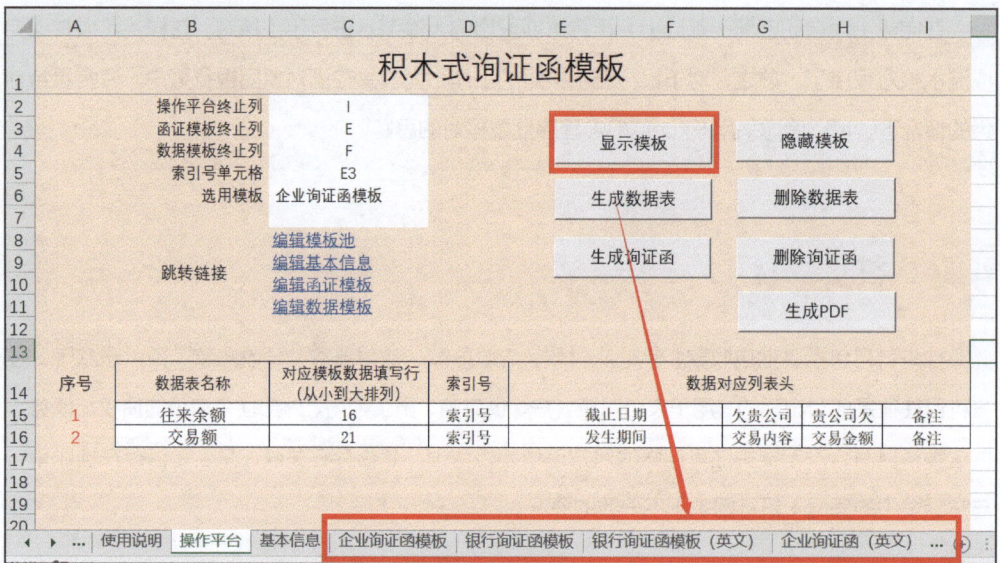

图 4-2-1

　　步骤 ②　修改模板时需要特别注意各个函证事项填写的起始行数（如图 4-2-2 所示，往来款项余额从第 16 行开始填写，交易明细从第 21 行开始填写），模板的截止列（如图 4-2-2 所示，企业询证函模板的打印范围的最后一列 E 列），索引号填写的单元格（如图 4-2-2 所示，索引号填写在 E3 单元格）。

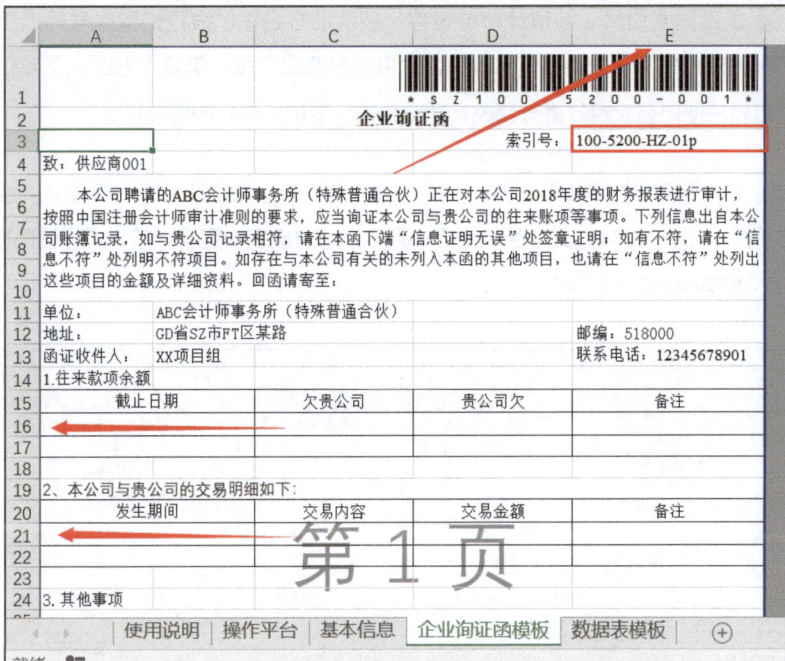

图 4-2-2

注意 如果不需要修改模板，那么在模板右边的非打印区域记录了这个模板的相关信息与参数，直接将需要的信息粘贴至操作平台即可，如图 4-2-3 所示。

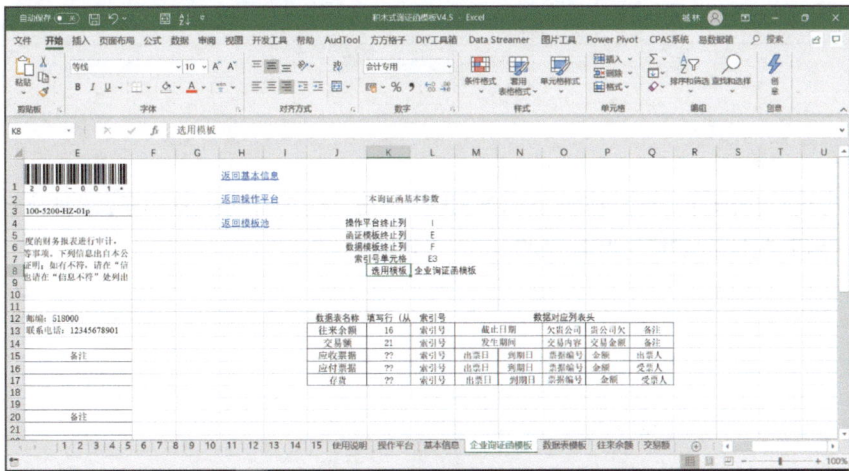

图 4-2-3

步骤 ③ 条形码索引号、被审计单位名称、被函证方名称、银行扣款账号等信息都是通过 VLOOKUP 函数或 INDEX+MATCH 函数以索引号为匹配字段、单条件匹配从基本信息表获得的。大家可以自行使用公式对其进行修改，注意检查一下相关公式的准确性。

步骤 ④ 修改好需要的模板后，将对应的参数、表头、信息粘贴到操作平台中。如图 4-2-4 所示，操作平台终止列为 I 列，其他各表的终止列分别在对应表中查看。单击"隐藏模板"按钮，将模板池中不需要的模板全部隐藏。

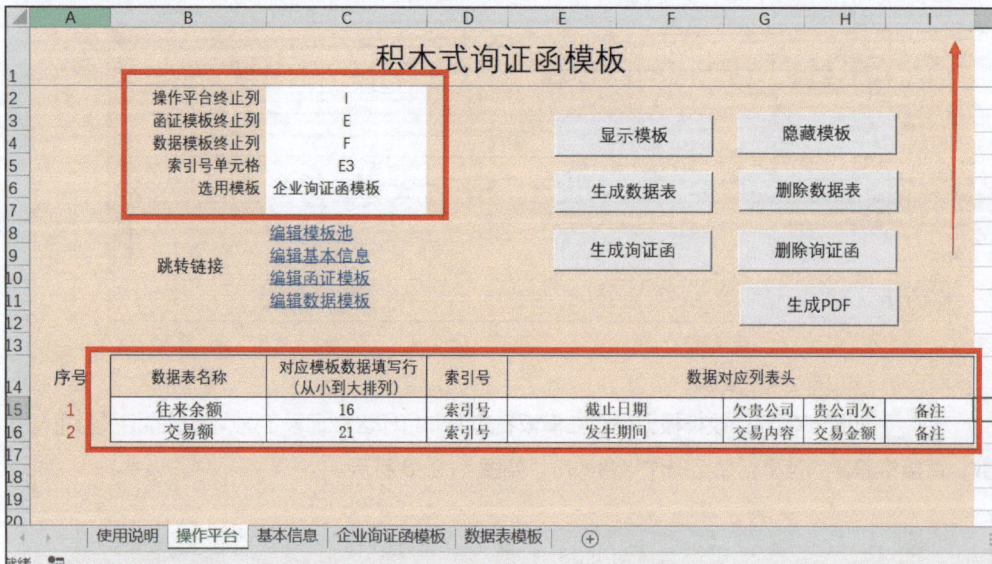

图 4-2-4

数据的收集与整理

步骤 ① 单击操作平台表中的"生成数据表"按钮，会按照你填写的数据表名称及相关信息生成一个用于统计相关数据的表格，如图 4-2-5 所示。

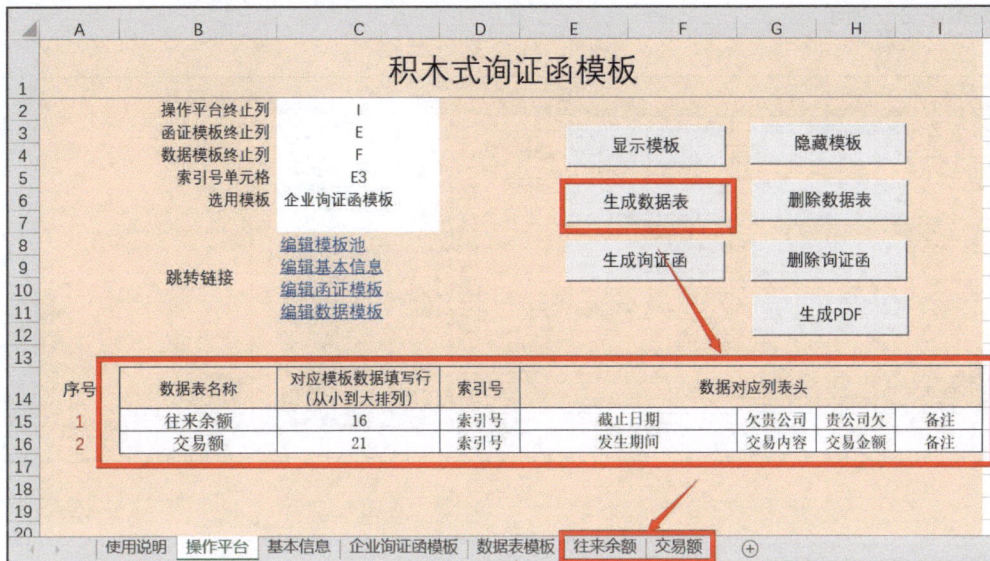

图 4-2-5

步骤 ③ 在基本信息表、往来余额表、交易额表中，填写相应的信息和数据。当填写基本信息表时，注意索引号必须唯一，因为表格中的数据是按照索引号进行匹配的，如图 4-2-6 所示。

图 4-2-6

填写往来余额表时注意索引号需要按照升序排列，保证同一个索引号的信息放在一起。在表格的终止列以外，可以随意加列或加信息，这些信息只是便于统计或识别，不参与询证函的生成，如图 4-2-7 所示。

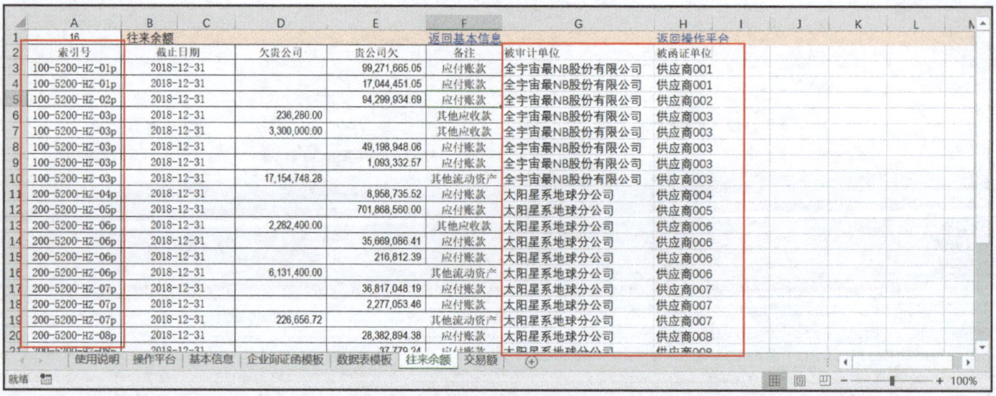

图 4-2-7

询证函的生成与打印

步骤❶ 在完成数据填写的工作后，返回"操作平台"单击"生成询证函"按钮，就会生成按基本信息表中函证序号命名的询证函，如图 4-2-8 所示。

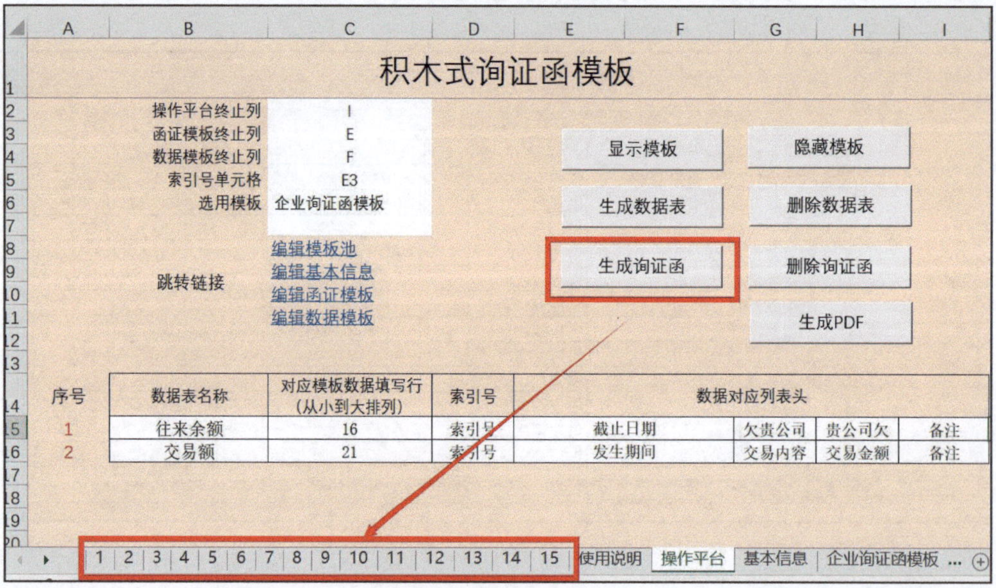

图 4-2-8

步骤② 基本信息表中有链接，可以跳转至对应的询证函，如图 4-2-9 所示。可以对生成的企业询证函进行检查，如图 4-2-10 所示。

	A	B	C	D	E	M	N
1	序号	被审计单位名称	被函证单位名称	索引号	条形码编号	返回操作平台	
2	1	全宇宙最NB股份有限公司	供应商001	100-5200-HZ-01p	*SZ04999100-5200-001*	100-5200-HZ-01p	
3	2	全宇宙最NB股份有限公司	供应商002	100-5200-HZ-02p	*SZ04999100-5200-002*	100-5200-HZ-02p	
4	3	全宇宙最NB股份有限公司	供应商003	100-5200-HZ-03p	*SZ04999100-5200-003*	100-5200-HZ-03p	
5	4	太阳星系地球分公司	供应商004	200-5200-HZ-04p	*SZ04999100-5200-004*	200-5200-HZ-04p	
6	5	太阳星系地球分公司	供应商005	200-5200-HZ-05p	*SZ04999100-5200-005*	200-5200-HZ-05p	
7	6	太阳星系地球分公司	供应商006	200-5200-HZ-06p	*SZ04999100-5200-006*	200-5200-HZ-06p	
8	7	太阳星系地球分公司	供应商007	200-5200-HZ-07p	*SZ04999100-5200-007*	200-5200-HZ-07p	
9	8	太阳星系地球分公司	供应商008	200-5200-HZ-08p	*SZ04999100-5200-008*	200-5200-HZ-08p	
10	9	太阳星系地球分公司	供应商009	200-5200-HZ-09p	*SZ04999100-5200-009*	200-5200-HZ-09p	
11	10	太阳星系地球分公司	供应商010	200-5200-HZ-10p	*SZ04999100-5200-010*	200-5200-HZ-10p	

图 4-2-9

企业询证函

索引号：100-5200-HZ-02p

致：供应商002

　　本公司聘请的ABC会计师事务所（特殊普通合伙）正在对本公司2018年度的财务报表进行审计，按照中国注册会计师审计准则的要求，应当询证本公司与贵公司的往来账项等事项。下列信息出自本公司账簿记录，如与贵公司记录相符，请在本函下端"信息证明无误"处签章证明；如有不符，请在"信息不符"处列明不符项目。如存在与本公司有关的未列入本函的其他项目，也请在"信息不符"处列出这些项目的金额及详细资料。回函请寄至：

单位：	ABC会计师事务所（特殊普通合伙）		
地址：	GD省SZ市FT区某路	邮编：	518000
函证收件人：	XX项目组	联系电话：	12345678901

1.往来款项余额

截止日期	欠贵公司	贵公司欠	备注
2018-12-31		94,299,934.69	应付账款

2、本公司与贵公司的交易明细如下：

发生期间	交易内容	交易金额	备注
2018年度	采购金额	7,963,654.32	材料

3. 其他事项

本函仅为复核账目之用，并非催款结算。若款项在上述日期之后已经结清，仍请及时函复为盼。

经办人：
日　期：

信息证明无误	信息不符及需加证明事项(详细附后)

（公司盖章）	（公司盖章）
年　月　日	年　月　日
经办人：	经办人：

图 4-2-10

步骤**3** 确定生成的信息无误后，单击操作平台表中的"生成 PDF"按钮，即可将指定序号区间的询证函制作成 PDF，发送给企业打印，以保证条形码、索引号在打印时无误，如图 4-2-11 所示。

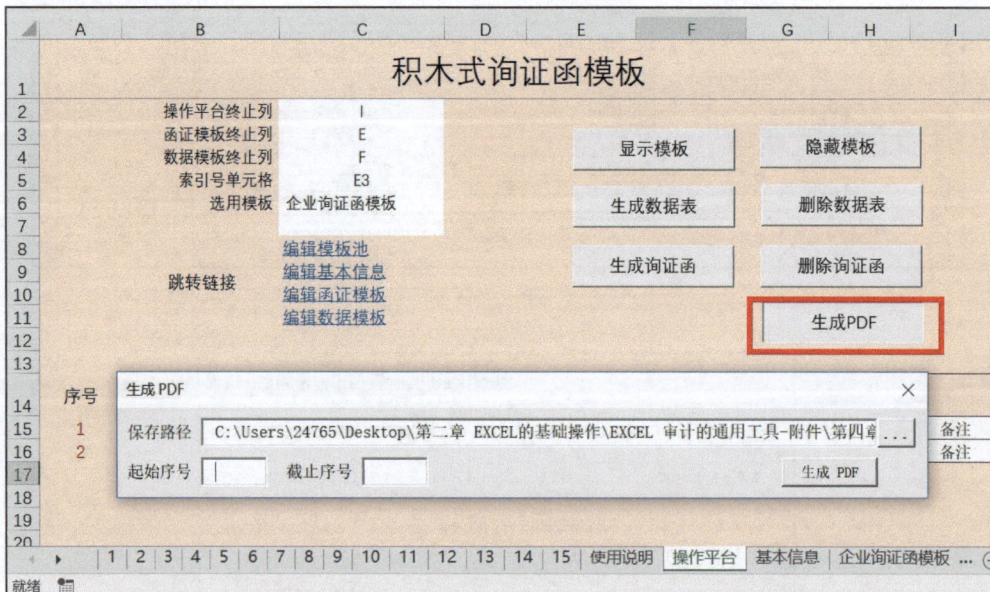

图 4-2-11

4.2.1.2 拓展：Excel VBA 模板的制作

用 Excel VBA 实现循环复制、粘贴的功能是 Excel VBA 的基础用法，在我们日常工作中经常会被用到，比如生成替代测试的表格、工资条，等等。本节会展开来讲用 Excel VBA 实现这个模板的主要原理。

Excel VBA 基础知识

● 变量声明

变量声明就是"在旧瓶装新酒时，挑好合适的瓶子"。Excel VBA 中的基本数据类型有很多种，但常用的很少。下面介绍几种常用的数据类型，如表 4-2-1 所示。

表 4-2-1

序号	代码	含义	简写
1	String	文本字符串	$
2	Long	整数	&
3	Integer	整数	%
4	Single	单精度小数	!
5	Date	日期时间	

代码中第一段的意思就是声明 lngRow、i、j、k 作为整数变量；e、f 作为文本变量。ObjSht、objShtMdl 作为工作表；arrData 作为数组。

表 4-2-2

行号	代码
1	Dim lngRow&, i&, j&, k&, e$, f$, objSht As Worksheet, objShtMdl As Worksheet, arrData()
2	Dim dtTime As Date '定义dtTime作为日期时间变量

● 条件选择

条件选择最基础的语句就是 If 语句，如果涉及的并列条件较多，则可以尝试使用 Select Case 语句，如表 4-2-3 所示。

表 4-2-3

序号	代码	含义
1	If 条件 Then执行End If	如果条件为真，则执行
2	If 条件 Then执行1 Else 执行2 End If	如果条件为真，则执行 1，否则执行 2
3	If 条件1 Then 执行1 ElseIf 条件2 Then 执行2 End If	如果条件 1 为真，则执行 1，如果条件 2 为真，则执行 2

● 循环

循环就是 Excel VBA 代码路径的一个回路，可以让一部分在满足相应条件下的代码语句重复执行，用于完成一些重复性的工作。Excel VBA 中的循环控制语句主要有 3 个：For、While、Loop。我们主要了解最简单、最常用的 For 语句即可，如表 4-2-4 所示。

表 4-2-4

序号	代码	含义
1	For 计数变量=开始值 To 结束值 '用于循环执行的语句 Next	变量从开始值到结束值循环执行语句
2	For Each 循环变量 In 循环对象 '循环执行的语句 Next 循环变量	遍历所有循环对象里的循环变量，执行循环语句

表 4-2-5 中显示的是积木式询证函模板的代码，已逐行写上简单的中文解释。希望可以让大家对变量、条件选择、循环有一个初步的了解。大家也可以通过书中附带的工具进行练习，做出符合自己工作要求的工具。

表 4-2-5

行号	代码
1	Sub 生成询证函() '20190211 瑞华会计师事务所 林铖 制作
2	Dim lngRow&, i&, j&, k&, e$, f$, objSht As Worksheet, objShtMdl As Worksheet, arrData() '定义变量
3	Dim dtTime As Date '定义dtTime作为日期
4	dtTime = Timer
5	f = Sheets("操作平台").Range("C6") 'f等于操作平台C6的值，即选用的询证函模板
6	Set objShtMdl = ThisWorkbook.Sheets(f) '设置变量objShtMdl为询证函模板工作表
7	Set objSht = ThisWorkbook.Sheets("基本信息") '设置变量objSht为基本信息工作表
8	Dim objShtNew As Worksheet '定义objShtNew为新工作表
9	With objSht
10	lngRow = .Range("D" & Rows.Count).End(xlUp).Row '设置变量lngRow为D列有内容的行数
11	If lngRow = 1 Then '如果只有一行数据
12	MsgBox """基本信息"" 表格中 D 列无数据", vbOKOnly + vbExclamation, "-_-!"'则显示表格中D列无数据提醒
13	Exit Sub
14	End If

行号	代码
15	Application.ScreenUpdating = False'关闭屏幕更新可加快宏的执行速度。这样将看不到宏的执行过程，但宏的执行速度加快了
16	arrData = .Range("a2:d" & lngRow).Value '设置数组arrData为基本信息工作表a2:d有数值的行的内容
17	End With
18	e = Sheets("操作平台").Range("C5") 'e等于操作平台工作表C5的值，即索引号对应的单元格
19	For i = UBound(arrData) To 1 Step -1 '对于数组
20	objShtMdl.Copy Before:=Sheets(1) '复制模板在最前一张工作表前生成新的工作表
21	Set objShtNew = ActiveSheet '将objShtNew变量作为当前活动的工作表
22	objShtNew.Name = CStr(arrData(i, 1)) '将objShtNew命名成arrDate（基本信息工作表）i行，第1列的值
23	objShtNew.Range(e).Value = arrData(i, 4) '将objShtNew的E3单元格填入arrDate（基本信息工作表）i行，第4列的值
24	Call hNknqiCm(arrData(i, 4), objShtNew) '调用Private Sub hNknqiCm，将其中StrSerial定义为arrData(i,4)对应索引号，objShtMdl定义为objShtNew新建的工作表
25	Next i
26	Sheets("基本信息").Select '返回基本信息页面
27	Application.ScreenUpdating = True
28	MsgBox "处理完毕" & vbCrLf & "用时: " & Format(Timer - dtTime, "0.00秒"), vbOKOnly, "^o^"
29	End Sub
1	Private Sub hNknqiCm(strSerial, objShtMdl) '私有模块
2	Dim lngRow&, i&, j&, lngCnt&, e$, f$, lngSht&, k&, n$
3	Dim objSht As Worksheet, arrData(), arrSht()
4	e = Sheets("操作平台").Range("C3") 'e等于操作平台C3的值
5	f = Sheets("操作平台").Range("C4") 'f等于操作平台C4的值
6	lngSht = Sheets("操作平台").Range("B" & Rows.Count).End(xlUp).Row
7	If lngSht > 14 Then

行号	代码
8	arrSht = Sheets("操作平台").Range("b14:b" & lngSht).Value 'arrSht数据表集合包含操作平台工作表B15:B有数据的行相应的内容
9	For k = UBound(arrSht) To 2 Step -1 '对于数组
10	n = CStr(arrSht(k, 1)) 'n为arrSht数组中第k行第1列的值，即对应行的数据表名称
11	lngCnt = 0 'IngCnt计数变量清零
12	Set objSht = ThisWorkbook.Sheets(n) '设置objSht为n工作表
13	With objSht '在objSht中
14	j = objSht.Range("A1").Value 'j变量等于objSht工作表的A1单元格的值
15	lngRow = .Range("a" & Rows.Count).End(xlUp).Row 'lngRow变量等于objSht的A列有数据的最大行数
16	If lngRow > 2 Then '如果IngRow变量大于2
17	arrData = .Range("a1:a" & lngRow).Value 'arrDate数组定义为objSht中A列第1行至A列第IngRow的值
18	For i = UBound(arrData) To 3 Step -1 '对于i=数组arrData中的第三行至无穷行
19	If arrData(i, 1) = strSerial Then '如果数组arrData中的第i行，第1列等于strSerial（索引号）
20	lngCnt = lngCnt + 1 'IngCnt计数变量就自动加1，用于计算工作表中与生成询证函相关的数据行数
21	If lngCnt > 1 Then '如果IngCnt变量大于1
22	objShtMdl.Range("A" & j & ":" & e & j).Insert Shift:=xlShiftDown 'objShtMdl从Aj:ej向下插入行，e等于基本信息工作表L1的值。
23	End If
24	.Range("B" & i & ":" & f & i).Copy objShtMdl.Range("A" & j) 'objSht的Bi:fi单元格复制粘贴到objShtMdl（模板）Aj单元格，f等于基本信息工作表N1的值
25	End If
26	Next i
27	End If
28	End With

行号	代码
29	Next k
30	End If
31	End Sub

4.2.2　函证的登记

在回函登记时，只需要扫描询证函中的条形码或二维码，即可完成函证的登记。怎样设计发函与回函模板才能快速、有效地完成函证登记的过程呢？可以参考以下内容。

4.2.2.1　函证的基本信息登记

在发出函时，将发函的基本信息（快递单的信息与函证索引号）导入发函数据库。（注意：可以将自己的发函登记表做成与发函数据库相同的表头，如图 4-2-12 所示。）

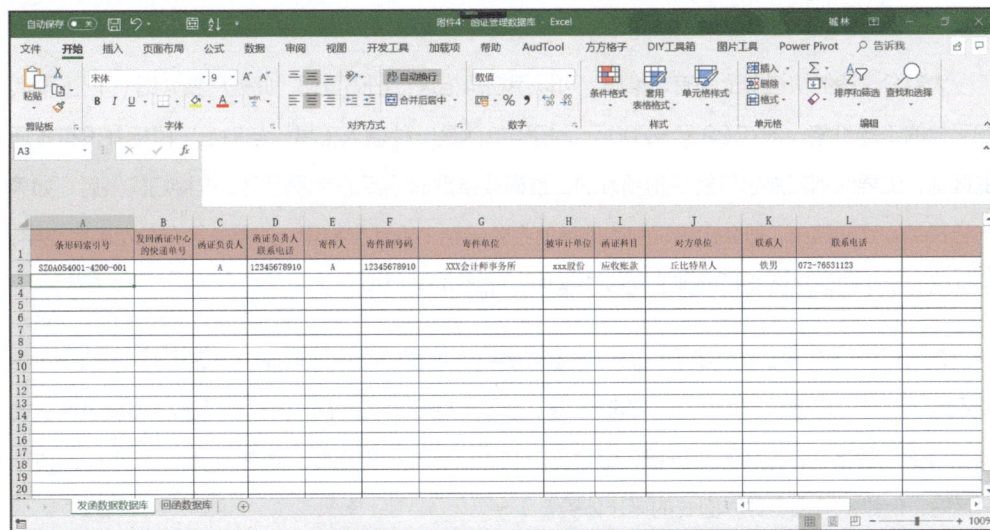

图 4-2-12

本表用 Excel VBA 制作了一个加载项，单击"函证管理"按钮，就会显示出一个函证管理

79

的窗体，如图 4-2-13 所示。只需要光标在条形码索引号位置用扫码枪扫描条形码即可录入条形码编号。其余的函证信息会通过发函数据库中登记的信息自动匹配至对应的位置。如果之前未进行发函数据的登记，则需要在回函时进行手动登记。

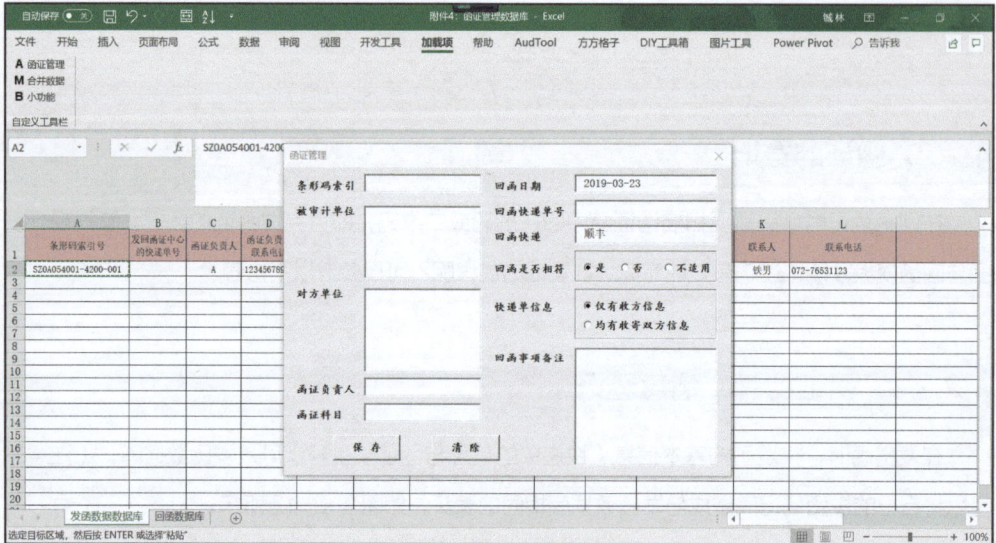

图 4-2-13

大部分快递的快递单上都有二维码，可以用扫码枪进行扫码登记。此处单独介绍一下扫码枪。扫码枪的市场价格一般在 99 元 ~200 元。扫码枪就是一种输入工具，与键盘、鼠标并没有本质的区别，主要区别就是它只能识别预设的二维码或条形码编译的字段而已。连接扫描器后，如果光标在 Word 文档中，那么扫码识别的信息就会登记到 Word 文档里；如果光标在 Excel 表格中，那么扫码出来的信息就会登记到 Excel 表格中，如图 4-2-14 所示。

在登记快递单编号，单击确认后，信息就会自动填写至回函数据库中。这个 Excel VBA 主要运用了窗体。而窗体是一个简单的输入框。激活（打开）工作表的同时激活窗体加载事件。窗体相当于"画布"，由标签、按钮、组合框、文本框这些控件组成。虽然 Excel VBA 的窗体十分简陋，但是能给人一种界面式的操作体验。

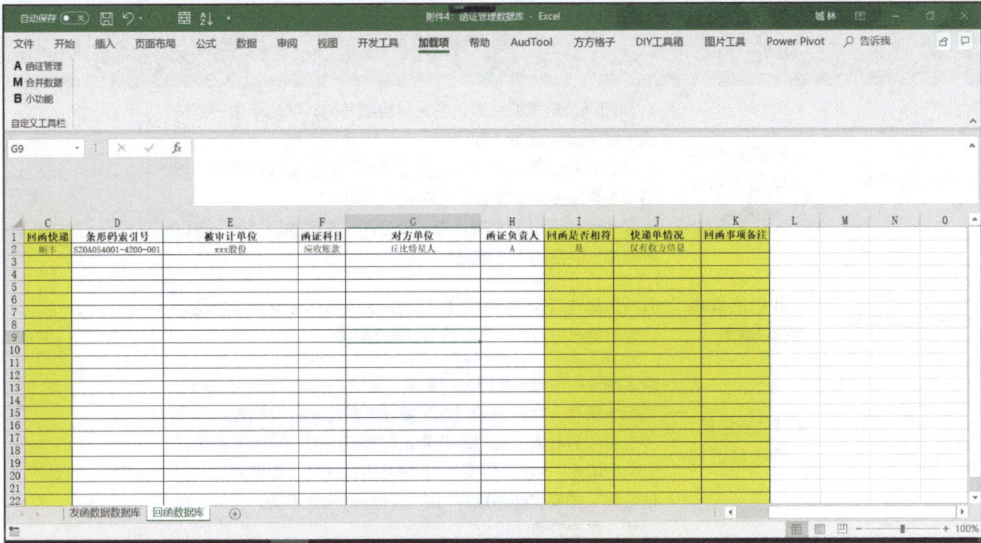

图 4-2-14

4.2.2.2　项目组集团函证数据统计

上文中介绍的函证登记的 Excel VBA 的宏仅仅解决了回函登记的第一步，即对快递单、回函基本信息进行登记。但通常合伙人与项目负责人对项目的函证金额、集团汇总的函证占比、回函比例，以及不符事项的登记情况最为关注。接下来，本节将会介绍一种集团函证统计表的设计思路。

统计表一共由四部分组成，如表 4-2-6 所示。

表 4-2-6

表格	功能	使用方法	备注
0. 函证统计表	汇总并直观显示集团的函证及回函结果	1. 集团函证结果汇总表，右击科目编号列，然后单击更新按钮（快捷键为 R 键）即可 2. 各公司函证数据统计表（分公司），右击统计编号列，然后单击更新按钮（快捷键为 R 键）即可 3. 单击公司函证数据统计表（分公司）左侧的切片器，可以查看单一科目的回函情况	
1. 函证基础设置	统计函证样本池的总数据	分析余额并选择进行函证时手动按表格统计，设置数据模型，注意不要有空行，不然影响统计表的结果	
2. 函证数据	函证的交易额、余额等数据的汇总	确定函证样本时将数据贴入表格，注意"函证金额（CNY）"列统一填写人民币金额以保证集团汇总比例的准确性。注意"主营业务收入"和"应收账款"等编制同一索引号的函证分两行填写，依据 C 列的科目编号进行区分。需要添加"暂估金额"或是其他事项等可以在辅助列任意添加。标黄处有公式，修改时请注意	
3. 发函信息登记	登记发函相关的信息与数据	根据每日函证专员发到群里的函证管理数据库，发函数据库筛选相应的项目并复制、粘贴数据	与前文的"发函数据数据库"格式保持一致
4. 回函信息登记	登记回函相关的信息与数据	根据每日函证专员发到群里的函证管理数据库，回函数据库筛选相应的项目，然后复制、粘贴数据	与前文的"回函数据库"格式保持一致

主要使用的功能公式介绍，如表 4-2-7 所示。

表 4-2-7

功能 / 公式	功能 / 公式	备注
插入选项卡	数据透视表	用于构建集团汇总表的基础
Power Pivot	添加数据模型	确保函证基础设置构建的数据透视表没有空行
公式	INDEX+MATCH	单条件匹配，用于匹配被审计单位名称等信息
公式	SUMIFS	多条件求和，用于汇总函证数据
公式	IF	回函数据统计时需要进行简单的条件判断
公式	IFERROR	回函数据统计时需要进行简单的条件判断

如图 4-2-15 所示是函证统计表，表格中显示的集团函证数据汇总是按照函证的会计科目汇总了所有函证的数据。另外，表格中显示的各公司函证数据汇总，即按照公司、科目去汇总对应

的函证数据。当在函证基础设置中添加新的科目时，只需要右击科目编号列，选择刷新，即可将汇总的科目情况更新至最新状态，后面对应的函证数据也会随着科目编号的更新由公式自动计算更新。

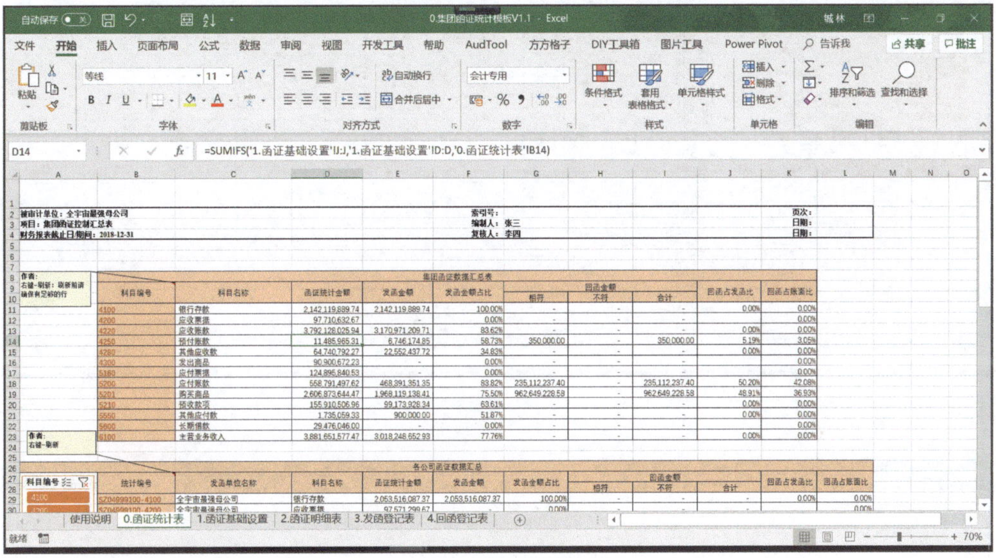

图 4-2-15

　　这张表使用了一个数据透视切片器的小技巧，可以单击左侧的切片器，查看各个科目的函证汇总数据。如单击货币资金的科目编号 4100，即可查看所有公司的货币资金的函证情况，如图 4-2-16 所示。当我们在函证明细表中添加了新的函证信息后，只需要用鼠标右击统计编号列，选择刷新，即可将统计编号更新至最新状态，如图 4-2-17 所示。

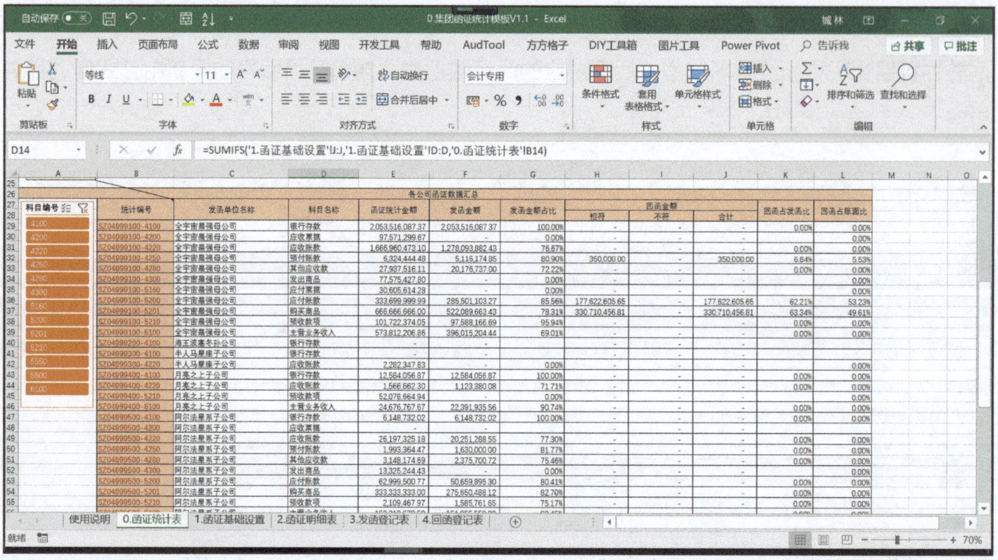

图 4-2-16

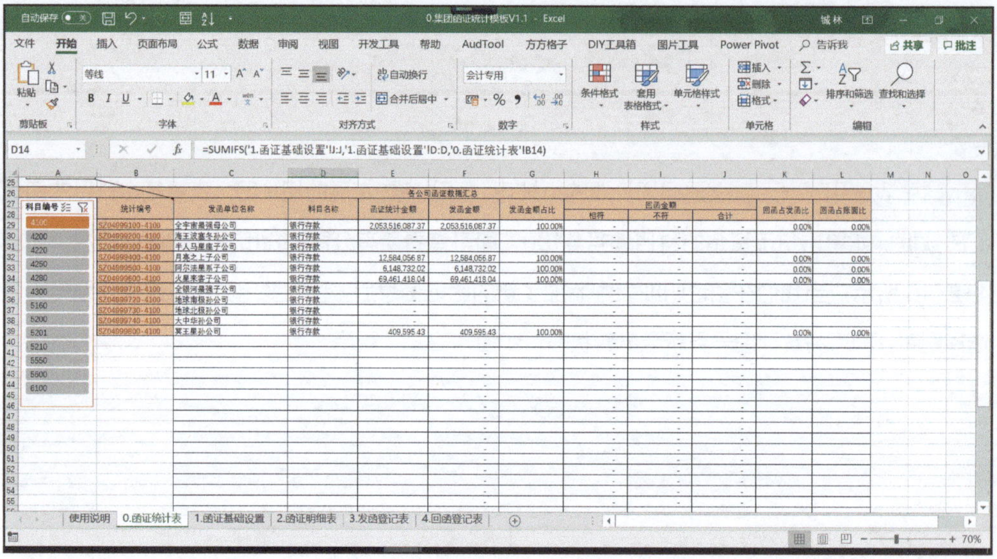

图 4-2-17

　　切片器是 Excel 2010 中新增的数据透视表功能。该功能在数据透视表功能区分析中的筛选组，选择插入切片器，并指定数据透视表中需要作为筛选项的字段即可，如图 4-2-18 所示。

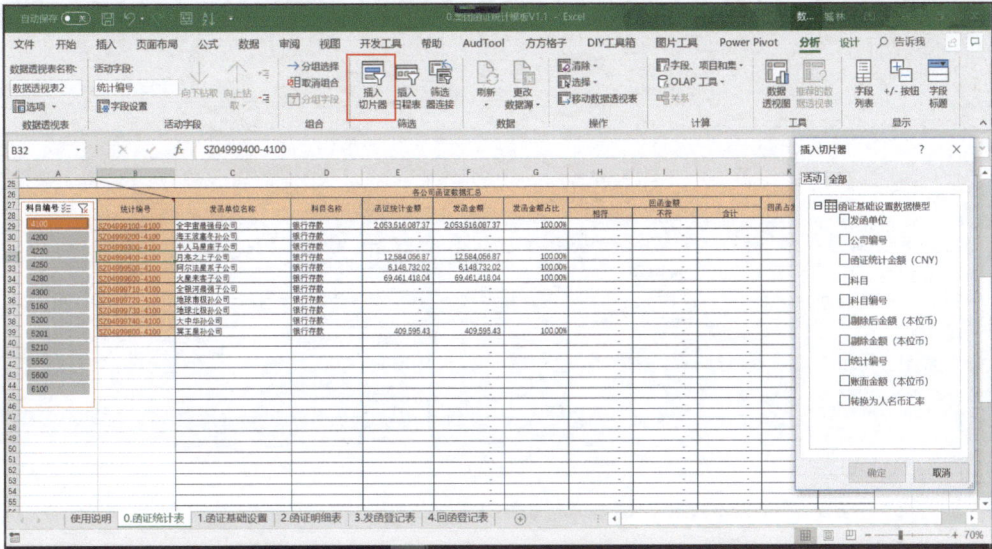

图 4-2-18

在函证统计表中"藏"着两个数据透视表，一个是科目编号，另一个是统计编号。整个表格的设计是由数据透视表 + 常用公式构成的。数据透视表保证所有科目编号都不重复显示，并且按顺序排列，刷新即可更新，还有切片器筛选的功能即可。统计表的其他地方都是由单条件匹配（VLOOKUP 或 INDEX+MATCH）或多条件求和（SUMIFS）公式构成的。

图 4-2-19 是函证基础设置表，该表主要体现的是函证统计的基础信息，一般填写企业的记账本位币金额，然后剔除掉合并范围内关联方金额，确定不会回函的客户或供应商直接执行替代程序的函证金额等不纳入函证数据统计基础的数据。使用相应汇率转换成人民币，确保函证的汇总数据的统计是统一币种，避免回函比率失真。

	B	C	D	E	F	G	H	I	J	K
	公司编号	发函单位	科目编号	科目	账面金额【本位币】	抵销金额【本位币】	抵销后金额【本位币】	转换为人民币汇率	函证统计金额【CNY】	
35	SZ04999600	火星来客子公司	4100	银行存款	69,461,418.04		69,461,418.04	1.00	69,461,418.04	
36	SZ04999600	火星来客子公司	4220	应收账款	6,854,645.71		6,854,645.71	1.00	6,854,645.71	
37	SZ04999600	火星来客子公司	4250	预付账款	3,168,156.36		3,168,156.36	1.00	3,168,156.36	
38	SZ04999600	火星来客子公司	5200	应付账款	10,692,269.42	5,402,972.22	5,289,297.20	1.00	5,289,297.20	
39	SZ04999600	火星来客子公司	5550	其他应付款	32,301,740.23	30,566,680.90	1,735,059.33	1.00	1,735,059.33	
40	SZ04999600	火星来客子公司	5600	长期借款	29,476,046.00		29,476,046.00	1.00	29,476,046.00	
41	SZ04999600	火星来客子公司	6100	主营业务收入	118,214,340.55		118,214,340.55	1.00	118,214,340.55	
42	SZ04999720	地球南极孙公司	4100	银行存款	-		-	1.00	-	
43	SZ04999720	地球南极孙公司	4220	应收账款	216,506,717.49	25,239,210.39	191,267,507.10	1.00	191,267,507.10	
44	SZ04999720	地球南极孙公司	6100	主营业务收入	537,644,971.89	237,877.54	537,407,094.35	1.00	537,407,094.35	
45	SZ04999730	地球北极孙公司	4100	银行存款	-		-	1.00	-	
46	SZ04999740	大中华孙公司	4100	银行存款	-		-	1.00	-	
47	SZ04999800	冥王星孙公司	4100	银行存款	409,595.43		409,595.43	1.00	409,595.43	
48	SZ04999200	海王波塞冬孙公司	4100	银行存款	-		-	1.00	-	
49	SZ04999100	全宇宙最强母公司	5201	购买商品	666,666,666.00		666,666,666.00	1.00	666,666,666.00	
50	SZ04999500	阿尔法星系子公司	5201	购买商品	333,333,333.00		333,333,333.00	1.00	333,333,333.00	
51	SZ04999710	全银河最强子公司	5201	购买商品	1,666,177,912.76	59,304,267.29	1,606,873,645.47	1.00	1,606,873,645.47	
52										
53										
54										
55										

图 4-2-19

  然后是函证明细表（见图 4-2-20），需要保持函证明细表的条形码索引号，与发函登记表、回函登记表的索引号保持一致。便于发函信息与回函信息可以通过索引号用单条件匹配公式，匹配至函证明细表（见图 4-2-21）。

	A	B	C	D	E	F	G	H	I	J	K	L
1	统计编号	科目名称	科目编号	条形码索引号	发函单位	收函单位	款项性质或银行账	币别	函证金额	转换为人民币比率	函证统计金额（CNY）	回函原
2	SZ04999100-5200	应付账款	5200	*SZ04999100-5200-001*	全宇宙最强母公司	空间旅行小贩001*	货款	CNY	6,885,810.50	1.00	6,885,810.50	未回函
3	SZ04999100-5200	应付账款	5200	*SZ04999100-5200-002*	全宇宙最强母公司	空间旅行小贩002*	货款	CNY	5,683,588.65	1.00	5,683,588.65	5,683,
4	SZ04999100-5200	应付账款	5200	*SZ04999100-5200-003*	全宇宙最强母公司	空间旅行小贩003*	货款	CNY	5,315,089.02	1.00	5,315,089.02	5,315,
5	SZ04999100-5200	应付账款	5200	*SZ04999100-5200-004*	全宇宙最强母公司	空间旅行小贩004*	货款	CNY	3,636,513.31	1.00	3,636,513.31	3,636,
6	SZ04999100-5200	应付账款	5200	*SZ04999100-5200-005*	全宇宙最强母公司	空间旅行小贩005*	货款	CNY	3,383,958.51	1.00	3,383,958.51	3,383,
7	SZ04999100-5200	应付账款	5200	*SZ04999100-5200-006*	全宇宙最强母公司	空间旅行小贩006*	货款	CNY	2,838,308.05	1.00	2,838,308.05	2,838,
8	SZ04999100-5200	应付账款	5200	*SZ04999100-5200-007*	全宇宙最强母公司	空间旅行小贩007*	货款	CNY	2,235,955.00	1.00	2,235,955.00	未回函
9	SZ04999100-5200	应付账款	5200	*SZ04999100-5200-008*	全宇宙最强母公司	空间旅行小贩008*	货款	CNY	2,052,235.58	1.00	2,052,235.58	2,052,
10	SZ04999100-5200	应付账款	5200	*SZ04999100-5200-009*	全宇宙最强母公司	空间旅行小贩009*	货款	CNY	1,865,535.16	1.00	1,865,535.16	1,865,
11	SZ04999100-5200	应付账款	5200	*SZ04999100-5200-010*	全宇宙最强母公司	空间旅行小贩010*	货款	CNY	1,828,551.88	1.00 ⬥	1,828,551.88	1,828,
12	SZ04999100-5200	应付账款	5200	*SZ04999100-5200-011*	全宇宙最强母公司	空间旅行小贩011*	货款	CNY	1,589,685.90	1.00	1,589,685.90	未回函
13	SZ04999100-5200	应付账款	5200	*SZ04999100-5200-012*	全宇宙最强母公司	空间旅行小贩012*	货款	CNY	1,558,605.11	1.00	1,558,605.11	1,558,
14	SZ04999100-5200	应付账款	5200	*SZ04999100-5200-013*	全宇宙最强母公司	空间旅行小贩013*	货款	CNY	1,392,818.63	1.00	1,392,818.63	未回函
15	SZ04999100-5200	应付账款	5200	*SZ04999100-5200-014*	全宇宙最强母公司	空间旅行小贩014*	货款	CNY	1,281,211.15	1.00	1,281,211.15	1,281,
16	SZ04999100-5200	应付账款	5200	*SZ04999100-5200-015*	全宇宙最强母公司	空间旅行小贩015*	货款	CNY	1,188,200.38	1.00	1,188,200.38	1,188,
17	SZ04999100-5200	应付账款	5200	*SZ04999100-5200-016*	全宇宙最强母公司	空间旅行小贩016*	货款	CNY	1,166,328.95	1.00	1,166,328.95	1,166,
18	SZ04999100-5200	应付账款	5200	*SZ04999100-5200-017*	全宇宙最强母公司	空间旅行小贩017*	货款	CNY	1,151,253.56	1.00	1,151,253.56	未回函
19	SZ04999100-5200	应付账款	5200	*SZ04999100-5200-018*	全宇宙最强母公司	空间旅行小贩018*	货款	CNY	1,968,898.52	1.00	1,968,898.52	1,968,
20	SZ04999100-5200	应付账款	5200	*SZ04999100-5200-019*	全宇宙最强母公司	空间旅行小贩019*	货款	CNY	1,038,825.88	1.00	1,038,825.88	未回函
21	SZ04999100-5200	应付账款	5200	*SZ04999100-5200-020*	全宇宙最强母公司	空间旅行小贩020*	货款	CNY	1,038,308.36	1.00	1,038,308.36	1,038,
22	SZ04999100-5200	应付账款	5200	*SZ04999100-5200-021*	全宇宙最强母公司	空间旅行小贩021*	货款	CNY	9,852,988.15	1.00	9,852,988.15	9,852,

图 4-2-20

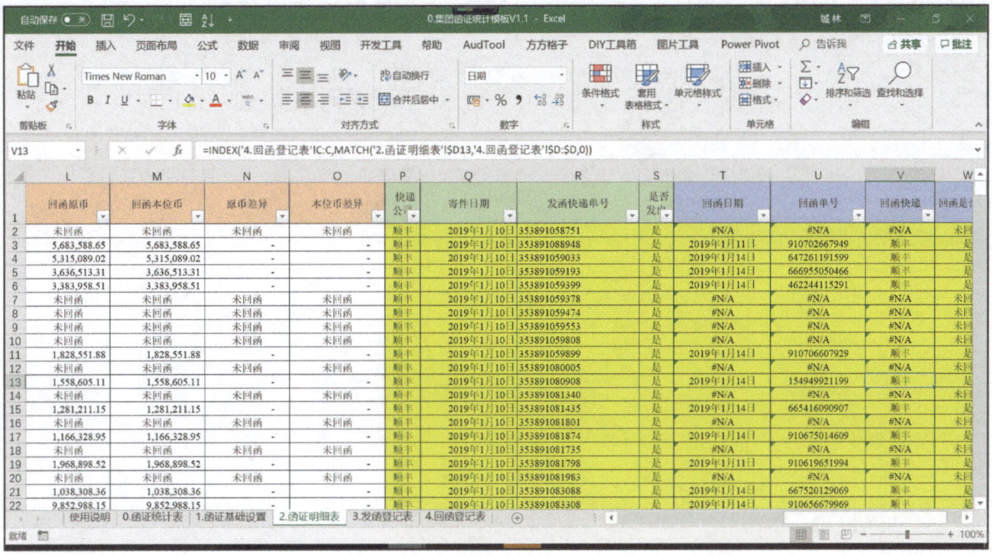

V13　=INDEX('4.回函登记表'!C:C,MATCH('2.函证明细表'!$D13,'4.回函登记表'!$D:$D,0))

	L	M	N	O	P	Q	R	S	T	U	V	W
1	回函原币	回函本位币	原币差异	本位币差异	快递公司	寄件日期	发函快递单号	是否发出	回函日期	回函单号	回函快递	回函是否
2	未回函	未回函	未回函	未回函	顺丰	2019年1月10日	353891058751	是	#N/A	#N/A	#N/A	未回
3	5,683,588.65	5,683,588.65	-	-	顺丰	2019年1月10日	353891088948	是	2019年1月11日	910702667949	顺丰	是
4	5,315,089.02	5,315,089.02	-	-	顺丰	2019年1月10日	353891059033	是	2019年1月14日	647261191599	顺丰	是
5	3,636,513.31	3,636,513.31	-	-	顺丰	2019年1月10日	353891059193	是	2019年1月14日	666955050466	顺丰	是
6	3,383,958.51	3,383,958.51	-	-	顺丰	2019年1月10日	353891059399	是	2019年1月14日	462244115291	顺丰	是
7	未回函	未回函	未回函	未回函	顺丰	2019年1月10日	353891059378	是	#N/A	#N/A	#N/A	未回
8	未回函	未回函	未回函	未回函	顺丰	2019年1月10日	353891059474	是	#N/A	#N/A	#N/A	未回
9	未回函	未回函	未回函	未回函	顺丰	2019年1月10日	353891059553	是	#N/A	#N/A	#N/A	未回
10	未回函	未回函	未回函	未回函	顺丰	2019年1月10日	353891059808	是	#N/A	#N/A	#N/A	未回
11	1,828,551.88	1,828,551.88	-	-	顺丰	2019年1月10日	353891059899	是	2019年1月14日	910706607929	顺丰	是
12	未回函	未回函	未回函	未回函	顺丰	2019年1月10日	353891080005	是	#N/A	#N/A	#N/A	未回
13	1,558,605.11	1,558,605.11	-	-	顺丰	2019年1月10日	353891080908	是	2019年1月14日	154949921199	顺丰	是
14	未回函	未回函	未回函	未回函	顺丰	2019年1月10日	353891081340	是	#N/A	#N/A	#N/A	未回
15	1,281,211.15	1,281,211.15	-	-	顺丰	2019年1月10日	353891081435	是	2019年1月14日	665416090907	顺丰	是
16	未回函	未回函	未回函	未回函	顺丰	2019年1月10日	353891081801	是	#N/A	#N/A	#N/A	未回
17	1,166,328.95	1,166,328.95	-	-	顺丰	2019年1月10日	353891081874	是	2019年1月14日	910675014609	顺丰	是
18	未回函	未回函	未回函	未回函	顺丰	2019年1月10日	353891081735	是	#N/A	#N/A	#N/A	未回
19	1,968,898.52	1,968,898.52	-	-	顺丰	2019年1月10日	353891081798	是	2019年1月11日	910619651994	顺丰	是
20	未回函	未回函	未回函	未回函	顺丰	2019年1月10日	353891081983	是	#N/A	#N/A	#N/A	未回
21	1,038,308.36	1,038,308.36	-	-	顺丰	2019年1月10日	353891083088	是	2019年1月14日	667520129069	顺丰	是
22	9,852,988.15	9,852,988.15	-	-	顺丰	2019年1月10日	353891083308	是	2019年1月14日	910656679969	顺丰	是

使用说明　0.函证统计表　1.函证基础设置　2.函证明细表　3.发函登记表　4.回函登记表

图 4-2-21

值得注意的是函证明细表设计的数据结构，如主营业务收入和应收账款。很多审计人员喜欢将主营业务收入作为应收账款，在统计表后面插一列统计函证收入金额。为了保证不符事项能统计清晰，需要添加原币、本位币差异等列，保证收入的相关回函信息也统计完整。在对数据汇总时我们会发现，这样的数据结构会导致统计表插列与需要汇总的数据越来越多，表格变得越来越宽，不便于汇总。无论是资产负债表还是利润表，对于需要函证多个科目的信息时尽量少添加列。这样的一维表格的数据库结构更有利于将函证结果汇总成前文提到的集团函证汇总表的样子，如图 4-2-22 所示。

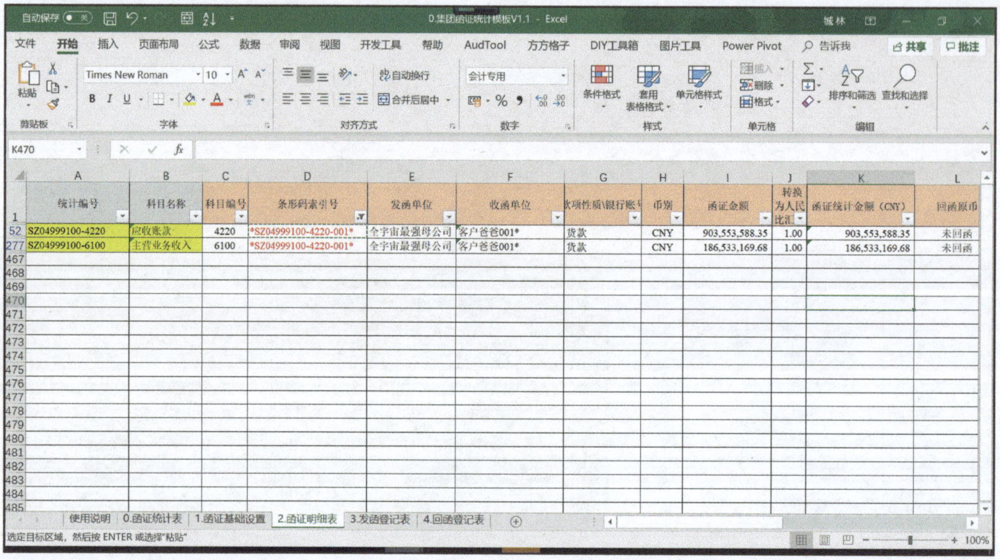

图 4-2-22

4.2.3 地址检查（"信息查询瑞士军刀"）

根据审计准则的要求，审计师在函证的过程中需要对整个函证过程保持控制。这就要求审计师在发函前对发函地址进行验证，发函及回函的快递信息的跟踪查询，可能还会涉及对发函单位的工商信息进行查询。在查询这些外部信息的时候，由于数量较多，人工查询会非常费时。因此，我们可以根据本书第 3 章 3.3 节讲解的"信息获取工具制作通用方法"制作查询工具，实现批量查询。本节笔者以自己制作的"信息查询瑞士军刀"为例给读者提供一些思路。

"信息查询瑞士军刀"包含的功能有：

1. 往来函证地址验证。

2. 门店地址批量查询。

3. 快递地址批量查询。

4. 身份证查询。

5. 历史汇率查询。

6. 历史股价查询。

7. 海关单号查询。

8. 快递查询。

9. 目录功能。

往来函证地址验证

审计师在验证公司提供的发函地址是否真实的时候，一般会先查询发函单位的工商注册地址或者办公地址，然后观察两个地址是否相符。如果难以判断两个地址是否相同，那么可以通过百度地图来进行对比。而对于少则几十封函证，多则几百封函证的工作量，很难仅以人工完成。在如此紧张的审计现场中，这项工作基本流于形式。

在第一个年报后，笔者构建了一个核对思路。首先，通过程序批量获取发函公司的工商注册地址。如果将查询地址和公司提供的地址仅依靠文本相似性来核对的话，那么会不准确。因此，在计算两个地址的距离时，如果距离很近（比如 5 公里），那么就认为这个地址没有问题。

如图 4-2-23 所示，将函证的公司名称和被审计单位提供的地址粘贴到 D:E 列，单击"查询地址"按钮，获取公司的工商注册地址，相比人工查快了很多。有了两个地址后，单击"计算距离"按钮，此时电脑会调用地图的 API 将两个地址上传，地图的服务器计算完成后返回距离值，如图 4-2-24 所示。

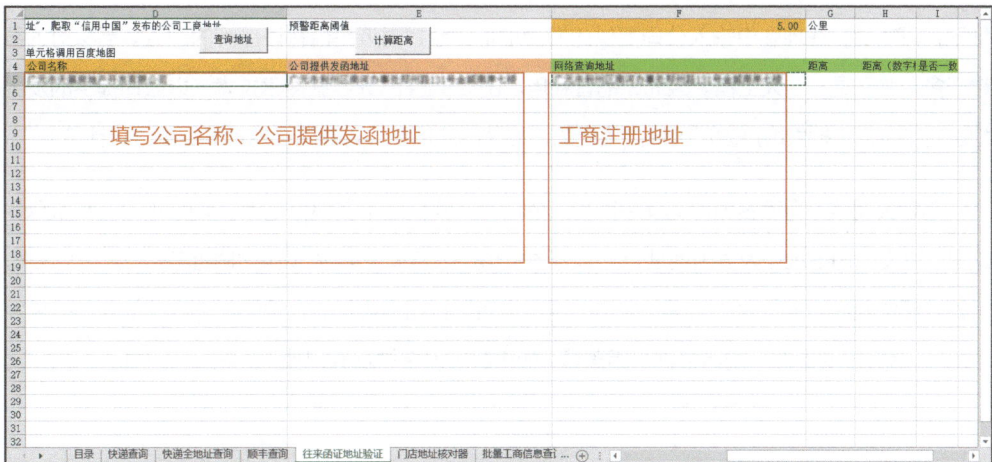

图 4-2-23

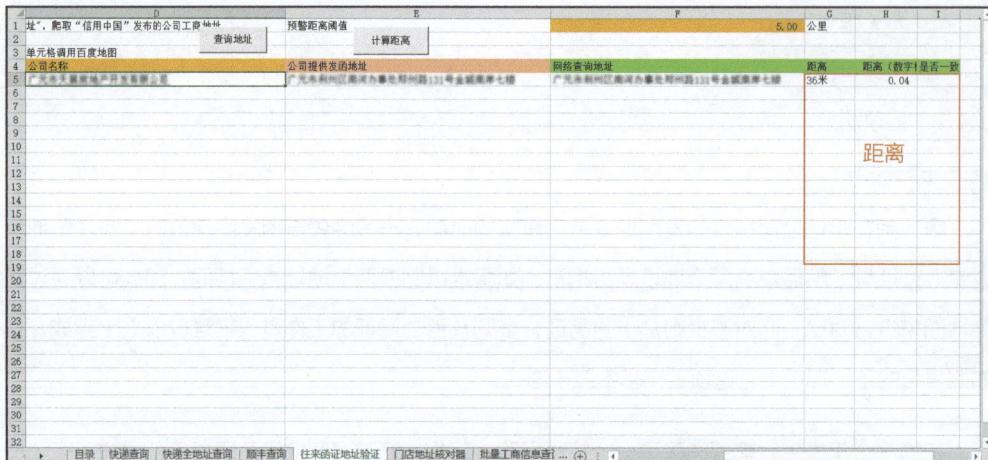

图 4-2-24

如果超过了 5 公里（可以自己设定一个阈值），则会提示"警告"，需要审计师人工核对一下。毕竟不是所有公司的地址都是注册地址。由于该地图 API 使用了笔者自己申请的账号，所以每日调用次数有限。为了避免因单日调用限制影响使用，读者可以在百度地图开放平台自行申请账号，申请后会返回一个 AK 码，将 Excel VBA 代码中的 AK 码替换或自己的就可以了。

门店地址批量查询

有时审计师发函的单位可能并不是公司而是品牌的门店。这样我们就不能获取到工商注册地址了，只能通过在地图中输入公司提供的发函地址，查找附近是否有该品牌的门店。当核对的数量一多，就又是一个大工程。因此，笔者利用地图提供的 POI 数据搜索技术，以公司提供的发函地址为定位点，搜索附近圆形区域内最近的该品牌门店地址，再对两个地址的距离进行计算。

笔者公司楼下有家名为"花溪牛肉粉"的店铺，我们经常在那里吃饭。如图 4-2-25 所示，这里以笔者公司地址作为发函地址，以"花溪牛肉粉"为查询关键字，设置"附近范围"为 1000 米，设置"预警距离阈值"为 1 公里。单击"查询门店"按钮，显示出在地图中查询到的公司提供发函地址、网络查询地址、门店名称与距离等。如果超出设定的阈值，则会在最后一列显示"警告"。

图 4-2-25

快递地址批量查询

如图 4-2-26 所示，在 B 列粘贴上快递单号，在 C 列的下拉框中选择快递公司，单击"快递查询"按钮，系统会自动调用"快递 100"接口，返回查询数据。当一次性查询太多数据的时候，这个接口可能不能使用。解决的办法是利用代理服务器更改 IP 地址。首先，将代理服务器的 HTTPS IP 地址和端口号（例如 116.×××.××.××:9999）填写到"F1"单元格中。如果在 F1 单元格中未填写代理服务器的 IP，就还是正常使用当前电脑的 IP 地址。当然，有些代理服务器是不稳定的，所以需要单击"快速查询"按钮看是否能获取信息，或者在操作系统的 CMD 窗口中 Ping 一下 IP 地址，找出可以正常使用的代理服务器 IP 地址和端口号。

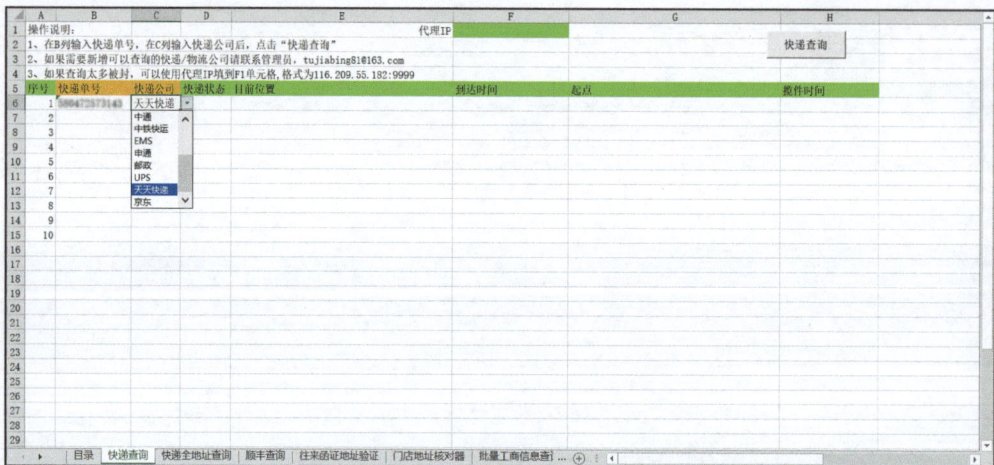

图 4-2-26

身份证查询

如果想看企业给的花名册中是否有虚构的员工，那么可以通过身份证号进行批量查询。如图 4-2-27 所示，将身份证号粘贴到 B 列，单击"查询"按钮。

图 4-2-27

历史汇率查询

有外币账户的企业，当查询每个月月末的汇率时，一般会去某网站查询，当查询多个时点的值时会特别麻烦。因此笔者制作了支持 24 种币种的查询工具。如图 4-2-28 所示，在"B2"单元格填写对应的数字，单击“查询”按钮，就会自动显示查询的数据。

	A	B	C	D	E	F	G	H	I
1						项目	对应数字		操作说明
2	查询币种对应数字	1	查询			人民币元/1美元	1		
3						人民币元/1欧元	2		
4						人民币元/100日元	3		
5	日期	汇率				人民币元/1港元	4		
6	2019/3/1	6.69570				人民币元/1英镑	5		
7	2019/2/28	6.69010				林吉特/人民币1元	6		
8	2019/2/27	6.68570				俄罗斯卢布/人民币1元	7		
9	2019/2/26	6.69520				人民币元/1澳大利亚元	8		
10	2019/2/25	6.71310				人民币元/1加拿大元	9		
11	2019/2/22	6.71510				人民币元/1新西兰元	10		
12	2019/2/21	6.72200				人民币元/1新加坡元	11		
13	2019/2/20	6.75580				人民币元/1瑞士法郎	12		
14	2019/2/19	6.76420				南非兰特/人民币1元	13		
15	2019/2/18	6.76590				韩元/人民币1元	14		
16	2019/2/15	6.76230				阿联酋迪拉姆 /人民币1元	15		
17	2019/2/14	6.77440				沙特里亚尔 /人民币1元	16		
18	2019/2/13	6.76750				匈牙利福林 /人民币1元	17		

… 高管批量查询 | 股东批量查询 | 身份证查询 | 历史股价查询 | 专利查询 | 历史汇率查询 | 海关查询

图 4-2-28

历史股价查询

有金融资产（例如，股票）的企业，我们一般会去查询股票对应二级市场的股价。如图 4-2-29 所示，仅需填写“股票代码”“起始日”“截止日”三个参数，再单击“历史股价查询”按钮，则会自动显示查询公司的历史股价数据。

	A	B	C	D	E	F	G	H	I	J
1										
2								历史股价查询		
3										
4	股票代码	000651	起始日	20160101	截止日	20180327				
5	日期	开盘价	收盘价	收盘价变化	变化率	最低	最高	成交量	成交额	换手率
6	2018/3/27	48.86	47.44	-0.69	-1.43%	47.02	49.25	592,631.00	285,010.53	0.99%
7	2018/3/26	48.10	48.13	-0.75	-1.53%	47.28	48.50	557,485.00	266,623.97	0.93%
8	2018/3/23	47.90	48.88	-1.02	-2.04%	46.41	49.20	897,017.00	431,333.12	1.50%
9	2018/3/22	51.70	49.9	-1.80	-3.48%	49.80	51.95	842,821.00	424,643.47	1.41%
10	2018/3/21	52.25	51.7	-0.50	-0.96%	51.68	52.61	357,398.00	186,277.08	0.60%
11	2018/3/20	52.60	52.2	-0.73	-1.38%	51.70	52.66	434,322.00	226,103.25	0.73%
12	2018/3/19	53.32	52.93	-0.49	-0.92%	52.50	53.35	369,998.00	195,319.67	0.62%
13	2018/3/16	53.78	53.42	-0.38	-0.71%	53.23	53.85	749,181.00	401,241.41	1.25%
14	2018/3/15	52.00	53.8	1.62	3.10%	51.93	53.86	757,444.00	404,262.75	1.27%
15	2018/3/14	52.59	52.18	-0.82	-1.55%	52.01	52.91	413,145.00	216,286.69	0.69%
16	2018/3/13	53.19	53	-0.29	-0.54%	52.64	53.70	463,684.00	247,021.70	0.78%
17	2018/3/12	53.35	53.29	0.25	0.47%	52.30	53.95	653,300.00	347,890.94	1.09%
18	2018/3/9	53.17	53.04	-0.12	-0.23%	52.62	53.56	473,887.00	251,360.05	0.79%
19	2018/3/8	51.52	53.16	1.44	2.78%	51.21	53.30	548,308.00	287,002.75	0.92%
20	2018/3/7	51.87	51.72	-0.15	-0.29%	51.36	52.49	333,013.00	173,132.42	0.56%
21	2018/3/6	51.93	51.87	0.24	0.46%	50.51	51.96	458,875.00	234,938.70	0.77%
22	2018/3/5	52.47	51.63	-0.85	-1.62%	51.32	52.64	408,807.00	211,709.16	0.68%
23	2018/3/2	51.05	52.48	0.90	1.74%	50.78	52.69	563,262.00	293,194.28	0.94%
24	2018/3/1	51.35	51.58	-0.11	-0.21%	51.01	52.26	529,377.00	273,230.28	0.89%
25	2018/2/28	51.09	51.69	-0.32	-0.62%	50.45	52.51	618,894.00	319,742.09	1.04%
26	2018/2/27	54.65	52.01	-2.64	-4.83%	51.83	54.65	1,157,391.00	609,635.00	1.94%
27	2018/2/26	54.78	54.65	0.59	1.09%	53.64	54.90	526,466.00	286,539.28	0.88%
28	2018/2/23	55.00	54.06	-0.93	-1.69%	53.87	55.24	566,943.00	308,734.50	0.95%
29	2018/2/22	55.23	54.99	0.75	1.38%	54.55	55.80	618,226.00	340,963.06	1.04%
30	2018/2/14	52.51	54.24	1.84	3.51%	52.51	54.38	479,572.00	256,347.11	0.80%
31	2018/2/13	52.10	52.4	0.89	1.73%	52.10	53.70	616,850.00	325,280.09	1.03%
32	2018/2/12	49.69	51.51	2.06	4.17%	49.58	51.86	763,373.00	387,339.84	1.28%

… 单个公司工商信息查询 | 高管批量查询 | 股东批量查询 | 身份证查询 | 历史股价查询 | 专利查询 | 历史 …

图 4-2-29

海关单号查询

对于有海外市场的企业，可以在网上查询海关单号，如图 4-2-30 所示。在 B 列粘贴好报关单号后，单击"海关查询"按钮，抓取报关单历史环节的信息，如图 4-2-31 所示。

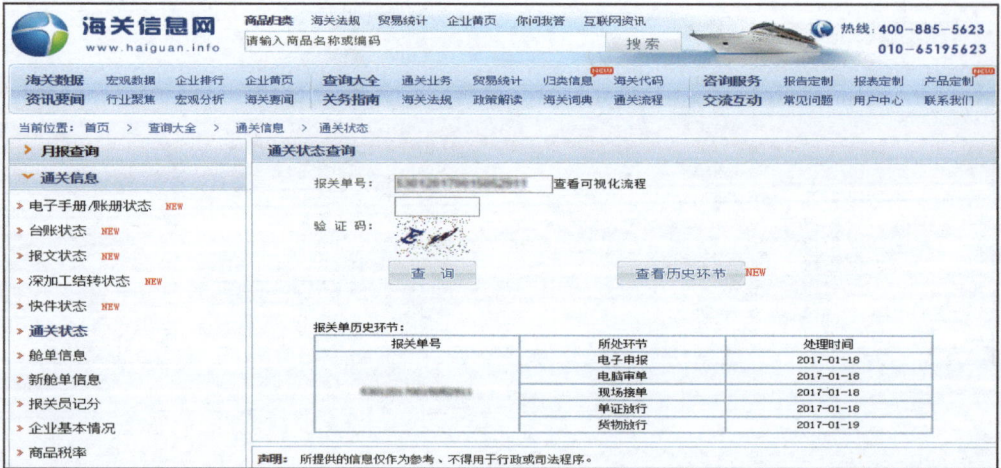

图 4-2-30

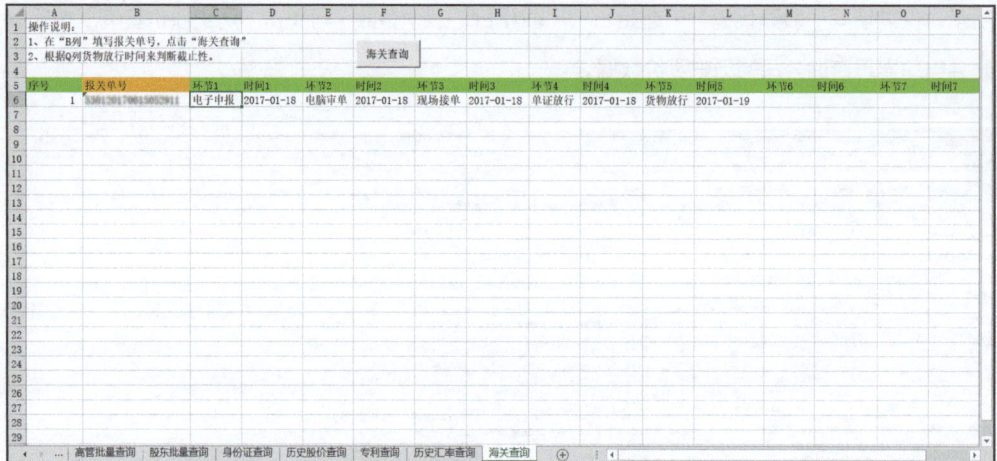

图 4-2-31

快递查询

下面笔者详细讲一讲快递查询工具的使用方法。查询界面如图 4-2-32 所示。

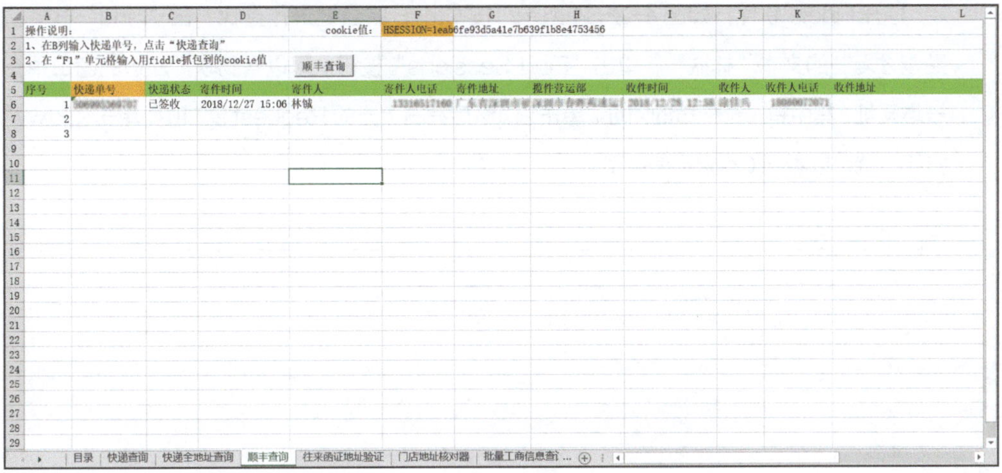

图 4-2-32

　　填写好快递单号和 Cookie 信息之后，单击"顺丰查询"按钮。可以查到快递状态、寄件时间、寄件人电话等信息。

获取 Cookie 信息

　　获取 Cookie 信息要用到一个工具：Fiddle。

　　1. 安装 Fiddle（建议到官网下载）后，按照第 3 章 3.3.1 节讲解的方法设置好，使其在处于"Capturing"的状态下。

　　2. 登录电脑版微信（注意，不要用网页版微信）。打开快递的公众号，如图 4-2-33 所示，选择任意一个单号进入。选中任意文本信息，例如，选中发件人"林铖"并进行复制。

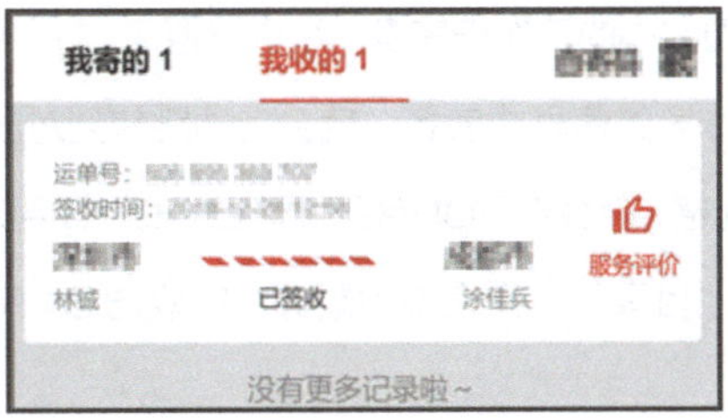

图 4-2-33

3. 打开 Fiddle 软件，如图 4-2-34 所示，按 Ctrl+F 组合键进行查找，在"Find"框中粘贴刚才复制的文本"林铖"，单击"Find Sessions"按钮。可以看到软件左边的窗口中有一堆网址，其中有一个标黄的网址，单击它。然后在右上方的 Request 窗口中，单击"RAW"按钮，就可以看到 Cookie 信息了。

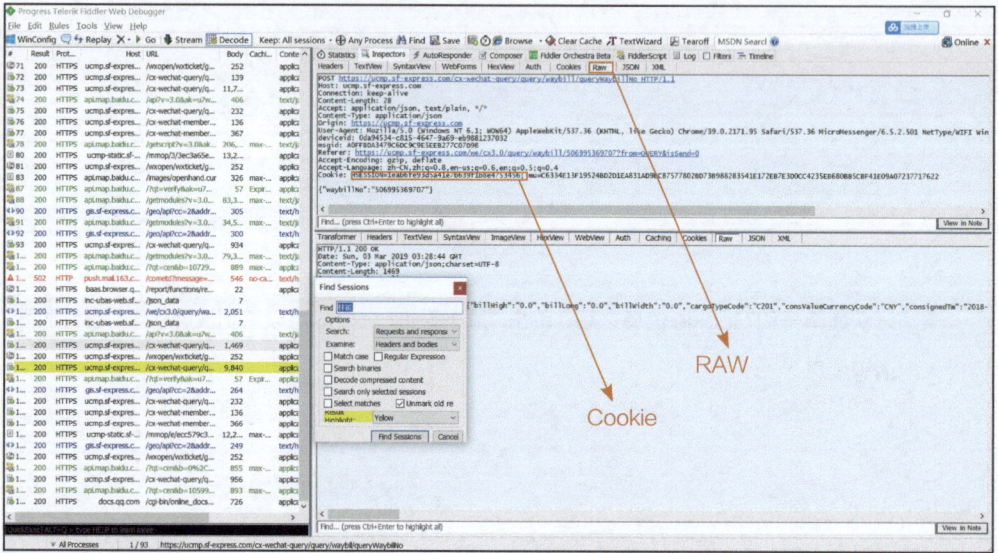

图 4-2-34

4. 我们只需要把 Cookie 信息粘贴到图 4-2-32 中的"F1"单元格，然后单击查询按钮就可以批量查询了。Cookie 信息的有效时间大概为一个多小时，所以最好在积累了足够多的函证单号后，再进行批量查询。

目录功能

由于"信息查询瑞士军刀"中的工作表较多，所以设置了"目录"工作表，如图 4-2-35 所示。用鼠标左键双击对应工作表的序号或表名，就会自动跳转到对应的工作表，同时在任意工作表中用鼠标左键双击 A1 单元格，就会自动跳转回目录工作表。如果对工作表的表名进行了修改，那么需要生成新的目录。在"目录"工作表中用鼠标左键双击 B1 单元格，就会自动刷新，生成新的目录。

	A	B	C	D	E	F	G	H
1	序号	名称						
2	1	快递查询						
3	2	快递全地址查询						
4	3	顺丰查询						
5	4	往来函证地址验证						
6	5	门店地址核对器						
7	6	身份证查询						
8	7	历史股价查询						
9	8	历史汇率查询						
10	9	海关查询						
11								
12								

目录　快递查询　快递全地址查询　顺丰查询　往来函证地址验证　门店地址核对器　身份证查询　历 …

图 4-2-35

4.2.4　用公式区分账龄

账龄分析是通过对往来账款进行合理的账龄分段，计算各应收账款所处的账龄段，将各账龄段往来账款汇总，以此评判公司往来账款的运行状况，然后寻找产生高龄账款的原因，为往来账款管理提供指导依据的一种方法。

使用的功能或公式的清单，如表 4-2-8 所示。

表 4-2-8

功能 / 公式	内容	解析
公式	IF	根据条件满足与否返回不同的值
公式	MAX	返回一组值中的最大值
公式	MIN	返回一组值中的最小值
公式	SUM	求和
公式	SUMIFS	多条件求和
公式	COLUMNS	计算列数
通配符	$	绝对引用，当公式所在单元格的位置改变时，绝对引用保持不变。快捷键为 F4 键

在审计工作中复核被审计单位提供的账龄明细时，通常采用先进、先出法用公式划分账龄，

然后与被审计单位提供的账龄明细进行对比，对存在差异的地方寻找具体原因。对金额较大、账龄较长的往来款要查看凭证，以确认其账龄划分真实、准确。

以本书提供的账龄划分的模板为例，说明模板的使用方法，并解析其中使用到的公式。

如果我们是第一次对被审计单位进行审计，那么需要导出被审计单位的多年往来余额表。按照指定格式将数据贴到模板中的"1.1 资产类 – 数据表（初次审计）"中，如图 4-2-36 所示。

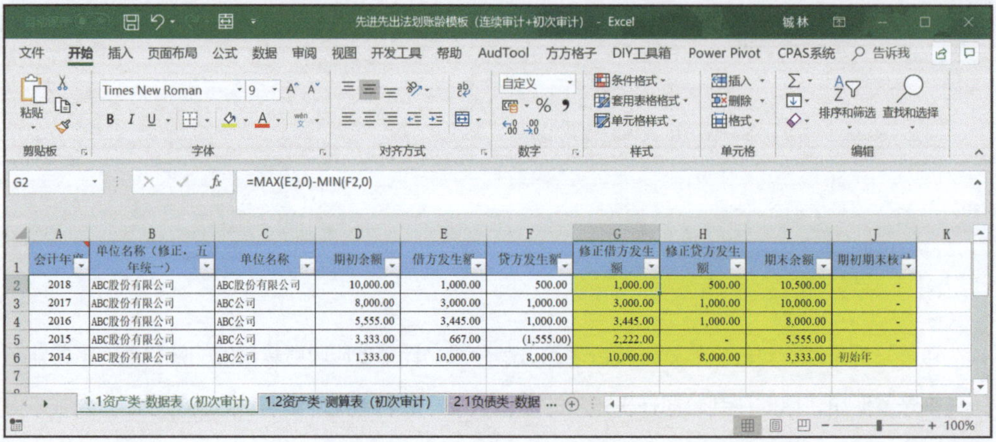

图 4-2-36

企业账面的借贷方发生额（见 E 列、F 列）往往会存在负数。对于这种影响账龄的干扰项，我们可以使用 MIN 与 MAX，对发生额进行修正（见 G 列、H 列），将为负数的借方或贷方加到对应相反的方向上作为发生额。具体公式（以 G2、H2 单元格的公式为例），如下所示。

G2=MAX(E2,0)-MIN(F2,0)

H2=MAX(F2,0)-MIN(E2,0)

解析：运用 MIN 与 MAX，对比发生额与零的大小，分别取最大值或最小值。

然后，核对被审计单位各账龄期间使用的单位名称是否一致，判断本期期初与上期期末的余额是否衔接。具体公式（以 J2 单元格的公式为例），如下所示。

J2=IF(A2=MIN(A:A),"初始年", SUMIFS(I:I,A:A,A2-1,B:B,B2)-D2)

解析： 当会计年度是 A 列的最小值时，显示"初始年"，不参与年初数与上年年末数的计算。SUMIFS 的作用是返回与本行单位名称相同，会计年度减 1 的期末数余额（即上一账龄段的期末余额）。

填写完各年度的基础数据，下一步就是运用公式划分账龄了。切换到"1.2 资产类–测算表（初次审计）"，如图 4-2-37 所示。

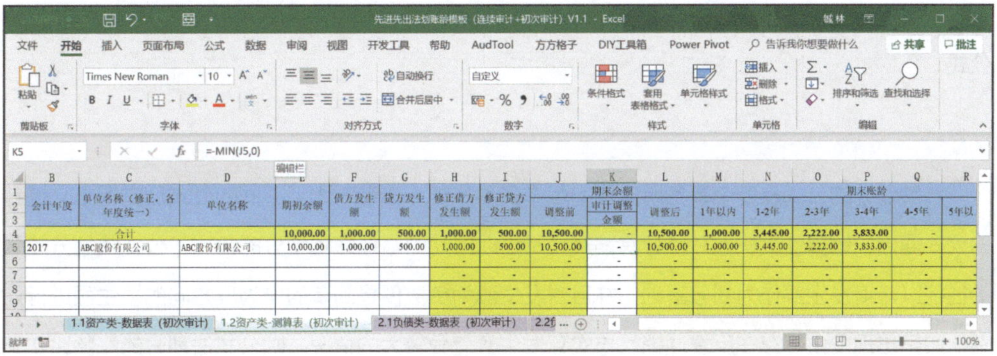

图 4-2-37

K5=-MIN(J5,0)

对比期末余额与零的大小，将负数余额重新分类至对应科目。

M5=MIN(H5,L5)

公式解析： 1 年内的应收款账龄 = 对比借方发生额与重分类后的期末余额取最小值。（如果本借方发生额大于期末余额，则代表所有的应收款都是本期产生的。）

N5=MIN(SUMIFS('1.1 资产类–数据表（初次审计）'!$G:$G,'1.1 资产类–数据表（初次审计）'!$B:$B,$C5,'1.1 资产类–数据表（初次审计）'!$A:$A,$B5-COLUMNS($N5:N5)),$L5-SUM($M5:M5))

公式解析： MIN 的作用是对比未分配账龄的期末余额与对应年度的修正后借方发生额的金额取最小值。

SUMIFS 以修正后的单位名称、对应的会计年度作为条件，对数据表中修正的借方发生额求和。获得对应会计年度修正的借方发生额。

COLUMNS 公式的意思是返回框选范围的列数，此处结合 $ 通配符进行绝对引用。这样会随着函数拖动得到变动的运算结果，比如函数在 N5 单元格时为 $B5-COLUMNS($N5:N5)=2017-1=2016；函数拖动到 O5 单元格时就会变为 $B5-COLUMNS($N5:O5)=2017-2=2015；函数拖动到 P5 单元格时就会变为 $B5-COLUMNS($N5:P5)=2017-3=2014。

注意，在 N5 单元格的函数填写完成后，只需要拖动该函数填充 N-R 列即可完成账龄划分公式。

总结

账龄划分的公式及各个事务所流传的版本多种多样，作者对比了不同的公式后觉得上文提到的公式简洁、运算速度快，并且容易编辑，是可以拖动的最佳账龄划分的公式。公式法划分的账龄往往以年度发生额作为划分基础，并且对发生额为负数仅是简单的作为反方向的发生额进行处理。如果出现发生额存在反复冲销、与实际发生额差异较大的情况，则公式法划分的账龄比实际账龄短。对于大额的期末余额或是与企业划分账龄出现较大误差的情况，一定要关注余额形成的明细，确保账龄划分的准确性。

4.3 费用科目：数据透视表的运用

费用类科目（销售、管理、研发、财务）一般是踏入审计行业的新人最先接触到的涉及分析性程序较多的科目。费用类科目可以说是最体现分析性程序的一般逻辑的底稿。大部分事务所的底稿设计为：导引表、明细表、按月明细表、其他口径明细表、凭证检查表、披露表。

导引表：一般列示费用的本期数与上期数。让你对整个费用的波动有个概念，了解费用整体对比上期的波动情况是怎样的。（总）

明细表：将导引表的费用科目的汇总数据拆分成按照从大到小列示费用明细科目，便于了解哪些费用是重要（金额大）的，或是有较大幅度的波动的。导引表中的费用波动主要是受哪些波动的影响。（分）

按月明细表：将明细表的数据进一步按月细分，了解费用产生波动的月份，便于定位费用波动的科目与时间，了解费用变动的原因。（分）

其他口径明细表：将费用按照其他可以归集的口径进行汇总，并与其他科目进行对比分析。如销售费用中的运输费可以按不同的物流公司或不同的送货区域进行拆分，汇总、比较本期与上期的金额波动，并对比主营业务的相关数据进行分析。（分）

凭证检查表：通过导引表、明细表、按月明细表、其他口径明细表的分析，询问被审计单位，大致了解费用变动的原因后检查具体的会计凭证与附件，落实之前对费用的判断或预期。（检查）

披露表：将企业的费用按照报告披露的口径进行汇总，便于对汇总数据再次进行分析，确保所有波动都已经了然于心。（总）

在费用分析中，常用功能或公式如表 4-3-1 所示。

表 4-3-1

功能 / 公式	内容	解析
插入功能区	数据透视表	将费用按年度、月度等口径汇总，便于分析并形成底稿
数据功能区	分列	常用于拆分费用明细科目、日期的年度、月份
公式	SUMIFS/SUMIF	条件求和常用于统计费用披露表数据，设置好费用科目对应的披露表事项后，按照披露表事项汇总费用数据
公式	MONTH	从日期中提取月份。常用于获得费用明细的凭证月份
公式	YEAR	从日期中提取年份。常用于获得费用明细的凭证年份

说到费用类底稿，就不得不提分析性程序的好帮手——数据透视表。数据透视表可以说是 Excel 功能区的基础功能中最常用的分析利器。如果要评选 Excel 最常用、最好用的功能，那么个人认为数据透视表一定可以名列榜首。笔者有一个同事无论收到什么表格，甚至工作的项目安排表、考勤表都要进行数据透视。

在使用数据透视表进行费用的数据分析时，首先导出被审计单位的费用明细账。如图 4-3-1 所示，一般导出的明细账中至少包含：日期、金额、费用明细科目或辅助科目。如果条件允许，那么可以将本期和对比期间的费用明细整理到一张 Excel 表中，便于后面对透视结果进行分析。

当凭证日期不是日期格式时，可能会写成 20130120，则可以使用分列进行处理将其转化为日期格式，或是截取出年度与月份。

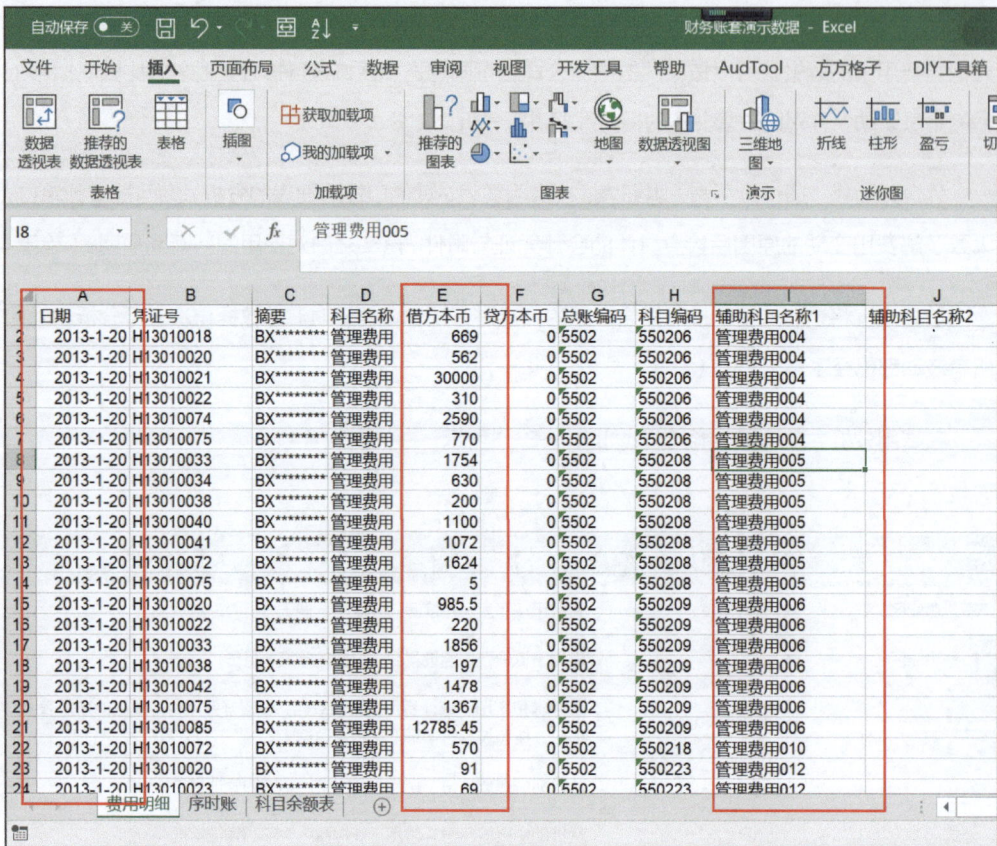

图 4-3-1

在"插入"选项卡的"表格"组中，单击"数据透视表"按钮，然后在一个表或区域中选中对应费用明细所在的区域，单击"确定"按钮，如图 4-3-2 所示。由于系统的默认选项为在新工作表中生成数据透视表，所以 Excel 会新建一个工作表存放数据透视的结果。

选中数据透视表时，窗口右侧会出现一个"数据透视表字段"窗格，并且在功能区会新增"分析"与"设计"两个选项卡，如图 4-3-3 所示。

102

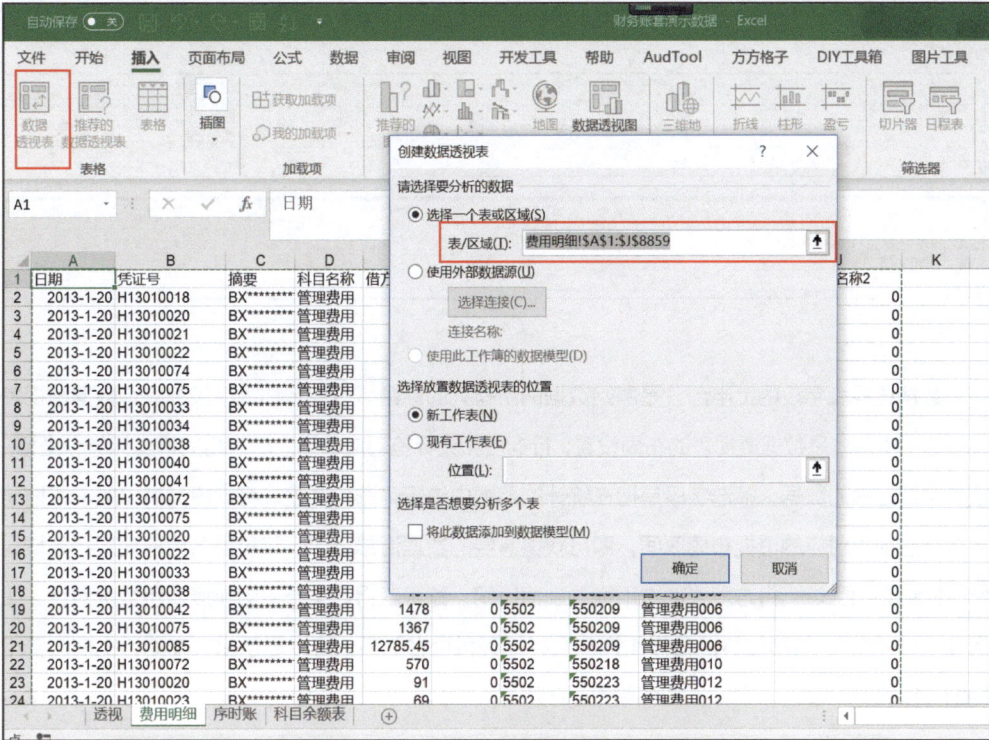

图 4-3-2

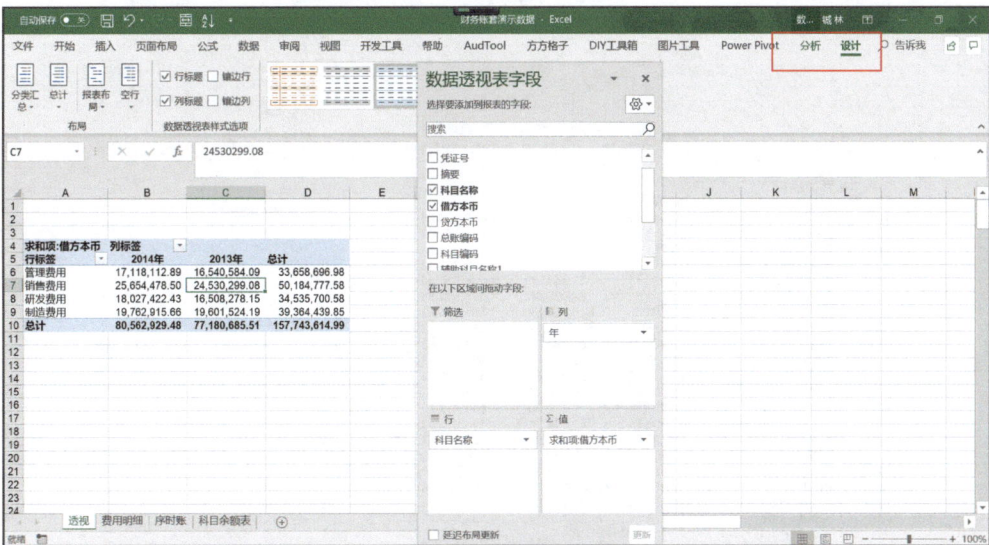

图 4-3-3

"设计"选项卡提供的功能主要用于修改数据透视表的排版，如图 4-3-4 所示。

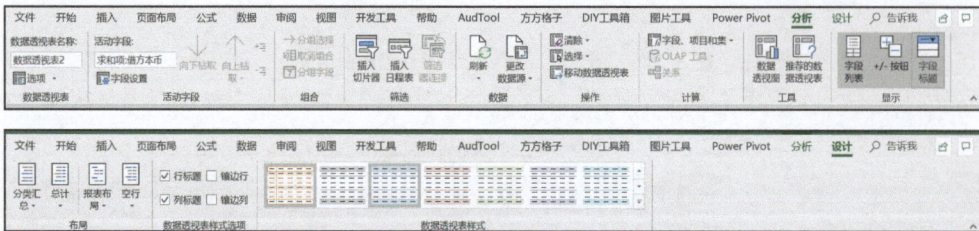

图 4-3-4

数据透视表字段的上半部分是原始数据的所有列的标题，专业名称为字段列表。数据透视表字段的下半部分是数据透视表的布局设置；行标签和列标签对应二维汇总表格的横坐标与纵坐标；值是需要汇总的数据；筛选字段是指在统计的范围内进行筛选和调整。将字段列表中的字段拖动到数据透视表对应的透视布局区间，即可获得需要的数据汇总结果。将科目名称拖动到行区域，年份拖动到列区域，借方发生额本币拖动到值区间，即可获得各类费用的年度费用情况对比，如图 4-3-5 所示。将附注科目名称 1 拖动至行标签科目名称下。可以显示出，本期和上期的费用明细科目的对比数据，即明细表底稿需要的数据。

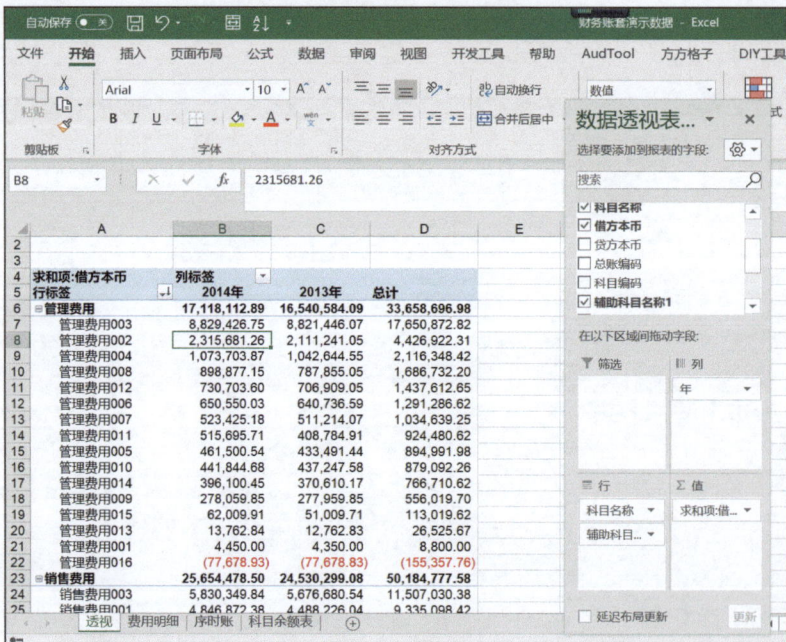

图 4-3-5

将日期拖动至列标签，即可显示出底稿中的按月明细表，如图 4-3-6 所示。

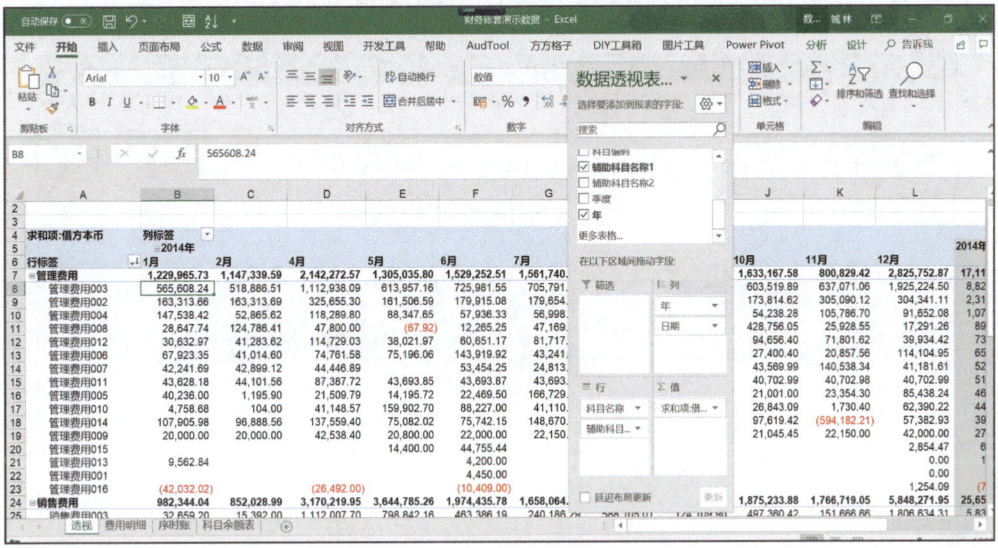

图 4-3-6

在数据透视表中如果我们对任何一个数据存在疑问，希望进一步了解其形成的原因，那么只需要双击该数据，即可显示该数据的明细。如双击图 4-3-6 中的 1 月金额最大的管理费用，可以生成一个新工作表，显示明细凭证如图 4-3-7 所示，通过摘要或检查凭证进一步了解发生的原因。

至此，费用类科目的底稿数据填写就完成了。接下来，就是对费用科目的分析了，如图 4-3-8 所示，这才是真正体现审计工作价值的地方。对费用类科目的分析往往与企业的经营情况挂钩，并且会受到别的因素的影响。比如销售费用中的运输费，一般来说被审计单位本期的业务量越大，销量越多，运输费就会越大，但是也有可能是其他原因，例如运送的目的地、运输方式不同导致运费差异较大，或是刚好本期大客户签订的合同是由对方承担运费等。被审计单位广告投入的金额越大，一般会带来更多的业绩增长，但也有可能因为被审计单位的产品不具备竞争力，或是广告投放不精准，无法直接命中消费群体，导致投入没有获得预期的回报。总而言之，费用波动的具体情况根据每一家企业的经营情况的不同而不同，很难一概而论。在审计工作中最有效率的手段就是询问，发现了费用的异常，通过查看凭证摘要或翻阅凭证无法了解原因的，可以进行项目组内的沟通，询问负责收入的同事或是现场负责人。再然后就是与被审计单位财务人员或业务人员沟通了解情况。但是值得注意的是，审计工作是一个大胆假设，小心求证的工作。别人告诉你的波动原因，你一定要通过查找基础数据或是合同凭单等证据进行证明，以了解波动的真实原因。项目组成员将未进行验证的结论写在底稿中是对注册会计师极其不负责任的行为。

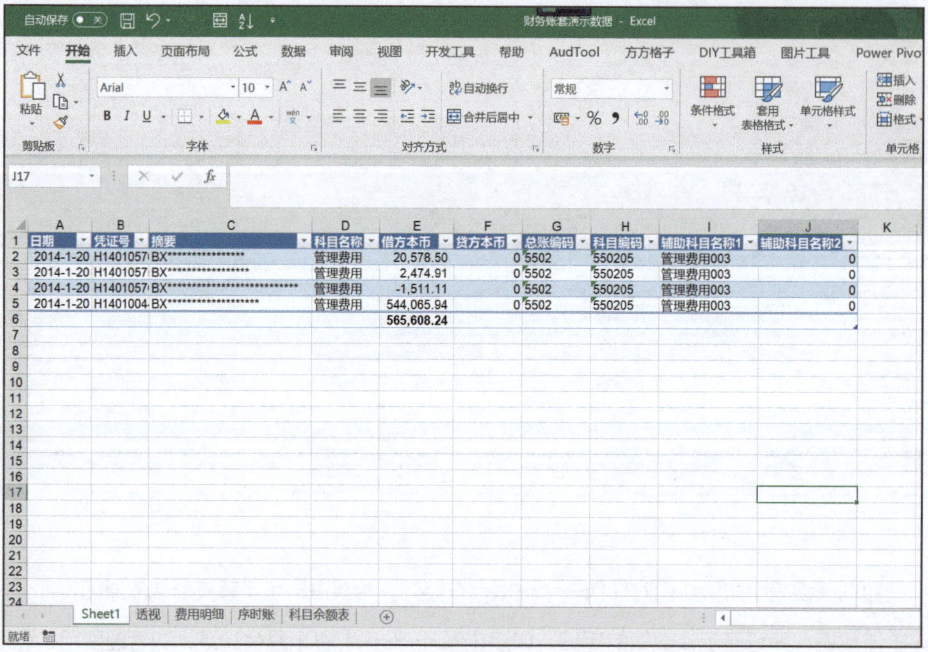

图 4-3-7

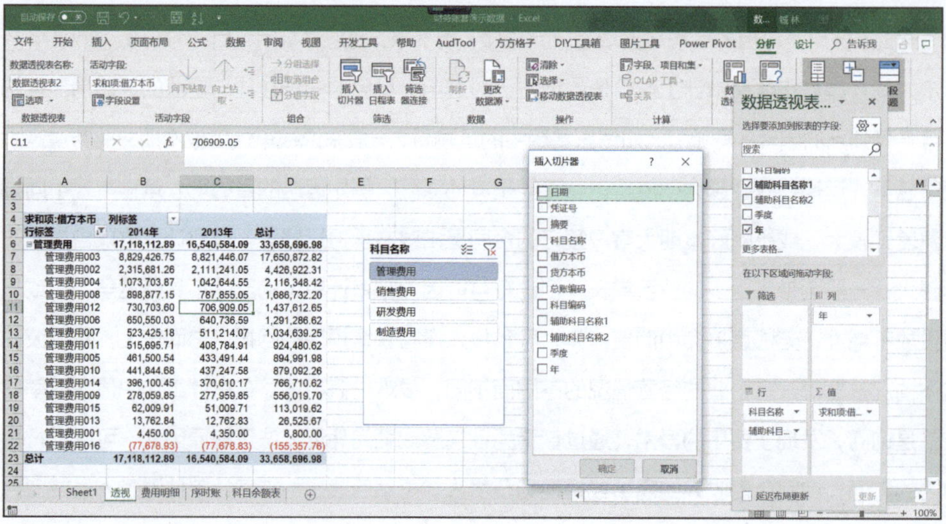

图 4-3-8

4.4　存货监盘：智能手机里的盘点小结

背景介绍

随着科技的发展，智能手机已经成为我们生活中不可或缺的一部分。利用智能手机提高工作效率，是未来审计信息化的一个方向。下面介绍如何利用免费的具有问卷收集功能的小程序"问卷星"，结合 Excel VBA 完成工程项目的盘点小结的编写，以及资料的收集整理。

适用环境

对工程施工类行业的审计的盘点工作，大部分事务所是这样操作的：1. 按照审计抽样方法选取需要现场监盘检查的项目；2. 委派审计人员到各地的工程项目中进行现场监盘，了解工程现场状况与进度，对现场进行拍照取证；3. 将现场状况和盘点结果整理成盘点小结；4. 相关科目负责人进行手机盘点小结，并核对被审计单位账面数据是否与盘点小结的登记结果及照片进度一致。

遇到的主要困难

（1）盘点项目遍布全国各地，对审计人员数量需求较大。

（2）审计人员的盘点小结，以及对在项目现场获取的施工日志等资料收集、整理的工作繁重。

（3）现场需要对工程项目拍照取证，对附件照片的整理与打印需要大量的时间。

（4）账面数据和盘点记录核对过程烦琐，大部分盘点小结是纸质文件或 word 版文件。

（5）每个参与监盘的审计人员一天可能需要跑一个城市的三四个工地或是在全国各地工作，需要携带电脑对盘点小结和照片进行及时整理，对审计人员的负重要求高。

（6）电子资料命名不规范，纸质资料排序整理不到位，从盘点时间到审计项目进场时间跨度大，容易出现审计资料丢失的情况。

设计思路

使用免费网站"问卷星"进行盘点信息、照片、附件电子档的收集。用 Excel VBA 对问卷星收集到的数据与文件进行整理，自动整理成底稿需要的盘点小结格式。

优点

（1）监盘人员只要带手机就能完成盘点项目信息登记，资料收集、盘点小结的编制工作。

（2）在核对盘点项目的信息与账面是否相符时，对现成的表格数据不需要逐页核对盘点小结。

（3）电子文档资料按照预设逻辑命名，方便查找。

缺点

（1）虽然可以选择不公布答卷数据，但是毕竟是第三方平台和数据库，资料的保密性存在缺陷。

（2）从数据收集到整理成盘点小结还需要一系列的操作。

改进方案

如果公司的 OA 有手机端或是小程序，或是钉钉这类的云办公软件，那么可以考虑用这些软件做出类似"问卷星 +Excel VBA"的功能，使用自有服务器提高数据的保密性。

● 问卷星

问卷星是一个在线设计问卷、采集数据、自定义报表、分析调查结果的工具，如图 4-4-1 所示。它在监盘程序中的功能是一个信息采集的窗口。

图 4-4-1

由于问卷星的问卷设计操作简单，此处不再花较长的篇幅进行介绍。我们主要介绍一下怎样把问卷星输出的信息和附件整理成在审计过程中需要的底稿。

● Excel VBA 文件名批量替换

目的：利用 Excel VBA 把收集到的命名千奇百怪的盘点照片和盘点小结，按照审计电子底稿的要求，使用相应的索引编号统一进行命名，如图 4-4-2 所示。

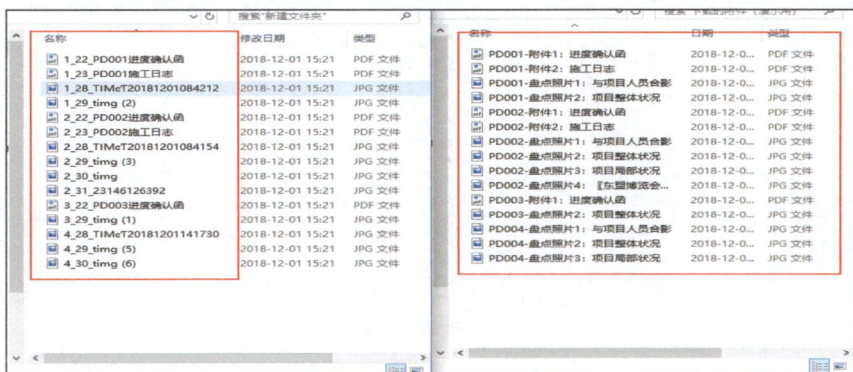

图 4-4-2

操作说明：有两个宏按钮，"获取文件名"按钮和"替换文件名"按钮，如图 4-4-3 所示。

单击"获取文件名"按钮，选中存放文件的文件夹，即可在工作表 A 列显示其获取的所有文件的文件名。

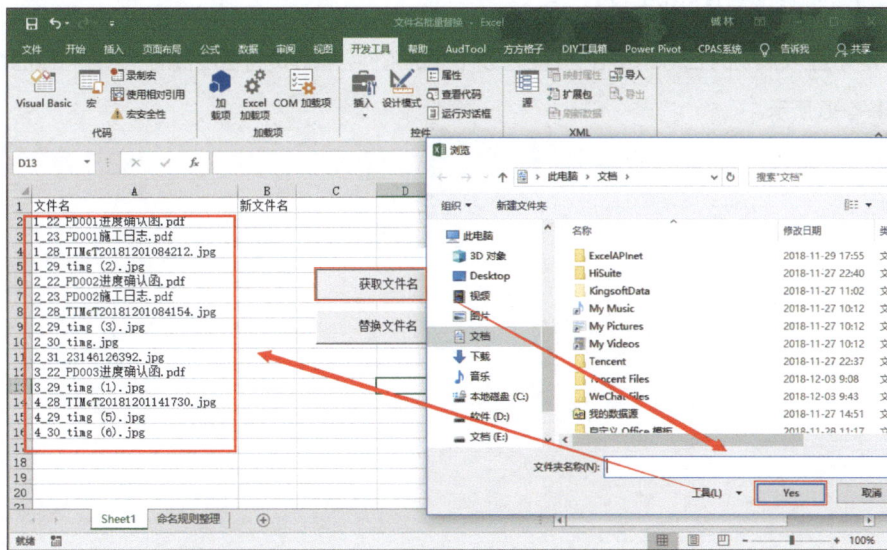

图 4-4-3

整理好新文件名，导入对应的工作表 B 列，单击替换文件名按钮（见图 4-4-4），即可在工作表 B 列显示修改后的新文件名。

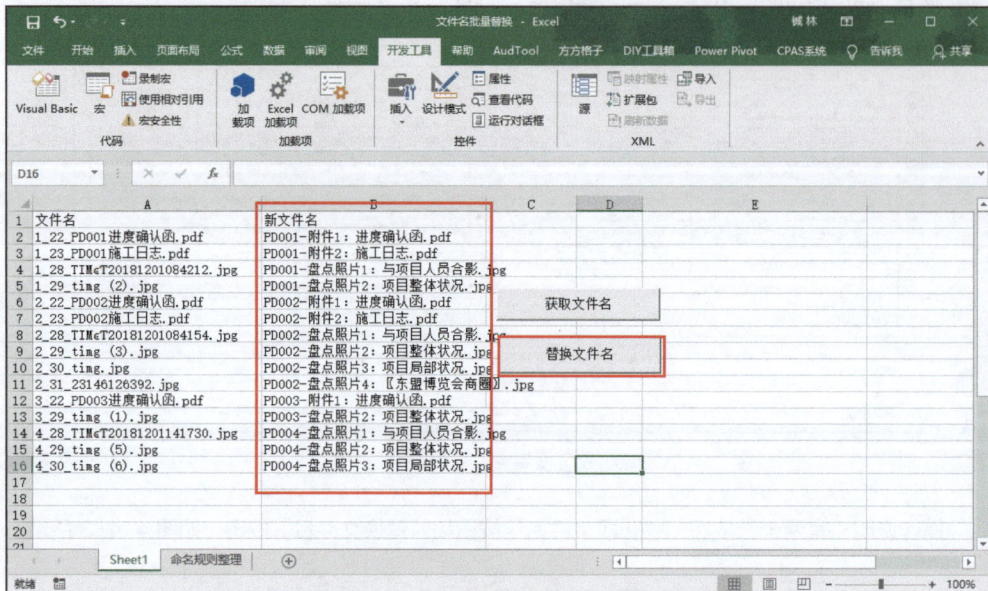

图 4-4-4

● Excel VBA 盘点小结整理

将问卷星收集到的 Excel 表格里的信息及下载的附件，整理成符合底稿的、可以打印的格式，如图 4-4-5 所示。

项目盘点小结		索引号：	4300-4-2p

盘点项目编号	盘点项目名称		
PD002	东盟博览会商圈		
PD003	东盟博览会商圈地下美食街建设补充协议		

盘点背景信息：

甲方名称：	猫和老鼠股份有限公司
项目地址：	GX省NN市东盟博览会商圈
盘点人员：	王二狗
盘点时间：	43096
项目人员：	滕小莹（项目经理）

盘点情况：

项目编号	预计造价	预计毛利	开工日期	竣工日期	项目进度
PD002	80000万	15.6	2016-4-20	2018-4-5	80
PD003	2000万	10	2017-7-12	2018-9-13	50

施工日志情况说明	施工日志每天填写，更新至2017年12月26日，内容较为详细。 项目周报每周填写，获取至2017年12月24日周报，周报内容详细，填写完整。
原材料盘点说明	原材料多为瓷砖、玻璃等，由于需要在现场使用，整齐码放在项目现场，每天仓管人员进行巡视，小件贵重材料由专门仓库进行保管，每月会核对库存数量。
工程盘点说明：	施工范围为1#、2A#、2B#、3A1#、3A2#、4#、5#栋，广场喷泉。目前各公共区域已经施工完成，部分楼宇内施工与墙面玻璃安装未完成，与甲方和监理单位确认进度确认函状态相符。
盘点总结：	根据对现场进行的观察，工程进度与周报、月报内容吻合，未发现异常情况。
备注：	(空)

盘点照片：

PD002-盘点照片1：与项目人员合影	

图 4-4-5

操作说明：有两个宏按钮，"盘点小结整理"按钮和"清空盘点小结"按钮，如图4-4-6所示。

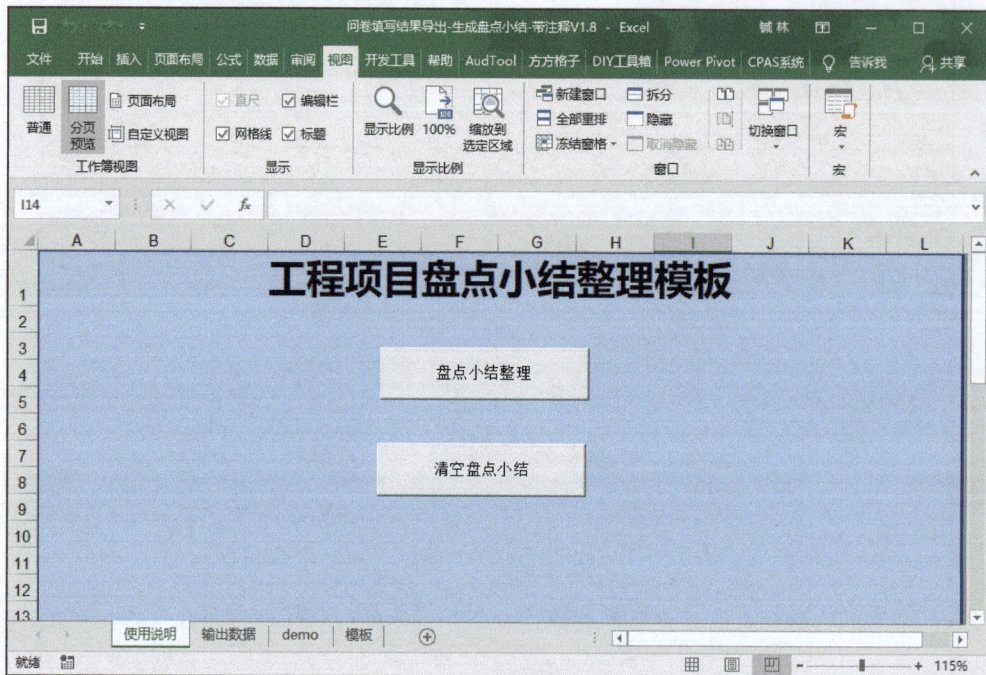

图 4-4-6

将问卷星导出的 Excel 数据，导入宏工具的输入数据模板中，然后单击"盘点小结整理"按钮，选中盘点照片存放的文件夹，Excel VBA 就会自动将盘点信息和相关项目的盘点照片整理成如图4-4-7 所示的文件，便于打印底稿及归档。

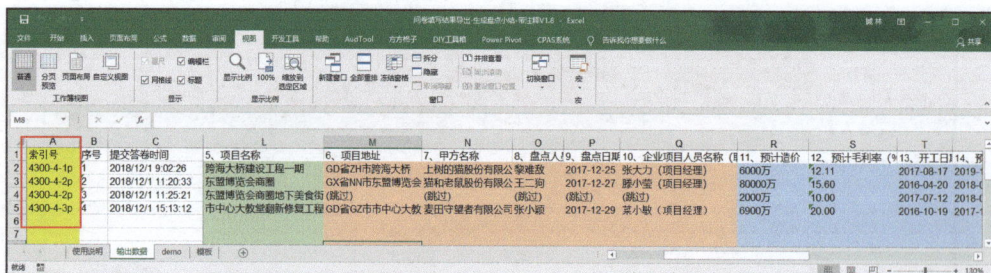

图 4-4-7

使用记录

笔者在几个工程类的审计项目中使用了该方法收集盘点小结，合计 414 份，使用时要注意以下几个问题：

- 问卷星的云盘空间有限，问卷附件超过 1GB 之后需要缴纳 100 元 /GB 的云盘空间使用费。
- 当问卷附件超过 1GB 后再打包下载时，需要注册会员并缴纳会员费。
- 填写问卷星问卷时网络连接不能断，在提交问卷时网络连接断开则上传失败，只能重新填写。
- 在问卷星上传 PDF 附件时，PDF 文件在手机里较难寻找，建议避免用问卷星收集 PDF 文件。
- 提交照片时不能旋转照片。
- 输出文件时不能直接是归档状态的打印格式。

4.5　收入科目

收入科目是审计中最重要的科目之一，一般项目组会安排经验丰富的高级审计员来完成。本节介绍的着眼点不是审计中关于收入的会计准则或应当执行的审计程序，而是在面对越来越多的高度依赖信息系统或业务数据量巨大的企业，难以核实其收入真实性、准确性、完整性时，审计师可以采取的手段和方法。

4.5.1　信赖财务系统数据还是业务系统数据

在审计项目上经理经常强调，不要只关注财务系统数据，还要关注业务系统数据，要用常识去判断。当时笔者并不是很理解这句话，心里还在想："给我分配的那些科目，在现场光画底稿都画不完，还关心什么业务？"很多人除在做内控的时候会找业务人员做访谈外，一般就只是用财务系统里的科目余额表、序时账、辅助账进行绘制。

笔者曾经参与过一家制造业企业的审计，该企业主要生产化工产品，在发货时装载商品的货车会经过公司的过磅称，由此得出发货数量。当时经理要求我们用过磅称系统里的过磅数据去和财务系统里的销售数据进行比较，此时笔者这才理解了经理所说的关注业务的真正含义。

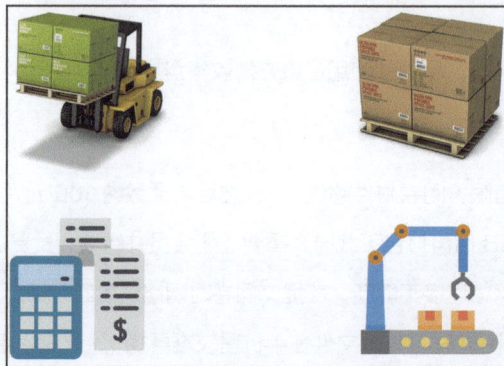

在企业的生产经营活动中可能会有很多个系统，这些业务数据在各个系统中流转，最后才进入财务系统。而我们平时审计的往往只是财务系统中的数据，而数据在输入财务系统之前就已经倒了很多次手了，之前各个系统间的数据是怎么流转的？系统与系统之间数据的传输是自动控制的还是人工控制的？如果是人工控制的，那么仅仅看财务系统的数据是很难发现公司存在舞弊的。如果把这个数据传输比作自来水管道，那么我们平时就只是拧开水龙头用水，但是之前的各个接头你不去看，就不会发现是否有漏水的情况。当你感觉某个项目风险很高，感觉应该去看看前面的水管接头有没有漏水或者注水时，应该怎么去验证呢？具体的做法有以下两种。

系统间的数据

如果有多个系统，那么要检查从 A 系统到 B 系统的数据是不是完整、准确的，尤其是在有人工控制的情况下，比如没有业务系统到财务系统的接口，全部靠人工将业务数据生成的报表作为收入确认凭证。在这种情况下如果只看财务系统就会发现，收入每个月记一笔，很难去分析。而所有真实业务的明细全部在业务系统中。正确的做法是导出 A 系统的某一段时间的数据和 B 系统的某一段时间的数据进行比较，看看是不是完整、准确的。如果两个系统间是有接口的并且全部是系统自动控制的，那么每一条明细、两个系统的关键数据字段应该是一样的，可以对两个系统间的接口进行测试，将两个系统的数据导出来进行对比，查看是否一致。在实际的审计项目中，在进行接口测试时，会发现数据传输不完整的情况。由此可见，在进行测试前，就算是完全不依赖人工的系统接口，也不是可以完全信赖的。

系统内的数据

系统内的数据一般不会出现完整性的问题。而我们需要根据了解的业务逻辑和计算方法，去测算一下数据的准确性。如果遇到用友、金蝶等国内的 ERP 系统，那么其收入、成本的核算逻辑是非常简单的。但是有些企业的业务系统计算的收入是十分复杂的，复杂到已经不是可以通过文字描述、Excel 公式能够描述清楚的，面对这种计算，审计师很难去核实，只能根据业务量粗略计算出一个数字进行分析。面对这种收入计算复杂的问题，只有借助程序语言，找到公司当时负责这个系统开发的 IT 人员仔细沟通，将业务中确认收入的逻辑用程序写出来，再对全年的数据进行测算，才能解决。这样的过程在第一次审计的时候会花费大量精力，但是在后面进行连续审计的时候就会轻松很多。另外，如果遇到企业用的是 SAP，那么很多审计师会特别头疼，因为连正常要一个数据，例如获取收发存报表都异常困难。你问财务，财务不知道这些数在系统里是怎么得来的；你问 SAP 运维，他们也不知道这些数是怎么进行财务处理的，整个审计过程异常痛苦。SAP 是分模块的，每一个 SAP 顾问可能只精通一个模块，可以想见如果审计师想真正搞懂SAP 是非常困难的。通常我们还是延续用友、金蝶等国内软件的套路，向企业财务要各种明细表，把 SAP 中的序时账都导出来抽凭检查。沿用这样的套路，你会发现很多你想要的表，在 SAP 里根本没有，有些企业为了满足审计的需求会自己开发这样的报表给你。但是，你会发现很多数字和其他的报表或者总账对不上。当你尝试把序时账导出来的时候，会发现数据量太大了，根本没法导出来。所以沿用以前的审计思路，把数据推导出来并用 Excel 处理分析是很难行得通的。在预审或做内控的时候，首先应该在 SAP 系统里做一遍穿行测试，比如 SAP 里的成本对于制造型企业，有标准成本和价差的概念。我们可以从材料采购、发票校验、下达生产订单、生产订单结算、产成品入库、月结差异分摊、发出商品、确认收入、退货，这样一条线地穿行下来，看一看每一个环节的价差是怎么分摊的，把每一步的会计分录给梳理出来，这样我们就清楚其在系统里是怎么核算的了。对于我们需要的各种报表，如果是 SAP 自带的报表，那么可以信赖它。如果是企业自己开发的报表，那么我们一定要对报表的准确性进行测试。因为很多企业的业务部门给开发人员提出一个需求后，开发人员就自己闷头开发一张报表，这张报表很有可能没有经过业务部门的测试，甚至取数逻辑都不对，导致报表的准确性出现问题。总之，我们需要加强自我学习，学会使用 SAP，要利用它，而不是单纯想着把系统的数据全部导出来为止。

总之，审计的财务系统数据一定脱离不了业务系统数据，我们要学会分析被审计单位的业务系统数据。

4.5.2　大数据量的数据处理

审计人员尤其是底层的员工，基本上是和数据打交道的。所以从某种程度上来讲，审计人员其实是数据分析师，从数据中挖掘有用的信息并分析出异常情况。但是，随着被审计企业信息化程度的提高，数据量越来越庞大。有的企业一个月的数据量就达到了几十万条、上百万条的量级，你连处理都处理不了，更别谈去分析、挖掘了。

解决方案

要解决数据处理的问题，对审计人员来说，比较好上手的工具有两个。

1. Power BI

使用 Power BI 处理数据简单、便捷，能够从 Excel 电子表格或本地数据库创建链接。通过 Power BI 还可以进行建模和实时分析，以及自定义开发。 因此它既可用作个人用户的报表和可视化工具，又可用作项目组、部门或整个企业的分析和决策引擎。个人理解，我们平常使用的 Excel 是一个数据展示、分析的工具，而微软的 Access 则是一个桌面型数据库系统，能够存储、查询、处理大型数据的工具。而 Power BI 就像 Excel 和 Access 的整合，既能够展示、分析数据，又能处理大数据。而且现在这个功能已经整合到了 Excel 里面。

2. SQL 语句

Database 是数据库，每个系统都有数据库。简单的理解，它就是应用软件直接存储数据的场所。通过 SQL 语句可以方便、快速地查找、筛选、处理出数据。

比如，这里有一个名叫"world"的表，如表 4-5-1 所示。我们想找出 name=china 的数据。

表 4-5-1

name	continent	Area	population	gdp
Afghanistan	Asia	652,230.00	25,500,100.00	20,343,000,000.00
Albania	Europe	28,748.00	2,831,741.00	12,960,000,000.00
Algeria	Africa	2,381,741.00	37,100,000.00	188,681,000,000.00
Andorra	Europe	468.00	78,115.00	3,712,000,000.00
Angola	Africa	1,246,700.00	20,609,294.00	100,990,000,000.00

在 Excel 中直接用筛选就行了。但在数据库中，则要利用查询语句：

select * from world where name='china';

这样就可以输出想要的结果了。select 表示选择返回的列名（ * 表示全部），from 表示从哪一张表中选择数据，where 表示需要满足的条件。是不是很简单？

对于自学者而言，Power BI 更容易上手，因为其可以直接在 Excel 中操作，但想要达到灵活运用的程度，需要的学习时间实际上要比 SQL 语句的学习时间更长。相反 Excel 里的 Power Pivot 很难处理上 GB 的数据，而数据库利用 SQL 语句处理上 GB 的数据是轻而易举的事情。因此，笔者认为 SQL 语句更加值得学习。

SQL 语句学习路径

由于 SQL 语句是标准化语言，所以使用哪个数据库对学习并没有影响。市场上排名前三的数据库是：Oracle、SQL Server、MySQL。由于 MySQL 是开源免费的，所以推荐大家使用。当然，如果你不想学习数据库，仅仅是因为表格数据量太大而无法查看，那么你可以用微软自带的 Access 数据库来打开表格，并查看数据。

1. 安装 MySQL

知乎上有一篇比较详细的 MySQL 安装指南——《超级详细的 MySQL 数据库安装指南》，可以参考。

2. 安装 Navicat

安装好 MySQL 数据库后，还需要安装一个图形化的管理工具 Navicat。其安装过程可以参考知乎上的一篇文章《客户端 Navicat 安装教程》。

3. SQL 语句学习

在 W3school 网站上有关于 SQL 语句的学习教程，这个网络教程涵盖了基本的语句知识，作为审计师只需要把其中查询相关的语句学会就可以满足平常数据处理的需求了，这些语句大概一天就可以学会。

4. SQL 语句练习

上学的时候老师经常说："一看就懂、一听就会、一做就错。"所以，基本的语句在 W3school 看懂了，还需要把学习到的知识实际操作一下。在 SQLZOO 官网上有丰富的练习题，题目由易到难，十分适合初学者学习。

5. SQL 论坛

经过系统的学习之后，在实际项目中如遇到数据处理的问题则可以上网查一查，或者逛逛博客园论坛，一般都会有解决方案。

应用实例

笔者之前服务过一家互联网公司，该公司的收入账就是一个大凭证，根本没有明细。这个时候我们就需要去公司的业务系统中查看他们的明细。客户充值的每一笔金额都有一条明细，仅一年 VIP 客户充值明细就有 14 763 717 条记录，文件大小为 2.86 GB。这样的数据量，不依赖数据库是难以处理的。将其导入 MySQL 数据库中，写一条简单的语句就可以实现我们需要的财务分析。如图 4-5-1 所示，用几行代码我们就可以找到所有充值后退货的按用户名汇总的金额明细，执行过程只用了 31.882 秒。相对于在 Excel 中操作包含 10 万行数据的表就会卡死，这个执行时间是非常令人满意的。

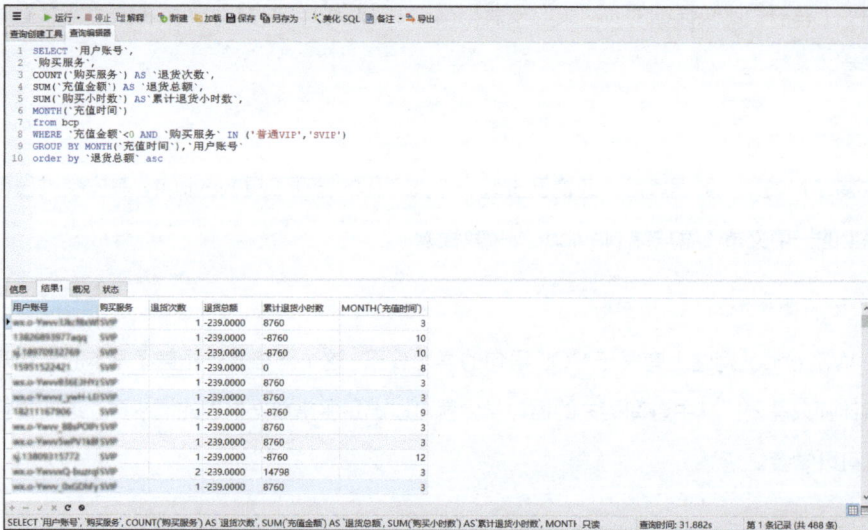

图 4-5-1

4.5.3　复杂业务逻辑的数据处理

在审计项目中，随着企业越来越依赖信息系统，我们不仅会遇到数据量大到难以处理的情况，还会遇到收入计算逻辑复杂到难以用 Excel 公式、流程图处理的情况。比如，笔者曾做过一个审计项目，公司的主要业务是租赁集装箱，其业务数据完全依赖信息系统。所有的租赁收入都是每月系统自动计算得出的。关于这个收入的计算逻辑，以前的审计团队从来没有真正厘清过，并不是因为审计团队的专业水平不够，而是测算的逻辑复杂程度已经不能用 Excel 公式梳理测算出来了。我们先看一看为什么说它的业务逻辑复杂。

每一个集装箱租赁的收入 = 期间租赁收入 + 一次性费用。其中，期间租赁收入 = 月费率 × 月租赁天数。月费率根据公司当月所有集装箱出租数量（持有量）不同，呈阶梯形费率变化。而系统中记录的数据只有在集装箱状态发生变化时产生一条记录，比如租出、收回、转租等多达 8 种状态。持有量、费率、天数这些指标需要根据集装箱状态来计算，用 Excel 公式是不可能办到的。系统计算的月天数并不是按自然月集装箱出租出去的天数计算的，而是每个月有一个关账日，以关账日为节点，默认现有状态持续到月末，关账日到月末期间租赁状态发生变化的，下月冲回。还有一个复杂的因素就是，每条记录都有一个申请日，虽然状态变化日在关账日之前，但是申请日如果在关账日之后，就表示当时并没有录入系统，下个月还得进行增减。每个集装箱在合同中还可能有免租期，在免租期的租赁费还要去除。最后计算一次性费用，匹配不同国家、地区、港口等的费率，不同区域费率是不同的。虽然一个合同只有 1 万 8 千行的记录，数据量并不大，但是这样的计算逻辑是很难用 Excel 公式来进行测算的。如果非要进行测算，那么只有借助代码工具才能解决。

首先了解其计算逻辑，然后用 Excel VBA 写代码。计算一个 190 多万美元的合同，差异 8120.61 美元，其中有三个集装箱大额异常，经进一步了解，系统还有一个字段记录撤销的操作，把这部分逻辑加进去后，才真正做到了和系统的零差异。对于依赖信息系统的数据，理论上对于每种合同（不同情形）仅需要一个样本量，因此我们把系统里有的三种类型的合同随机抽选了一个样本进行了测试，做到了零差异。通过这样的计算机辅助技术，重新计算，我们才可以认可其数据的准确性。

除这个最复杂的收入计算外，笔者还遇到过一些虽然逻辑不是特别复杂，但利用 Excel 公式难以处理的情况。例如，笔者做过一个自来水公司的业务，财务凭证上每个月只有一笔收入凭证，凭证后面只列示了一个城市的各个区的收入，这样粗略的数据对于审计师来说是无用的。只有拿到公司收费系统的明细再进行测算，其全年有 400 多万条数据，每一条数据就是整个城市每个水表的抄表耗用的水量和依靠系统中的阶梯水价计算出的收费。利用 Excel VBA，编写一个阶梯水价的自定义公式就可以轻而易举地把全年的水费测算完，测算结果差异率在万分之五。这个差异是因为部分水费在业务中根据实际情况有人工调整造成的。像这样利用业务系统数据进行全量数据的计算，可以大大增强我们审计师的审计信心。

再比如，笔者做过一家高速公路公司的审计，需要计算 ETC 收费确认的收入。公司的 ETC 系统运作模式是车辆通过 ETC 专用通道时，收费站 ETC 车道上的短程通信器扫描安装在车辆挡风玻璃上的车载电子标签。车辆通过 ETC 专用通道，ETC 系统记录车辆行驶路线并计算出车辆通行费用。车辆通过 ETC 系统出高速公路时，ETC 系统自动对车辆 ETC 绑定的银行联名卡进行扣款。而在系统中并不是每一个路段对应的公司对应一个收费金额，而是每个路段对应的公司对应一个三位数的编码，一辆车经过的路段就是由每三位数一组组成的数字字符串。对应的金额是由每七位数一组组成的数字字符串。因此需要对字符串进行拆分，才能对金额进行累计求和。而我们不能使用 Excel 的分列操作，因为一辆车经过的路段数量是不固定的。最后我们利用 Excel VBA 代码，使用正则表达式，用一条简单的语句，就能够完成上述的拆分操作，然后将处理后的数据导入数据库中进行计算，完成收入的测算。

由此可见，在企业高度依赖信息系统的时候，审计师遇到复杂业务逻辑的情况会越来越多，而掌握 Excel VBA 会大大减少我们的工作量，提高审计效率。

4.5.4　IT 审计如何工作

IT 审计在四大会计师事务所（普华永道、德勤、安永、毕马威）已经存在好多年了，最近几年在内资所开始兴起。IT 审计的工作主要包含三个内容：ITGC（IT General Control）、ITAC（IT Application Control）、CAATTS（Computer-Assisted Audit Tools and Techniques）。简单了解一下这三个内容分别是什么，ITGC 和 ITAC 可作为内部控制测试的一部分，区别是平常做的内控是针对公司业务流程的几个大的循环，而 ITGC 和 ITAC 则是针对这些循环所依赖的信息系统的。

其中 ITGC 的做法每家公司都是相同的，包含了 IT 整体环境、程序开发、程序变更、对数据 / 程序的访问、计算机运营。IT 整体环境主要检查公司的信息化规划、IT 人员胜任能力、岗位分工等宏观的方面。程序开发和程序变更大同小异，主要检查的是程序开发或变更的整个流程是否存在风险，从最开始的用户需求→开发申请→开发语言规范到版本控制→用户测试→上线，整个流程是否恰当、是否经过审批。对数据、程序的访问，主要检查针对信息系统的操作系统、数据库及应用层三个层面的权限管理，以及相关的物理环境、网络安全等方面。计算机运营主要检查数据库或应用层的批处理、备份策略、灾难恢复等内容。

而 ITAC 与公司具体应用的信息系统息息相关，同时也和财务审计密切相关。这部分具体的审计内容应当由财务审计和 IT 审计相互沟通，共同制订出审计范围和审计计划。因为这部分的内容是紧紧围绕着财务工作、会对财报的科目产生影响的。ITAC 包含的内容主要有计算逻辑测试、系统间接口测试、系统自动控制测试、相关的权限测试。

CAATTS 即计算机辅助审计，顾名思义，就是利用 IT 技术如 SQL 语句、Excel VBA、Python、Power BI 等辅助处理审计过程中财务审计难以处理的数据。总之，不论是因为数据量大还是系统业务逻辑复杂，财务审计处理不了的，就可以由 CAATTS 完成。

很多财务审计对 IT 审计有很多误解。很多人误以为 IT 审计就是拿着一些类似黑客使用的工具，在系统上进行检测。或者认为 IT 审计就是看系统后面的代码发现问题的。然而不是，IT 审计并没有专门的工具软件对系统直接进行测试，等着工具直接跳出一个检测结论，也不会去看系统后面的代码。可以明确告诉大家 IT 审计看不懂开发这个系统的代码。不仅 IT 审计不行，就算是专业的开发人员要去看懂一个成熟系统的代码也不是一两周能办到的。IT 审计还是依靠的审计的方法论，通过测试数据验证系统的功能和逻辑，或者在系统的前端检查相关配置或权限。

那么在财务审计过程中应当如何利用 IT 审计呢？首先，ITGC 这部分套路是固定的，每家公司需要做的内容都差不多，不需要做过多的沟通。而关键的是 ITAC 和 CAATTS 这两部分内容。首先，财务审计应当自己想清楚，涉及会计科目的哪部分内容是重要且依赖系统的。比如成本、收入，这部分内容在系统中是如何计算的，系统计算得是不是准确？尤其是像 SAP 的成本、收入，对这部分内容很多企业的财务人员根本不知道系统是怎么核算的，那么就需要 IT 审计通过穿行测试梳理成本、核算整个逻辑和流程，发现系统是否存在影响财务报表的重大缺陷。其次，如果在审计工作中高度依赖财务系统中的一些报表，并且这些报表是公司自己开发的，那么就需要对这些报表进行测试。例如，针对 SAP 系统，我们会利用系统中 FICO 模块的报表，如报表里公司自己开发的，那么就需要清晰地告诉 IT 审计需要测试哪些报表，每张报表关注的字段内容是什么。最后，梳理一下哪些工作是财务审计人员无法用 Excel 进行测算的，或者耗时特别长的，那么可以和 IT 审计人员沟通，看是否有计算机辅助审计的方法进行测试。当然不要把那种完全是人工控制的东西拿来沟通，IT 审计是无法解决的，IT 审计能够解决的只限于计算机自动控制的内容。

IT 审计本身应当是辅助财务审计的，IT 审计和财务审计的共同目标是对财务报表提供合理保证，所以两者应当密切沟通，共同探讨。建议财务审计人员稍微了解一下 IT 审计的相关知识，梳理出 IT 审计可以帮助做的内容。

4.5.5　电商"刷单"的分析性程序

会计准则每年不会有特别重大的实质性变化，但是被审计公司的业务总是日新月异的，尤其是互联网企业，2000 年左右"火"的是门户网站，2010 年左右"火"的是电商，2015 年左右"火"的是 O2O、共享经济，到 2019 年"火"的是人工智能、大数据、区块链。审计归根结底就是核实报表的真实性，这就要求我们对公司业务要了解。对于普通企业，可能公司更关注利润，但互联网企业尤其是初创企业则更关注流量、新增用户、活跃用户等指标，至于盈利不盈利可能并不关注。这就像餐饮行业的核心经营指标是翻座率、零售行业的核心经营指标是单位面积的门店营业额，每个行业都有其核心经营指标。

当要审计一家公司时，我们应该先去了解这家公司所处的行业。在网上搜索一下行业资料，看一看同行业上市公司的招股说明书，等等。在审计财务数据的时候，了解这些非财务数据是非常必要的。

例如，一家线上卖书公司，其在京东、淘宝、天猫、当当、拼多多等主流平台均有网店。对于这样类型的公司，你去看财务凭证，可能一个月只有一笔大的收入凭证，没有你想要的原始凭证信息。同时，你也不可能进行函证，那么多的销售客户都是在手机上下单的普通用户并且金额很小，你连给谁发函都不知道。在这种情况下，我们只能去查看公司的相关的业务系统，去核实真实业务发生时产生的明细。例如，该公司采用的是第三方公司提供的电商 ERP 系统，和公司自己的 SAP 系统有接口，那么相关的销售订单数据会自动传输到 SAP 系统中，销售人员在确认订单后，物流部门就会发货。

第 1 步，测试 ERP 系统与 SAP 系统中接口的完整性和准确性。ERP 系统中的数据是业务中的第一手的数据，我们需要拿这个数据和 SAP 中的明细数据做一个对比，确保这些订单的金额和数量是一致的。有的人想到的是对两个数据在 Excel 中使用 VLOOKUP，虽然这家公司线上销售的数据量不大，但是导出来的数据也有 100 多 MB，用 Excel 是没有办法处理的。因此将数据导入 MySQL 数据库，使用一条简单的外连接语句就可以比较两个数据集的完整性了。

第 2 步，分析业务的真实性，查看是否有"刷单"的情况。当我们完成了接口的测试后，接着就要分析公司有没有"刷单"行为了。在互联网平台中，刷新增用户、刷粉丝、刷订单等都是常见的行为。而且随着这些"代刷"服务越来越成熟，被发现"代刷"的可能性越来越低。针对这些销售订单的数据，我们首先要做的还是从不同维度去分析，看能否发现一些异常情况。

（1）线上平台消费对象及行为分析。

我们对公司在各大电商平台的销售订单金额进行统计，分析出销售额较大的平台为天猫、阿里巴巴、淘宝，如图 4-5-2 所示。这些平台都是普通用户使用的平台，符合用户习惯。

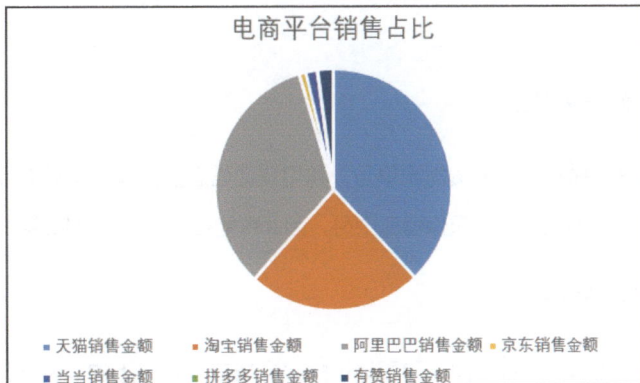

图 4-5-2

（2）订单金额集中度分析。

订单金额主要集中在 0~40 元这个区域，如图 4-5-3 所示。这与我们预想的书籍单价低、订单金额不大是相符的。但订单金额在 500 以上的占比却很大，这似乎有些异常。那么接下来，我们就需要对大额的订单进一步分析了。

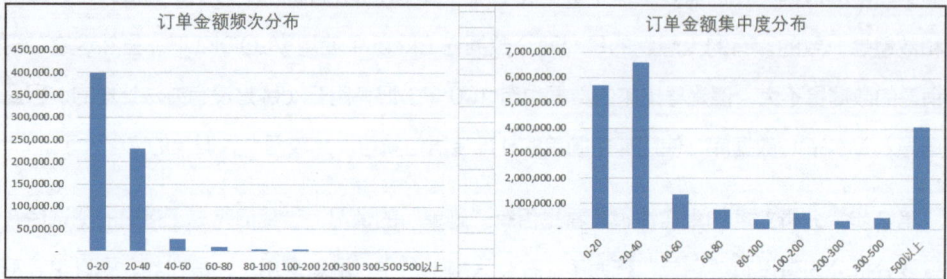

图 4-5-3

（3）大额订单分析。

用 SQL 语句筛选出订单金额大于 500 的订单，并对其中订单金额排名前 20 的大客户进行核实。这前 20 的大客户全是阿里巴巴平台上的客户，与销售部门进行访谈后，了解到这些客户全是批发采购户，并且很多是线下经营文创产品的实体店铺。我们查看了阿里巴巴平台上的公司店铺，以及详细的批量采购折扣金额。当然，如果需要进一步核实，那么可以对这些客户进行发函确认。

（4）发货物流单号检查。

用 SQL 语句每天抽样五个发货物流单号，利用快递信息批量查询工具进行检查，核实其发货物流的真实性。（快递信息一般只保留三个月，因此仅能抽查最近三个月的物流情况。）

（5）多次消费人群分析。

我们利用 SQL 语句，筛选出同一购买地址购买次数在 5 次以上的消费记录共 1837 条，如图 4-5-4 所示。按照常识，应该没有谁一年内会买太多的字帖来练字，因此对这一部分数据我们感觉是异常的。但通过查看地址，发现这些购买来自学校或者是书店，因此可以解释为学校老师多次给学生购买，或书店多次进货的情况。

收货人地址	销售金额合计	天猫销售次数	淘宝销售	当当销售次	京东销售次数	阿里巴巴销售次数	拼多多销售次数	有赞销售次数	销售总次数
[illegible]	1381.50	19	41	0	0	0	0	0	60
[illegible]	681.00	4	46	0	0	0	0	0	50
[illegible]	1164.60	15	33	0	0	0	0	0	48
[illegible]	869.12	13	29	0	0	0	0	0	42
[illegible]	864.80	21	20	0	0	0	0	0	41
[illegible]	871.45	7	30	0	0	0	0	0	37
[illegible]	858.80	18	17	0	0	0	0	0	35
[illegible]	658.05	19	14	0	0	0	0	0	33
[illegible]	782.20	17	16	0	0	0	0	0	33
[illegible]	1187.80	26	6	0	0	0	0	0	32
[illegible]	1484.59	1	30	0	0	0	0	0	31
[illegible]	839.20	18	12	0	0	0	0	0	30

SELECT `收货人地址`,sum(订单销售金额) as 销售金额合计, sum(CASE when 订单来源店铺编码='TMALL02' OR 订单来源店铺编码　只读　查询时间: 7.757s　第 2 条记录 (共 1837 条)

图 4-5-4

下面我们进一步筛选出包含“小学”“中学”“大学”“学院”“学校”“书店”“初中”“高中”等信息地址的记录，如图 4-5-5 所示。

收货人地址	销售金额合计	天猫销售次数	淘宝销售	当当销售次	京东销售次数	阿里巴巴销售次数	拼多多销售次数	有赞销售次数	销售总次数
[illegible]	1381.50	19	41	0	0	0	0	0	60
[illegible]	681.00	4	46	0	0	0	0	0	50
[illegible]	1164.60	15	33	0	0	0	0	0	48
[illegible]	869.12	13	29	0	0	0	0	0	42
[illegible]	864.80	21	20	0	0	0	0	0	41
[illegible]	871.45	7	30	0	0	0	0	0	37
[illegible]	858.80	18	17	0	0	0	0	0	35
[illegible]	782.20	17	16	0	0	0	0	0	33
[illegible]	658.05	19	14	0	0	0	0	0	33
[illegible]	1187.80	26	6	0	0	0	0	0	32
[illegible]	1484.59	1	30	0	0	0	0	0	31
[illegible]	740.20	13	17	0	0	0	0	0	30

SELECT `收货人地址`,sum(订单销售金额) as 销售金额合计, sum(CASE when 订单来源店铺编码='TMALL02' OR 订单来源店铺编码　只读　查询时间: 6.804s　第 1 条记录 (共 1316 条)

图 4-5-5

结果显示有 1316 条记录，占到多次购买客户数的 71.46%。因此，可以分析出这些多次采购行为是合理的。当筛选出学校相关记录后，发现出现最多的是师范学校，符合常理即没有异常情况。

（6）消费人群地理位置分析。

销售额排名前五的地区为：广东、浙江、山东、重庆、湖南。公司的主要客户主要集中在中部及东部沿海地区，如图 4-5-6 所示。

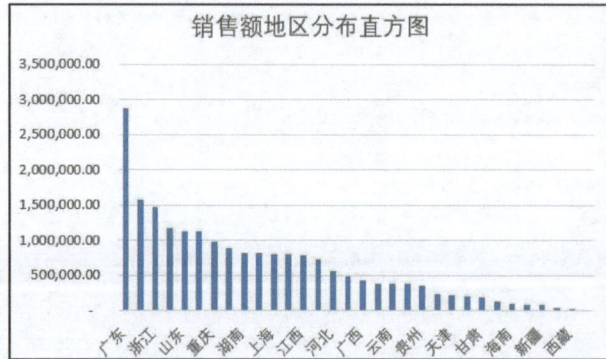

图 4-5-6

（7）订单下单时间分析。

订单下单的时间维度可以按月、星期、日、小时不同维度来分析。例如，我们按月分析出，公司的销售旺季是 7 月、8 月、9 月，而这段时间刚好就是学生放暑假或开学的时候，因此销售量大是合理的。我们按小时分析，可以看出下单的时间主要集中在上午 9 点到凌晨 24 点，如图 4-5-7 所示。

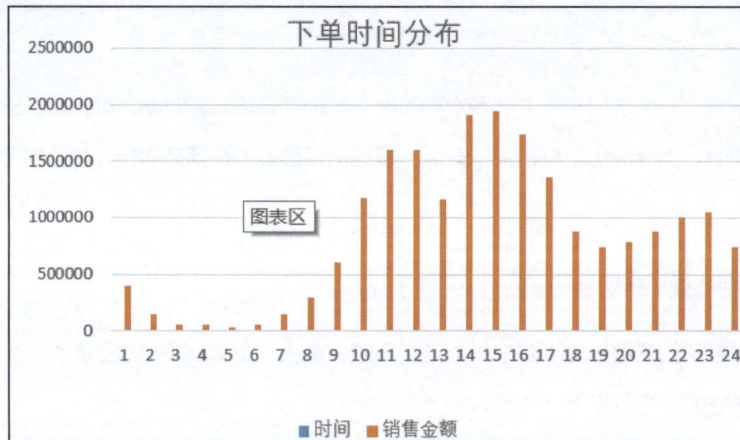

图 4-5-7

（8）内部员工购买情况分析。

我们将收货人姓名或会员名称与花名册上的姓名比对，筛选出地址是公司所在城市的订单，没有发现异常情况。

　　对现在的"刷单"现象通过上述常规的分析是分析不出来的，因为"刷单"已经有了真实的物流、资金流、财务流，我们审计很难发现。就连注册账号也会使用不同的 IP 地址，或者是找"真实"客户下单。为此笔者专门请教一些刷过单的人，比如一个销售水彩笔的店铺，为了"刷"出销量，他们会在微信群找一些人，让他们下单，再发出真实的货物，只要他们在店铺评论区进行好评，就可以在微信群里收到与订单金额相同的红包。也就是说这笔订单是真实发货、真实收钱的，但这笔钱一定是通过其他科目出去了。我们对这些销售订单的分析一定是无效的。那么还有什么方法能进行分析呢？既然是刷单，那么他一定会刷好评，而且一般同一个账户不会只买一两次，一定会购买至少三四次。所以，我们可以尝试筛选出多次购买的客户，查看其在平台上的好评率，和总的好评率进行对比。如果偏高，那么就可以进行合理怀疑。

　　如图 4-5-8 所示，输入商品编码后，单击"获取评论"按钮，获取该商品的评论信息。

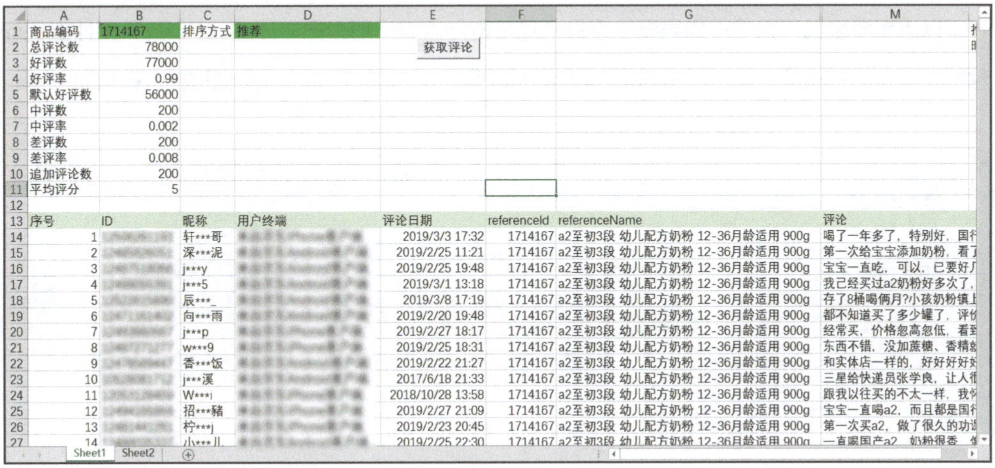

图 4-5-8

4.6　抽凭工具的使用

　　笔者在做第一个年报的时候，遇到的第一个困难就是抽凭。当时自己不太懂，每做一个科目就跑去抽这个科目的凭证，浪费很多时间。之后，同事说："你可以把所有科目都做完了，再一起做抽凭，这样会节约时间。"整个过程是把每个科目底稿里的抽凭表粘出来，然后按时间排序，去掉重复的凭证，检查完凭证、填写好附件信息后，把附件信息填写到对应的底稿里面。此时按照时间排序后，数据就不能对应到每个底稿的抽凭表了。这对于一个新人来讲实在是太复杂了。

笔者依据审计书中讲解的抽样方法自己用 Excel VBA 做了一个抽凭的工具，解决了难题。该工具包含了 PPS 抽样、分层抽样、随机抽样、自动汇总所有科目凭证信息、自动去重排序、附件信息自动匹配到对应科目。还可以实现所有项目组成员抽凭信息汇总去重，并将抽凭填写的附件信息自动匹配到各个项目组成员。

属性统计抽样

我们做控制测试的时候会进行随机抽样，此时会遇到两种情况：一种是抽样的单据是附在凭证后面的，即抽取凭证；一种是抽样的单据不是附在凭证后面，即单独抽取单据的编号。

凭证抽样

以人事薪酬循环为例：如果要检查每个月工资计算表，那么把总体的 12 个月薪酬计提凭证粘贴到图 4-6-1 所示区域，在样本规模参数中填写 "3"，然后单击 "凭证抽样" 按钮。

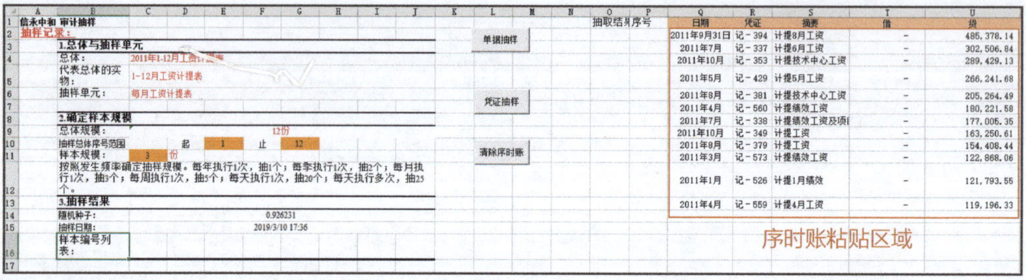

图 4-6-1

如图 4-6-2 所示，在随机抽出的凭证前打上 "√"，并弹出对话框 "抽凭完毕，已抽凭证已推送至 Sheet2"。这个时候这三笔凭证就在新建的 Sheet2 里了，我们可以把 Sheet2 重新按科目 "薪酬循环" 来命名。有了附件信息后，可以把这个表的内容直接粘贴到薪酬循环的底稿里。

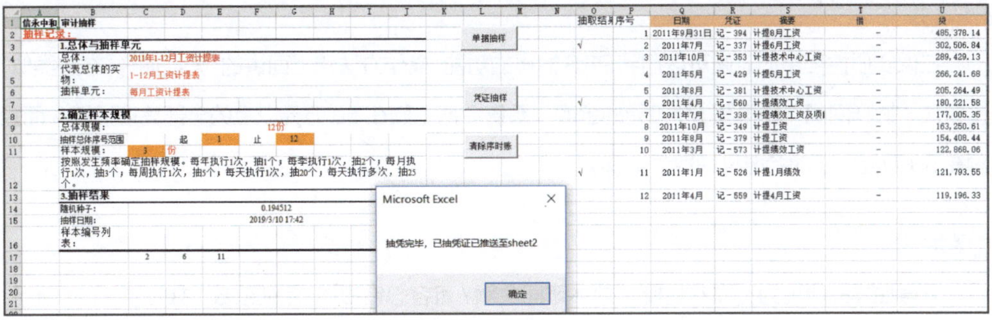

图 4-6-2

单据抽样

我们以检查新入职员工手续（入职申请表、劳动合同等）为例进行讲解，如图 4-6-3 所示。假如新入职了 50 个员工，需要抽取 6 个样本。

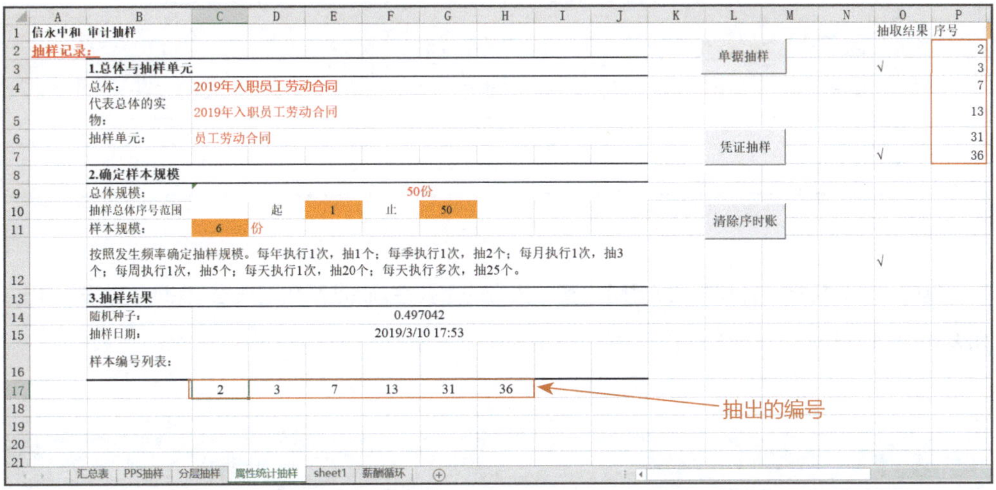

图 4-6-3

我们在三个橙色框里填写起、止编号及样本规模，然后单击"单据抽样"按钮。系统随机抽取了 6 个样本编号。如果编号是按照 HT001~HT100 这样的格式组成的，那么我们可以利用"凭证抽样"的功能，直接在 R 列（"凭证"）拉出 HT001~HT100 的序列，然后单击"凭证抽样"按钮，即可随机抽选出合同编号。

PPS 抽样

在做实质性程序的时候可以用到 PPS 抽样的功能。操作方法和上面讲的"凭证抽样"方法类似，比如在"抽样间隔"中填写 50 万元的金额，系统会把金额在 50 万元以上的全部凭证抽取，而金额在 50 万元以下的会随机抽取。

分层抽样

分层抽样的原理为：样本规模 = 总体账面金额 / 可容忍错报 × 保证系数。如图 4-6-4 所示，我们只需要填写标黄的三个参数"可容忍错报、保证系数、设定分层数量"即可。

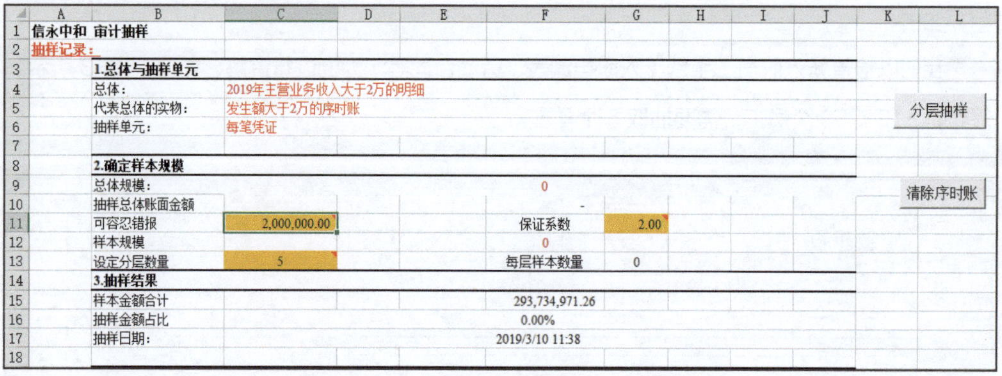

图 4-6-4

其中可容忍错报 = 计划阶段 ASM 中实际执行的重要性。保证系数则根据"保证系数表"得出，如表 4-6-1 所示。

表 4-6-1

重大错报风险	实质分析性程序的检查风险			
	高	中	低	极低
高	3	2.4	2	1.2
中	2.4	2	1.2	0.7
低	2	1.2	0.7	0.5
极低	1.2	0.7	0.5	0

分层数量根据总体的变异性设置（系统里最多不超过 20 层）。然后把代表总体的凭证序时

账粘贴到工作表中。需要注意的是凭证金额不能为负数，并且总体仅能全部是借方或全部是贷方，也就是说不能既有借方凭证，又有贷方凭证。在粘粘区域内，单击鼠标右键在弹出的菜单中选择删除该凭证，如果有负数凭证，则双击鼠标左键即可删除该行凭证，并把该凭证单独推送到"负数凭证工作表"。处理完成后，单击"分层抽样"按钮。抽取出来的凭证前面会被打钩，并单独推送到一个工作表。同时每个凭证后面会显示出是属于第几层样本的。

特定选样

在项目中如果审计师不想用上面讲的抽样方法，那么可以根据经验选择样本，再利用这个工具的汇总功能即可。比如，做"货币资金""管理费用""财务费用"三个科目。如图 4-6-5 所示，在"汇总表"里面单击"新建工作表"按钮，在弹出的文本框中填写新建工作表的数量。在新生成的抽凭表里，手动粘贴好要抽凭的序时账。

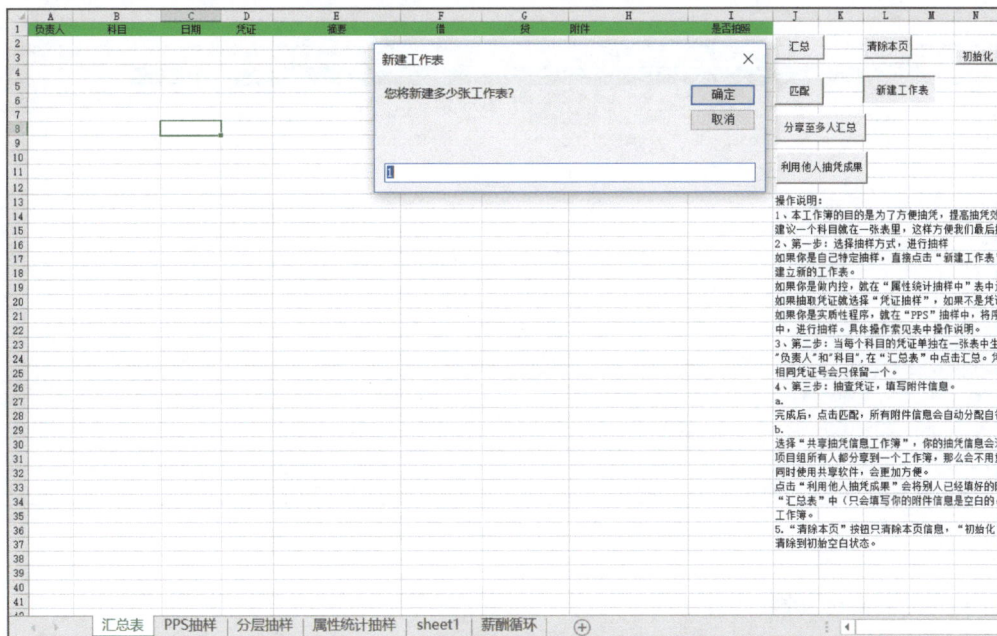

图 4-6-5

汇总及匹配信息

通过上面的步骤可以把自己要做的所有底稿的凭证抽出来了，现在我们想把这些凭证合在一个表里，按照时间顺序去检查凭证。如图 4-6-6 所示，在"汇总表"里单击"汇总"按钮，所有科目的凭证就出来了。同时在单个抽凭表里，如果"是否拍照"那栏填写了索引号 U2000-1，则也会汇总过来并标黄。如果填写的"是"，则会在"是否拍照"那栏显示凭证号并标黄。

负责人	科目	日期	凭证	摘要	借	贷	附件	是否拍照
	薪酬循环	2011/1/31	记-526	计提1月绩效	-	121,793.55	附件信息-1	
	管理费用	2011/2/28	记-12	报销会务费	20,134.00	-	附件信息-2	U2000-1
	管理费用	2011/4/30	记-131	业务费	10,775.00	-	附件信息-3	
	薪酬循环	2011/4/30	记-560	计提绩效工资		180,221.58	附件信息-4	
	管理费用	2011/6/30	记-141	冲帐：XXX报销业务费	10,998.40	-	附件信息-5	
	管理费用	2011/6/30	记-285	冲帐：XXX报销业务费	12,662.00	-	附件信息-6	
	管理费用	2011/6/30	记-85	XXX有限公司餐费	17,076.00	-	附件信息-7	
	薪酬循环	2011/7/31	记-337	计提6月工资		302,506.84	附件信息-8	E1000-1
	销售费用	2011/8/31	记-408	XXX有限公司	152,287.00	-	附件信息-9	11-8-记-408
	管理费用	2011/8/31	记-94	XXX有限公司餐费	18,534.00	-	附件信息-10	
	销售费用	2011/10/31	记-394	XXX有限公司	138,515.00	-	附件信息-11	U1000-2
	管理费用	2011年9月31日	记-122	XXX有限公司餐费	15,178.00	-	附件信息-12	
	销售费用	2011年9月31日	记-418	XXX代理有限公司8月费用	191,550.00	-	附件信息-13	U1000-1

按钮：汇总　清除本页　初始化　匹配　新建工作表　分享至多人汇总　利用他人抽凭成果

图 4-6-6

接着检查凭证，在汇总表"附件"一栏填写要检查凭证的附件信息。检查完成后，在"附件"一栏填写对应凭证后面的附件内容，单击"匹配"按钮。如图 4-6-7 所示，汇总表中的附件信息并匹配到单个科目的抽凭表中，这样可以把表里信息粘贴到底稿里，不用再二次操作。

负责人	科目	日期	凭证	摘要	借	贷	附件	是否拍照
	销售费用	011年9月31日	记-418	XXX代理有限公司8月费用	191,550.00		附件信息-13	U1000-1
	销售费用	2011年8月	记-408	XXX代理有限公司	152,287.00		附件信息-9	是
	销售费用	2011年10月	记-394	XXX代理公司	138,515.00		附件信息-11	U1000-2

工作表标签：汇总表　PPS抽样　分层抽样　属性统计抽样　sheet1　薪酬循环　管理费用　销售费用

图 4-6-7

项目组共享抽凭信息

有的审计师会将抽凭信息的工作交给实习生完成，这样会让实习生抽很多重复的凭证，同时也可能来回翻很多次 1 月到 12 月的凭证。更高效的方法是建立共享文件夹，通过单击抽凭工具中的"分享至多人汇总"按钮，把信息传输到共享文件夹里，生成"共享抽凭信息 .xlsm"文件，即汇总项目组成员所有抽凭信息。等实习生填写好附件后，单击"利用他人抽凭成果"按钮，即可将抽凭信息匹配到自己的抽凭模板中。

4.7　底稿复核工具的使用

目前内资所用的审计软件协同功能做得并不好，在审计软件中项目经理复核底稿，针对底稿存在的问题给出复核意见会比较麻烦。所以很多项目经理还是习惯在 Excel 工作簿中写复核意见。如图 4-7-1 所示，一个科目一张表记录复核的底稿存在的问题，当然在每个科目的工作表中直接截图说明存在的问题，对于复核人和负责该科目的同事都比较直观、方便。

图 4-7-1

但是每次复核，项目经理会觉得有两个地方比较麻烦：1.新建表并以科目名称命名麻烦。2.目录和单个表之间相互建立链接麻烦。因此，这个工具主要解决这两个问题。

批量生成表页

如图4-7-1所示，在B列填写好科目名称后，单击"生成表页"按钮，自动新建所有科目的表页。

目录与工作表相互链接

在"目录"表中双击 B 列的科目名称，如：双击"科目名称"，即可跳转到"拆出资金"表。在每个科目的表中，用鼠标左键双击"A1"单元格，又跳转回"目录"表。这样就实现了从"目录"表到对应科目的工作表之间的相互跳转了。

新增表页

如果批量添加完科目后或者在复核的过程中，发现还有几个科目没有添加进来，那么只需要在"目录"中写好科目名称，用鼠标左键双击旁边 A 列单元格，即可新建出对应科目的表。

如果你在平时复核底稿时也是这样使用工作簿的，那么可以使用这个小工具。

4.8　固定资产折旧与无形资产摊销公式

在固定资产和无形资产科目中测试本期计提的折旧和摊销金额是必备的审计程序，实际上这个算法从会计上讲十分简单，就是用月折旧额 × 计提的月份数就可以计算得出结果。因此很少有人会去关注 Excel 的公式是怎么写的，很多人是拿别的底稿里固有的公式粘数。

当你研究别人的公式时，就会发现写了一大堆 IF 嵌套语句，让人难以理解，有的甚至还有逻辑漏洞。所以在 Excel 公式中使用大量 IF 嵌套语句是十分不明智的做法，阅读性和可修改性都很差。

笔者之前做过一家企业，固定资产卡片里有几千万行记录，一年折旧的折旧额就有 2 亿多元，这样的测算只有利用数据库完成，只要能写出逻辑，在数据库里测算和用 Excel 公式测算差别并不大。

这里我们就利用 Max、Min、Edate、Month、Year 五个函数在 Excel 中写出了完整的固定资产折旧公式。只需要计算出计提月份数就可以了，因为月折旧额非常简单。其中对于 Edate 函数大家可能会比较陌生，其语法结构是 Edate(start_date,months)，功能是计算某个日期前后指定月数的日期。计算公式如下所示：

折旧月份数 =Min(审计截止日，折旧截止日)−Max(审计开始日，购进日 +1)+1

审计开始日、审计截止日：代表审计期间，比如审计时间是 2018 年，那么审计开始日就是 2018-1-1，审计截止日就是 2018-12-31。

折旧截止日：根据购进日和使用寿命推出的资产停止折旧的日期。

我们看上面的公式，要计算折旧月份数实际只需要用本期折旧结束的时间 - 本期折旧开始的时间 +1 即可，那么问题就转化为分别求本期折旧结束的时间和折旧开始的时间。Min（审计截止日，折旧截止日），本期折旧结束的时间就是审计截止日和折旧截止日中较小的一个。Max（审计开始日，购进日 +1），本期折旧开始的时间就是审计开始日和购进日 +1（因为固定资产是下月计提折旧）中较大的一个。

公式中 Min（审计截止日，折旧截止日）即本期折旧结束的时间，MAX(D3,EDATE(F3,1)) 就是 Max（审计开始日，购进日 +1) 即本期折旧开始的时间。我们对这两个时间的 Month 的差和 Year 的差乘以 12 再加上 1，就得到了这两个时间的间隔应计提的月份数。

fx	=MAX(0,MONTH(MIN(EDATE(F3,I3),E3))-MONTH(MAX(D3,EDATE(F3,1)))+(YEAR(MIN(EDATE(F3,I3),E3))-YEAR(MAX(D3,EDATE(F3,1))))*12+1)												
	A	B	C	D	E	F	G	H	I	J	K	L	M	N
1					基础信息							本期折旧		
2	序号	固定资产名称	规格型号	审计开始日	审计截止日	购入年月	原值(元)	残值率(%)	折旧年限(月)	残值	本期折旧期间(月)	本期测算折旧	本期已提折旧	差　额
3	1	视频终端	电子设备	2018/1/1	2018/12/31	2013/10/28	33,800.00	5%	60.00	1,690.00	10.00	5,351.67	5,351.67	-

图 4-8-1

=MAX(0,MONTH(MIN(EDATE(F3,I3),E3))-MONTH(MAX(D3,EDATE(F3,1)))+(YEAR(MIN(EDATE(F3,I3),E3))-YEAR(MAX(D3,EDATE(F3,1))))*12+1)

（注：最外一层 MAX(0, 公式) 代表的含意是若计算出应计提的月份数 <0，则取值为 0）

无形资产与固定资产的区别仅仅是购进日当月就要开始摊销。同样的无形资产的摊销（这里还是用折旧表示）月份数公式为：

折旧月份数 =Min（审计截止日）-Max（审计开始日，购进日)+1

利用上面讲的公式我们没有把审计期间在公式中固化，而是作为一个参数。通过改变审计开始日和审计截止日两个参数，可以计算任意一个区间应计提的折旧额。

第5章

结论和报告阶段

5.1　现金流量表的编制

现金流量表一般是大部分审计人员入行以后遇到的最大的门槛。对理解其内涵的老手可以很快找到数据差异原因。但是对于新人来说，由于缺乏对现金流量表整体的理解，在遇到数据差异时往往不知道从哪里下手。

要理解现金流量表的编制就要了解资产负债表、利润表、现金流量表这几个报表科目间的逻辑关系。

现金流量表的编制主要分为记账凭证法与公式法。

记账凭证法是对企业与银行存款和库存现金所有相关的会计凭证进行现金流量科目的分类，然后再按对应的现金流量科目进行汇总得到现金流量表的过程。目前的财务软件和大部分审计软件的现金流量表编制都是运用的此类方法。财务软件相关凭证归属的现金流量科目分类一般是由企业会计录入凭证时手动维护和选择的，每一笔对应的现金流量都能找到相应的明细数据。审计软件中对现金流量表的生成是通过对凭证的对方科目自动分析再进行现金流量表科目的归集实现的，然后对部分未自动分类或分类不准的凭证，通过人为识别摘要等手工进行调整。

公式法是审计人员用于验证企业编制的现金流量表时使用较多的方法。主要是利用"资产 ＝ 负债 ＋ 所有者权益"这一会计恒等式的衍生公式，对资产负债表、利润表数据进行分类与汇总，进而推导出现金流量表中各项流入或流出事项的金额。公式推导过程如下：

1. 现金 ＋ 非现金资产 ＝ 负债 ＋ 所有者权益

2. 期初现金 ＋ 期初非现金资产 ＝ 期初负债 ＋ 期初所有者权益

3. 期末现金 ＋ 期末非现金资产 ＝ 期末负债 ＋ 期末所有者权益

4. 现金（期末－期初）＋非现金资产（期末－期初）＝负债（期末－期初）＋所有者权益（期末－期初）

5. 现金（收到－支出）＝负债（期末－期初）－非现金资产（期末－期初）＋股本（期末－期初）＋本年利润

得出此公式后，需要做的就是对负债、资产、股本、利润按照对应现金流量表科目进行分类汇总。我们用表 5-1-1 来说明这个分类过程。

表 5-1-1

资产负债表 & 利润表	期末	期初	变动金额	变动金额按现金流量进行分类		
				经营活动	投资活动	筹资活动
现金	106	84	22			
应收账款	1124	1300	−176	−176		
应付账款	−305	−400	95	95		
固定资产	20	16	4		4	
实收资本	−200	−150	−50			−50
年初末分配利润	−535	−335				
收入	−400		−400	−400		
成本	190		190	190		
合计	−	515.00	−315.00	291.00	−4.00	50.00

将非现金资产、负债、股本的变动金额与本年利润设置为现金流量表的三大活动类别：经营活动、投资活动、筹资活动。然后进行相应的汇总，即可得到现金流量表中经营活动、投资活动、筹资活动的净现金流量。要想得出现金流量表的的结果，还需对其进行进一步的细分，如表 5-1-2 所示。如经营活动，需要进一步细分为"销售商品、提供劳务收到的现金""购买商品、接受劳务支付的现金"。然后进行汇总即可得到现金流量金额。如果是其他经营活动、其他筹资活动、其他投资活动等，那么还要进一步细分为对应的三级明细如"收到关联单位往来款"等，以便统计和披露。

表 5-1-2

资产负债表 & 利润表	期末	期初	变动金额	变动金额按现金流量进行分类			
				经营活动		投资活动	筹资活动
				销售商品、提供劳务收到的现金	购买商品、接受劳务支付的现金		
现金	106	84	22				
应收账款	1124	1300	−176	−176			
应付账款	−305	−400	95		85	10	
固定资产	20	16	4			4	
实收资本	−200	−150	−50				−50
年初未分配利润	−535	−335					
收入	−400		−400	−400			
成本	190		190		190		
合计	−	515.00	−315.00	576.00	−285.00	−14.00	50.00

笔者曾在一本会计书上读到一段话:"Accounting is defined by the American Institute of Certified Public Accountants (AICPA) as the art of recording,classifying,and summarizing …"(简而言之,会计是一门记录、分类、汇总的艺术。)工作几年以后再回头看这段话,更觉得这段话概括了很多会计行业、审计行业的工作,包括我们编制的现金流量表,也不过是一种对非现金资产、负债、股本的变动金额与本年利润的记录、分类和汇总的过程罢了。

原理说明白很容易,可是要想编好现金流量表依然很难。因为涉及会计科目、交易的实质、行业背景、监管和披露要求,在面对不同的被审计单位时会存在较大的差异。作者整理了一些常见的会计科目的对应现金流量的分类方法。以资产负债表与利润表会计科目为出发点,收集各个科目遇到的各种现金流量表分类的常见情况。

此方法的价值在于,将现金流量表的编制变成了一个可学习、积累和记录的过程。对于新人而言,现场负责人只需要叮嘱其对自己负责范围的会计科目进行分类。新人可以通过表 5-1-3 检索自己负责科目相关的现金流量表分类的注意事项。然后对自己负责的会计科目变动金额进行现金流量表分类。现场负责人只需要收集整理各科目的现金流量分类数据并进行汇总、复核，即可获得被审计单位的现金流量情况。新人在编制实质性底稿的过程中，可以逐步了解和掌握各个科目的现金流量的分类。当新人成长为现场负责人或需要独立完成 TB（Trial Balance，试算平衡表）与现金流量表时，就基本了解所有会计科目的现金流量的分类了。随着工作时间增加，表 5-1-3 会不断地更新迭代。

表 5-1-3

资产负债表与利润表项目	分类依据	增减	现金流量表项目	其他活动二级明细	对补充资料的影响
货币资金	票据到期承兑时票据保证金直接用于支付应付票据的票据保证金	本期增加（减少）	购买商品、接受劳务支付的现金		现金的期初余额、现金的期末余额、经营性应收项目的减少
货币资金	票据到期承兑时保证金退回一般户，再从指定账户扣除应付票据票面金额支付给供应商的票据保证金	本期增加（减少）	收到（支付）其他与筹资活动有关的现金	票据保证金	现金的期初余额、现金的期末余额、经营性应收项目的减少
货币资金	投标项目与履约合同判定是属于经营活动相关（主营业务收入、相关货物和劳务采购）的履约保证金或保函保证金	本期增加（减少）	收到（支付）其他与经营活动有关的现金	押金及保证金	现金的期初余额、现金的期末余额、经营性应收项目的减少
货币资金	出口贸易购买套期保值工具的远期结汇保证金	本期增加（减少）	销售商品、提供劳务收到的现金		现金的期初余额、现金的期末余额、经营性应收项目的减少
货币资金	一般该科目归属分类	期初余额、期末余额	现金的期初余额、现金的期末余额		
以公允价值计量且其变动计入当期损益的金融资产	购入成本	本期增加	投资支付的现金		
以公允价值计量且其变动计入当期损益的金融资产	变现收回	本期减少	收回投资收到的现金		

资产负债表与 利润表项目	分类依据	增减	现金流量表 项目	其他活动 二级明细	对补充资料 的影响
以公允价值计量且 其变动计入当期损 益的金融资产	一般该科目归属分类 （应为本科目的本期公 允价值变动，或者与以 公允价值计量且其变动 计入当期损益的金融负 债重分类）	本期增加	取得投资收益收 到的现金		
应收票据	应收票据背书转让支付 应付货款	本期减少	购买商品、接受 劳务支付的现金		
应收票据	用票据支付购买固定资 产款	本期减少	购建固定资产、 无形资产和其他 长期资产支付的 现金		经营性应收项目 的减少
应收票据	购入应收票据等投资 活动	本期增加	支付其他与投资 活动有关的现金	现金购买票据	经营性应收项目 的减少
应收票据	不具有真实交易背景且 贴现后终止确认的票据 贴现（应作为筹资性活 动）	本期减少	收到其他与筹资 活动有关的现金	票据贴现	经营性应收项目 的减少
应收票据	票据贴现	本期减少	销售商品、提供 劳务收到的现金		
应收票据	一般该科目归属分类	本期减少	销售商品、提供 劳务收到的现金		
应收账款	应收账款抵付应付账款	本期减少	购买商品、接受 劳务支付的现金		
应收账款	一般该科目归属分类	本期减少	销售商品、提供 劳务收到的现金		
预付款项	预付费用款（销售、管 理、研发）	本期增加	支付其他与经营 活动有关的现金	销售、管理、 研发费用	
预付款项	一般该科目归属分类	本期增加	购买商品、接受 劳务支付的现金		
应收利息	一般该科目归属分类	本期减少	取得投资收益收 到的现金		
应收股利	一般该科目归属分类	本期减少	取得投资收益收 到的现金		

资产负债表与利润表项目	分类依据	增减	现金流量表项目	其他活动二级明细	对补充资料的影响
其他应收款	应收固定资产、无形资产处置款	本期减少	处置固定资产、无形资产和其他长期资产收回的现金净额		经营性应收项目的减少
其他应收款	应收出口退税	本期减少	收到的税费返还		
其他应收款	应收定额的政府补助本期（其他税收返还）	本期减少	收到的税费返还		
其他应收款	应收定额的政府补助本期（非税收返还性质的）	本期减少	收到其他与经营活动有关的现金	政府补助	
其他应收款	预付销售、管理、研发费用（包含对应部门的备用金借款）	本期增加	支付其他与经营活动有关的现金	销售、管理、研发费用	
其他应收款	预付制造费用、材料款（包含对应部门的备用金借款）	本期增加	购买商品、接受劳务支付的现金		
其他应收款	员工因私个人借款（私人用途，借备用金按部分划分为对应的预付费用）	本期增加（减少）	支付（收到）其他与经营活动有关的现金	员工因私借款	
其他应收款	一般该科目归属分类	本期增加（减少）	支付（收到）其他与经营活动有关的现金		
存货跌价准备	随存货销售而转出	本期减少	购买商品、接受劳务支付的现金		存货的减少
存货	一般该科目归属分类	本期增加	购买商品、接受劳务支付的现金		
代理业务资产	一般该科目归属分类	本期增加	支付其他与经营活动有关的现金		
其他流动资产	理财产品、结构性存款	本期增加	收到（支付）其他与投资活动有关的现金	理财产品	经营性应收项目的减少
其他流动资产	一般该科目归属分类（应交税费（红字）重分类到本科目）	本期增加	支付的各项税费		

资产负债表与利润表项目	分类依据	增减	现金流量表项目	其他活动二级明细	对补充资料的影响
其他流动资产	对外投资	本期增加	投资支付的现金		经营性应收项目的减少
其他流动资产	对外投资	本期减少	收回投资收到的现金		经营性应收项目的减少
划分为持有待售的资产	本期处置而转出	本期减少	处置固定资产、无形资产和其他长期资产收回的现金净额		
持有待售资产	一般该科目归属分类	本期增加	投资支付的现金		
划分为持有待售的资产	一般该科目归属分类	本期增加	购建固定资产、无形资产和其他长期资产支付的现金		
可供出售金融资产	购入（成本加减利息调整，不包括重分类）	本期增加	投资支付的现金		
可供出售金融资产	处置（不包括核销）	本期减少	收回投资收到的现金		
可供出售金融资产	核销	本期减少	取得投资收益收到的现金		
可供出售金融资产减值准备	收回投资而转出	本期减少	收回投资收到的现金		
可供出售金融资产	一般该科目归属分类	本期减少	取得投资收益收到的现金		
持有至到期投资	购入（成本加减利息调整，不包括重分类）	本期增加	投资支付的现金		
持有至到期投资	到期收回或处置（不包括核销）	本期减少	收回投资收到的现金		
持有至到期投资	核销	本期减少	取得投资收益收到的现金		
持有至到期投资减值准备	收回投资而转出	本期减少	收回投资收到的现金		
持有至到期投资减值准备	重分类至可供出售金融资产因以公允价值计量而转出	本期减少	取得投资收益收到的现金		

续表

资产负债表与利润表项目	分类依据	增减	现金流量表项目	其他活动二级明细	对补充资料的影响
持有至到期投资	一般该科目归属分类	本期减少	取得投资收益收到的现金		
长期应收款	具有融资性质的分期收款销售确认收入本期应收净增加	本期增加	销售商品、提供劳务收到的现金		经营性应收项目的减少
长期应收款	融资租出固定资产业务初始发生（不包括初始直接费用）	本期增加	购建固定资产、无形资产和其他长期资产支付的现金		
长期应收款	收回的融资租出固定资产款项	本期减少	收到其他与投资活动有关的现金	融资租赁	
长期应收款	承担子公司超额亏损（对应计入投资收益）	本期减少	取得投资收益收到的现金		
长期应收款	承担子公司超额亏损形成的长期应收款随子公司处置而转销	本期减少	处置子公司及其他营业单位收到的现金净额		
长期应收款	一般该科目归属分类（内部往来款项）	本期增加	支付其他与经营活动有关的现金		经营性应收项目的减少
长期股权投资	购买控股子公司	本期增加	取得子公司及其他营业单位支付的现金净额		
长期股权投资	其他付现投资	本期增加	投资支付的现金		
长期股权投资	权益法下初始投资小于应享有被投资单位可辨认净资产公允价值部分	本期增加	取得投资收益收到的现金		
长期股权投资	出售控股子公司	本期减少	处置子公司及其他营业单位收到的现金净额		
长期股权投资	其他转让、收回	本期减少	收回投资收到的现金		
长期股权投资减值准备	处置长期股权投资（现金流量表中属于处置子公司及其他营业单位的）时转出的减值准备	本期减少	处置子公司及其他营业单位收到的现金净额		

资产负债表与 利润表项目	分类依据	增减	现金流量表 项目	其他活动 二级明细	对补充资料 的影响
长期股权投资减值 准备	处置长期股权投资（其他）时转出的减值准备	本期减少	收回投资收到的 现金		
长期股权投资	一般该科目归属分类	本期减少	取得投资收益收到的现金		
投资性房地产	处置转出原值	本期减少	处置固定资产、无形资产和其他长期资产收回的现金净额		
投资性房地产累计折旧（摊销）	处置而转出	本期减少	处置固定资产、无形资产和其他长期资产收回的现金净额		
投资性房地产累计折旧（摊销）	本期计提的投资性房地产累计折旧（摊销）—计入成本	本期增加	购买商品、接受劳务支付的现金		
投资性房地产累计折旧（摊销）	本期计提的投资性房地产累计折旧（摊销）—计入费用	本期增加	支付其他与经营活动有关的现金		
投资性房地产减值 准备	因投资性房地产处置而转出	本期减少	处置固定资产、无形资产和其他长期资产收回的现金净额		
投资性房地产	一般该科目归属分类	本期增加	购建固定资产、无形资产和其他长期资产支付的现金		
未实现融资收益	递延销售方式分期收款确认收入时的贷方发生额	本期增加	销售商品、提供劳务收到的现金		
未实现融资收益	融资租赁业务初始发生	本期增加	购建固定资产、无形资产和其他长期资产支付的现金		
固定资产	融资租入的固定资产增加	本期增加	支付其他与筹资活动有关的现金		

资产负债表与利润表项目	分类依据	增减	现金流量表项目	其他活动二级明细	对补充资料的影响
固定资产	盘亏、出售、报废、毁损净额（盘盈用负数表示）	本期减少	处置固定资产、无形资产和其他长期资产收回的现金净额		
累计折旧	计入制造费用、生产成本、其他业务成本等成本类项目	本期增加	购买商品、接受劳务支付的现金		
累计折旧	计入销售费用、管理费用、研发支出	本期增加	支付其他与经营活动有关的现金	管理、销售	
累计折旧	盘亏、出售、报废、毁损而转出	本期减少	处置固定资产、无形资产和其他长期资产收回的现金净额		
固定资产减值准备	盘亏、出售、报废、毁损而转出	本期减少	处置固定资产、无形资产和其他长期资产收回的现金净额		
固定资产	一般该科目归属分类	本期增加	购建固定资产、无形资产和其他长期资产支付的现金		
在建工程	本期资本化利息	本期增加	分配股利、利润或偿付利息支付的现金		
在建工程	融资租入增加	本期增加	支付其他与筹资活动有关的现金		
在建工程	试车产品冲减在建工程	本期减少	购买商品、接受劳务支付的现金		
在建工程	报损等其他转出	本期减少	处置固定资产、无形资产和其他长期资产收回的现金净额		
在建工程减值准备	因处置而相应转出	本期减少	处置固定资产、无形资产和其他长期资产收回的现金净额		

资产负债表与利润表项目	分类依据	增减	现金流量表项目	其他活动二级明细	对补充资料的影响
在建工程	一般该科目归属分类	本期增加	购建固定资产、无形资产和其他长期资产支付的现金		
工程物资	一般该科目归属分类	本期增加	购建固定资产、无形资产和其他长期资产支付的现金		
固定资产清理	一般该科目归属分类	本期减少	处置固定资产、无形资产和其他长期资产收回的现金净额		
无形资产	处置转出原值	本期减少	处置固定资产、无形资产和其他长期资产收回的现金净额		
累计摊销	无形资产摊销（计入期间费用部分）	本期增加	支付其他与经营活动有关的现金		
累计摊销	无形资产摊销（计入成本部分，检查两项合计是否已完整包括所有计提的累计折旧，否则可能对主表和补充资料的该项调整有影响）	本期增加	购买商品、接受劳务支付的现金		
累计摊销	因处置无形资产而相应转出	本期减少	处置固定资产、无形资产和其他长期资产收回的现金净额		
无形资产减值准备	因处置无形资产而相应转出	本期减少	处置固定资产、无形资产和其他长期资产收回的现金净额		
无形资产	一般该科目归属分类	本期增加	购建固定资产、无形资产和其他长期资产支付的现金		

资产负债表与利润表项目	分类依据	增减	现金流量表项目	其他活动二级明细	对补充资料的影响
开发支出	资本化利息	本期增加	分配股利、利润或偿付利息支付的现金		
开发支出	转入当期损益	本期减少	支付其他与经营活动有关的现金		
开发支出	一般该科目归属分类	本期增加	购建固定资产、无形资产和其他长期资产支付的现金		
生产性生物资产	一般该科目归属分类	本期增加	购建固定资产、无形资产和其他长期资产支付的现金		
油气资产	一般该科目归属分类	本期增加	购建固定资产、无形资产和其他长期资产支付的现金		
长期待摊费用原值	一般该科目归属分类	本期增加	购建固定资产、无形资产和其他长期资产支付的现金		
长期待摊费用摊销	本期摊销（计入成本）	本期减少	购买商品、接受劳务支付的现金		
长期待摊费用摊销	本期摊销（计入费用）	本期减少	支付其他与经营活动有关的现金		
递延所得税资产	一般该科目归属分类	本期增加	支付的各项税费		
其他非流动资产	一般该科目归属分类（通常为预付土地购置款等净增加）	本期增加	购建固定资产、无形资产和其他长期资产支付的现金		
短期借款	银行借款本金增加（如涉及外币借款，尽量按借款时利率折算）	本期增加	取得借款收到的现金		
短期借款	汇兑损益引起的短期借款增加（如影响金额较小可不填列）	本期增加	汇率变动对现金及现金等价物的影响		

资产负债表与利润表项目	分类依据	增减	现金流量表项目	其他活动二级明细	对补充资料的影响
短期借款	有追索权的债权保理所取得的借款	本期增加	收到其他与筹资活动有关的现金		
短期借款	一般该科目归属分类（应为本期归还的短期借款）	本期减少	偿还债务支付的现金		
以公允价值计量且其变动计入当期损益的金融负债	一般该科目归属分类（应为本科目的本期公允价值变动，或者与以公允价值计量且其变动计入当期损益的金融资产重分类）	本期增加	取得投资收益收到的现金		
应付票据	到期无力偿还而转入借款款项	本期减少	取得借款收到的现金		
应付票据	应付长期资产购置款	本期减少	购建固定资产、无形资产和其他长期资产支付的现金		
应付票据	一般该科目归属分类	本期减少	购买商品、接受劳务支付的现金		
应付账款	应付长期资产购置款	本期减少	购建固定资产、无形资产和其他长期资产支付的现金		经营性应付项目的增加
应付账款	应付不属于购买商品接受劳务的其他费用类款项（销售、管理、研发）	本期减少	支付其他与经营活动有关的现金	销售、管理、研发	
应付账款	一般该科目归属分类	本期减少	购买商品、接受劳务支付的现金		
预收款项	一般该科目归属分类	本期增加	销售商品、提供劳务收到的现金		
应付职工薪酬	在建工程人员的相关薪酬支出属于投资活动	本期增加	购建固定资产、无形资产和其他长期资产支付的现金		经营性应付项目的增加
应付职工薪酬	以存货发放福利或抵付职工薪酬部分	本期减少	购买商品、接受劳务支付的现金		

资产负债表与利润表项目	分类依据	增减	现金流量表项目	其他活动二级明细	对补充资料的影响
应付职工薪酬	一般该科目归属分类	本期减少	支付给职工及为职工支付的现金		
应交税费	增值税—本期销项税	本期销项税	销售商品、提供劳务收到的现金		
应交税费	增值税—本期购买商品、接受劳务进项税	本期购买商品、接受劳务进项税	购买商品、接受劳务支付的现金		
应交税费	增值税—本期购买固定资产进项税	本期购买固定资产进项税	购建固定资产、无形资产和其他长期资产支付的现金		经营性应付项目的增加
应交税费	增值税—本期购买费用相关进项税（销售、管理、研发）	本期购买费用相关进项税	支付其他与经营活动有关的现金	销售、管理、研发	
应交税费	增值税—进项税转出	进项税转出	购买商品、接受劳务支付的现金		
应交税费	增值税—出口退税	出口退税	收到的税费返还		
应交税费	代扣、代缴个人所得税（分配现金股利相关的个人所得税）	本期减少	分配股利、利润或偿付利息支付的现金		经营性应付项目的增加
应交税费	代扣、代缴个人所得税（正常薪酬的个税）	本期减少	支付给职工及为职工支付的现金		
应交税费	一般该科目归属分类	本期减少	支付的各项税费		
应付利息	一般该科目归属分类	本期减少	分配股利、利润或偿付利息支付的现金		
应付股利	一般该科目归属分类	本期减少	分配股利、利润或偿付利息支付的现金		
其他应付款	应付固定资产、无形资产及其他资产购置款	本期减少	购建固定资产、无形资产和其他长期资产支付的现金		经营性应付项目的增加

续表

资产负债表与利润表项目	分类依据	增减	现金流量表项目	其他活动二级明细	对补充资料的影响
其他应付款	外部单位往来款	本期增加（减少）	收到（支付）其他与经营活动有关的现金	外部单位往来款	
其他应付款	关联单位往来款	本期增加（减少）	收到（支付）其他与经营活动有关的现金	关联单位往来款	
其他应付款	内部单位往来款	本期增加（减少）	收到（支付）其他与经营活动有关的现金		
其他应付款	应付费用款（销售、管理、研发）	本期增加（减少）	收到（支付）其他与经营活动有关的现金		
其他应付款	应付成本款（材料、制费）	本期增加（减少）	收到（支付）其他与经营活动有关的现金		
其他应付款	应付投资款项	本期减少	投资支付的现金		经营性应付项目的增加
其他应付款	应付募股费用	本期减少	支付其他与筹资活动有关的现金		经营性应付项目的增加
其他应付款	售后回购资金融入方计提的利息	本期增加	分配股利、利润或偿付利息支付的现金		经营性应付项目的增加
其他应付款	一般该科目归属分类	本期增加（减少）	收到（支付）其他与经营活动有关的现金		
代理业务负债	一般该科目归属分类	本期减少	收到其他与经营活动有关的现金		
一年内到期的非流动负债、长期借款	一年内到期的非流动负债、长期借款本金（如涉及外币借款，尽量按借款时利率折算）	本期增加	取得借款收到的现金		
一年内到期的非流动负债、长期借款	借款利息调整明细（含1年内到期的长期借款）	本期减少	分配股利、利润或偿付利息支付的现金		

资产负债表与利润表项目	分类依据	增减	现金流量表项目	其他活动二级明细	对补充资料的影响
一年内到期的非流动负债、长期借款	汇兑损益引起的长期借款增加（如影响金额较小可不填列）	本期增加	汇率变动对现金及现金等价物的影响		
一年内到期的非流动负债/长期负债	一般该科目归属分类（已于一年内到期的非流动负债用户使用，注意与一年内到期的非流动负债合并后通常应为偿还债务金额）	本期减少	偿还债务支付的现金		
其他流动负债	发行短期融资券收到的现金	本期增加	发行债券收到的现金		
其他流动负债	归还短期融资券等	本期减少	偿还债务支付的现金		
其他流动负债	一般该科目归属分类	本期增加	收到其他与经营活动有关的现金		
长期应付职工薪酬	一般该科目归属分类	本期减少	支付给职工及为职工支付的现金		
递延收益	收到的财政贴息（减少冲抵利息支出）	本期增加	收到其他与筹资活动有关的现金		
递延收益	收到的财政贴息（减少冲抵利息支出）	本期减少	分配股利、利润或偿付利息支付的现金		
递延收益	收到除税收返还和财政贴息之外的资产相关的政府补助	本期增加	收到其他与投资活动有关的现金		
递延收益	一般该科目归属分类（通常为收到收益相关政府补助）	本期增加	收到其他与经营活动有关的现金		
应付债券	本期发行债券面值加、减利息调整（发行债券收到的借款注意要以扣除发行费用后实际收到的净额列示）	本期增加	发行债券收到的现金		
应付债券	发行后的利息调整及应计利息净增加额	本期增加	分配股利、利润或偿付利息支付的现金		

续表

资产负债表与 利润表项目	分类依据	增减	现金流量表 项目	其他活动 二级明细	对补充资料 的影响
应付债券	一般该科目归属分类 （应为本期归还的应付 债券，要考虑"利息调 整"，以实际支付的净 额列示）	本期减少	偿还债务支付的 现金		
长期应付款	应付融资租赁设备款和 应付递延设备款	本期减少	支付其他与筹资 活动有关的现金		
长期应付款	一般该科目归属分类	本期减少	购建固定资产、 无形资产和其他 长期资产支付的 现金		
未确认融资费用	融资租入固定资产时初 次确认的未确认融资费 用	本期增加	支付其他与筹资 活动有关的现金		
未确认融资费用	递延付款采购资产时初 次确认的未确认融资费 用	本期增加	支付其他与筹资 活动有关的现金		
未确认融资费用	融资租入固定资产或递 延付款采购后续计入财 务费用金额	本期减少	分配股利、利润 或偿付利息支付 的现金		
专项应付款	收到资本性拨款	本期增加	收到其他与筹资 活动有关的现金		
专项应付款	返还政府部分	本期减少	支付其他与筹资 活动有关的现金		
专项应付款	一般该科目归属分类 （通常应为本期减少转 入资本公积的金额）	本期增加	取得投资收益收 到的现金		
预计负债	固定资产弃置义务	本期增加	购建固定资产、 无形资产和其他 长期资产支付的 现金		
预计负债	因存在弃置义务而承担 的利息	本期增加	分配股利、利润 或偿付利息支付 的现金		

续表

资产负债表与利润表项目	分类依据	增减	现金流量表项目	其他活动二级明细	对补充资料的影响
预计负债	诉讼费用	本期增加	支付的其他与经营活动有关的现金		
预计负债	预提产品质量保证	本期增加	支付其他与经营活动有关的现金	销售费用	
预计负债	一般该科目归属分类	本期减少	支付其他与经营活动有关的现金		
递延所得税负债	一般该科目归属分类	本期减少	支付的各项税费		
其他非流动负债	一般该科目归属分类	本期增加	收到其他与经营活动有关的现金		
实收资本（股本）	可转换债券转换增加	本期增加	偿还债务支付的现金		
实收资本（股本）	其他股本增加（不含盈余公积和资本公积转增）	本期增加	吸收投资收到的现金		
实收资本（股本）	一般该科目归属分类	本期增加	吸收投资所收到的现金		
库存股	一般该科目归属分类（通常应为股份回购或减资）	本期减少	支付其他与筹资活动有关的现金		
资本公积	收现溢价增加（扣除与发行权益直接相关的交易费用）	本期增加	吸收投资收到的现金		
资本公积	资本公积转增股本	本期减少	吸收投资收到的现金		
资本公积	发行可转换债券计入的权益成分的公允价值	本期增加	吸收投资收到的现金		
资本公积	可转换债券转换时产生的溢价	本期增加	偿还债务支付的现金		
资本公积	同一控制下企业合并产生的资本公积净额	本期增加	取得子公司及其他营业单位支付的现金净额		
资本公积	以权益结算的股份支付换取职工服务的金额	本期增加	支付给职工及为职工支付的现金		其他

资产负债表与利润表项目	分类依据	增减	现金流量表项目	其他活动二级明细	对补充资料的影响
资本公积	以权益结算的股份支付换取职工以外其他方服务的金额	本期增加	购买商品、接受劳务支付的现金		其他
资本公积	以权益结算的股份支付行权时产生的股本溢价	本期增加	吸收投资收到的现金		
资本公积	以权益结算的股份支付行权时转销的其他资本公积	本期减少	吸收投资收到的现金		
资本公积	直接计入权益的所得税（含递延）	本期增加	支付的各项税费		
资本公积	国家扶持基金（先缴后返所得税）	本期增加	收到的税费返还		
资本公积	溢价收购自身股票而导致的减少	本期减少	支付其他与筹资活动有关的现金		
资本公积	处置长期股权投资时转出的资本公积	本期减少	收回投资收到的现金		
资本公积	一般该科目归属分类	本期增加	吸收投资所收到的现金		
专项储备	一般该科目归属分类（通常为本期计提的专项储备）	本期减少	购买商品、接受劳务支付的现金		
盈余公积	国家扶持基金（先缴后返部分）	本期增加	收到的税费返还		
盈余公积	盈余公积转增股本	本期减少	吸收投资收到的现金		
盈余公积	同一控制下企业合并所冲减的金额	本期减少	取得子公司及其他营业单位支付的现金净额		
盈余公积	一般该科目归属分类	本期减少	支付其他与筹资活动有关的现金		
其他权益工具	吸收投资	本期增加	吸收投资收到的现金		
营业收入	一般营业收入	本期发生	销售商品、提供劳务收到的现金		

资产负债表与利润表项目	分类依据	增减	现金流量表项目	其他活动二级明细	对补充资料的影响
营业收入	出售投资性房地产收入	本期发生	处置固定资产、无形资产和其他长期资产收回的现金净额		
营业收入	融资租出固定资产业务	本期发生	收到其他与投资活动有关的现金		
营业收入	经营性出租投资性房地产、固定资产、无形资产等	本期发生	收到其他与经营活动有关的现金		
营业成本	一般营业成本	本期发生	购买商品、接受劳务支付的现金		
营业成本	出售投资性房地产成本	本期发生	处置固定资产、无形资产和其他长期资产收回的现金净额		
营业成本	投资性活动成本，支付其他与投资活动有关的现金	本期发生	支付其他与投资活动有关的现金		
营业收入	一般该科目归属分类（不含固定资产/投资性房地产、租赁收入）	本期发生	销售商品、提供劳务收到的现金		
营业成本	一般该科目归属分类	本期发生	购买商品、接受劳务支付的现金		
营业税金及附加	一般该科目归属分类	本期发生	支付的各项税费		
销售、管理、研发费用	支付给职工的工资、福利和解约补偿，以及为职工支付的待业保险费、社会统筹支出、公积金、养老金、住房困难补助金等款项（含股份支付）	本期发生	支付给职工及为职工支付的现金		
销售、管理、研发费用	支付给职工以外单位和人员的劳务费用（含股份支付）	本期发生	购买商品、接受劳务支付的现金		
销售、管理、研发费用	存货盘亏减存货盘盈	本期发生	购买商品、接受劳务支付的现金		

资产负债表与 利润表项目	分类依据	增减	现金流量表 项目	其他活动 二级明细	对补充资料 的影响
销售、管理、研发费用	一般该科目归属分类	本期发生	支付其他与经营活动有关的现金		
财务费用	投资性的利息收入（理财产品、定期存款）	本期发生	收到其他与投资活动有关的现金		财务费用
财务费用	筹资性的利息收入（应付票据保证金利息收入）	本期发生	收到其他与筹资活动有关的现金		财务费用
财务费用	经营性利息收入（银行存款利息收入）	本期发生	收到其他与经营活动有关的现金		
财务费用	经营活动的票据贴现利息支出	本期发生	销售商品、提供劳务收到的现金		
财务费用	筹资性的应收票据贴现利息、无追索权保理或销售应收账款产生的利息、企业间资金拆借利息支出等	本期发生	支付其他与筹资活动有关的现金		
财务费用	其他利息支出	本期发生	分配股利、利润或偿付利息支付的现金		财务费用
财务费用	销售商品提供劳务产生的汇兑损益	本期发生	销售商品、提供劳务收到的现金		
财务费用	购买商品、接受劳务产生的汇兑损益	本期发生	购买商品、接受劳务支付的现金		
财务费用	购买长期资产产生的汇兑损益	本期发生	购建固定资产、无形资产和其他长期资产支付的现金		财务费用
财务费用	外币借款产生的汇兑损益	本期发生	取得借款收到的现金		财务费用
财务费用	其他汇兑损益	本期发生	汇率变动对现金及现金等价物的影响		财务费用
财务费用	一般该科目归属分类（通常剩余的为手续费）	本期发生	支付其他与经营活动有关的现金		财务费用

资产负债表与利润表项目	分类依据	增减	现金流量表项目	其他活动二级明细	对补充资料的影响
资产减值损失	可供出售金融资产因减值而将原计入资本公积的公允价值变动损失转出	本期发生	取得投资收益收到的现金		资产减值准备
资产减值损失	一般该科目归属分类（为计提的减值准备等）	本期发生	购建固定资产、无形资产和其他长期资产支付的现金		
公允价值变动损益	因公允价值变动而引起的投资性房地产增加	本期发生	购建固定资产、无形资产和其他长期资产支付的现金		
公允价值变动损益	因公允价值变动而引起的消耗性、生物性资产增加	本期发生	取得投资收益收到的现金		
公允价值变动损益	因处置投资性房地产而转入其他业务收入部分（收益转出为负数）	本期发生	处置固定资产、无形资产和其他长期资产收回的现金净额		
公允价值变动损益	存货、自用固定资产与投资性房地产互转账面价值小于公允价值部分	本期发生	购建固定资产、无形资产和其他长期资产支付的现金		
公允价值变动损益	现金结算的授予职工的股份支付当期公允价值减少金额（增加为负数）	本期发生	取得投资收益收到的现金		
公允价值变动损益	一般该科目归属分类	本期发生	取得投资收益收到的现金		
投资收益	处置以公允价值计量且其变动计入当期损益的金融资产、长期股权投资（不含子公司）、可供出售金融资产和持有至到期资产的净收益	本期发生	收回投资收到的现金		
投资收益	处置长期股权投资（子公司）的净收益	本期发生	处置子公司及其他营业单位收到的现金净额		

资产负债表与利润表项目	分类依据	增减	现金流量表项目	其他活动二级明细	对补充资料的影响
投资收益	处置投资性房地产时的其他综合收益转入增加本科目	本期发生	处置固定资产、无形资产和其他长期资产收回的现金净额		
投资收益	费用化的发行债券的发行费用（正数列示）	本期发生	发行债券收到的现金		
投资收益	购入以公允价值计量且其变动计入当期损益的金融资产发生的交易费用（正数列示）	本期发生	投资支付的现金		
投资收益	一般该科目归属分类	本期发生	取得投资收益收到的现金		
资产处置收益	处置固定资产、无形资产和其他长期资产的损益	本期发生	处置固定资产、无形资产和其他长期资产收回的现金净额		
营业外收入	固定资产等长期资产报废收益	本期发生	处置固定资产、无形资产和其他长期资产收回的现金净额		
营业外收入	收到税费返还政府补助	本期发生	收到的税费返还		
营业外收入	非同一控制下取得长期股权投资时产生的利得	本期发生	取得子公司及其他营业单位支付的现金净额		
营业外收入	融资租出的固定资产，公允价值大于账面价值部分	本期发生	购建固定资产、无形资产和其他长期资产支付的现金		
营业外收入	一般该科目归属分类	本期发生	收到其他与经营活动有关的现金		
营业外支出	固定资产等长期资产报废损失	本期发生	处置固定资产、无形资产和其他长期资产收回的现金净额		

资产负债表与利润表项目	分类依据	增减	现金流量表项目	其他活动二级明细	对补充资料的影响
营业外支出	资产核销损失（如实际核算在管理费用科目）	本期发生	购建固定资产、无形资产和其他长期资产支付的现金		
营业外支出	融资租出的固定资产，公允价值小于账面价值部分	本期发生	购建固定资产、无形资产和其他长期资产支付的现金		
营业外支出	一般该科目归属分类	本期发生	支付其他与经营活动有关的现金		
所得税费用	负数列式的本期收入，上期汇算清缴收到的所得税退回	本期发生	收到税费返还		
所得税费用	一般该科目归属分类	本期发生	支付的各项税费		
其他综合收益	重新计量设定受益计划净负债或净资产导致的变动	本期增加	支付给职工，以及为职工支付的现金		
其他综合收益	现金流量套期工具产生的利得或损失中属于有效套期的部分	本期增加	投资支付的现金		
其他综合收益	外币财务报表折算差额（暂计入汇率变动对现金的影响额。如金额较大，则需考虑汇率变动对其他资产、负债项目的影响）	本期增加	汇率变动对现金及现金等价物的影响		
其他综合收益	可供出售金融资产收回投资时，原计入本科目的公允价值变动累计利得（损失以负数列示）转出	本期减少	收回投资收到的现金		
其他综合收益	自用房地产或作为存货的房地产转换为以公允价值模式计量的投资性房地产，在转换日公允价值大于账面价值部分	本期增加	购建固定资产、无形资产和其他长期资产支付的现金		

资产负债表与 利润表项目	分类依据	增减	现金流量表 项目	其他活动 二级明细	对补充资料 的影响
其他综合收益	一般该科目归属分类	本期增加	取得投资收益收 到的现金		
少数股东损益	一般该科目归属分类	本期发生	分配股利、利润 或偿付利息支付 的现金		

5.2　合并抵消数据的统计

如果说从初级审计员升级到高级审计员要掌握的技能是现金流量表的编制审计，那么从高级审计员升级到现场审计负责人要掌握的技能就是合并财务报表了。本书会从技术的角度告诉大家，应当怎样去统计合并范围内关联方的抵消数据，核对内部往来、交易、现金流量的数据是否一致。

需要使用到的功能或公式，如表 5-2-1 所示。

表 5-2-1

功能 / 公式	功能 / 公式	备注
插入选项卡	数据透视表	对统计好的内部往来数据进行透视，便于与 TB 进行核对
公式	INDEX+MATCH	单条件匹配兄弟函数，用于获得公司编号、科目名称等信息
公式	SUMIFS	多条件求和，用于核对关联往来数据是否相等

接着我们来介绍统计表模板的使用方式和呈现结果。模板中包括关联方定义表、抵消科目设置表、关联往来透视、关联方往来抵消表、关联方交易抵消表、关联方现流抵消表等。

● 关联方定义表

登记合并范围内关联方公司的信息包括 TB 编号、公司简称、抵消单位简称（TB 编号＋公司简称）等，便于数据透视时信息的排列，如图 5-2-1 所示。

注意 关键点在于单位代码必须唯一，且两两乘积不能相等。

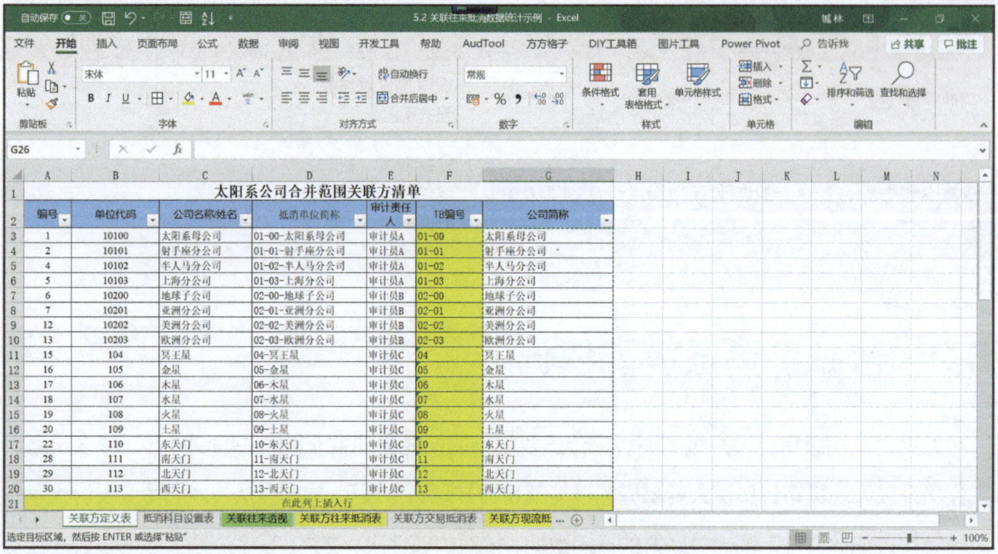

太阳系公司合并范围关联方清单

编号	单位代码	公司名称姓名	抵消单位简称	审计责任人	TB编号	公司简称
1	10100	太阳系母公司	01-00-太阳系母公司	审计员A	01-00	太阳系母公司
2	10101	射手座分公司	01-01-射手座分公司	审计员A	01-01	射手座分公司
4	10102	半人马分公司	01-02-半人马分公司	审计员A	01-02	半人马分公司
5	10103	上海分公司	01-03-上海分公司	审计员A	01-03	上海分公司
6	10200	地球子公司	02-00-地球子公司	审计员B	02-00	地球子公司
7	10201	亚洲分公司	02-01-亚洲分公司	审计员B	02-01	亚洲分公司
12	10202	美洲分公司	02-02-美洲分公司	审计员B	02-02	美洲分公司
13	10203	欧洲分公司	02-03-欧洲分公司	审计员B	02-03	欧洲分公司
15	104	冥王星	04-冥王星	审计员C	04	冥王星
16	105	金星	05-金星	审计员C	05	金星
17	106	木星	06-木星	审计员C	06	木星
18	107	水星	07-水星	审计员C	07	水星
19	108	火星	08-火星	审计员C	08	火星
20	109	土星	09-土星	审计员C	09	土星
22	110	东天门	10-东天门	审计员C	10	东天门
28	111	南天门	11-南天门	审计员C	11	南天门
29	112	北天门	12-北天门	审计员C	12	北天门
30	113	西天门	13-西天门	审计员C	13	西天门
在此列上插入行						

图 5-2-1

● 抵消科目设置表

抵消科目设置表需要包含关联往来抵消表、关联交易抵消表、关联现流抵消表三张表中所包含的所有会计科目及借贷方向，借贷方向一定要设置准确。保证被审计单位两两之间的往来的所有借方与所有贷方合计数相等，如图 5-2-2 所示。

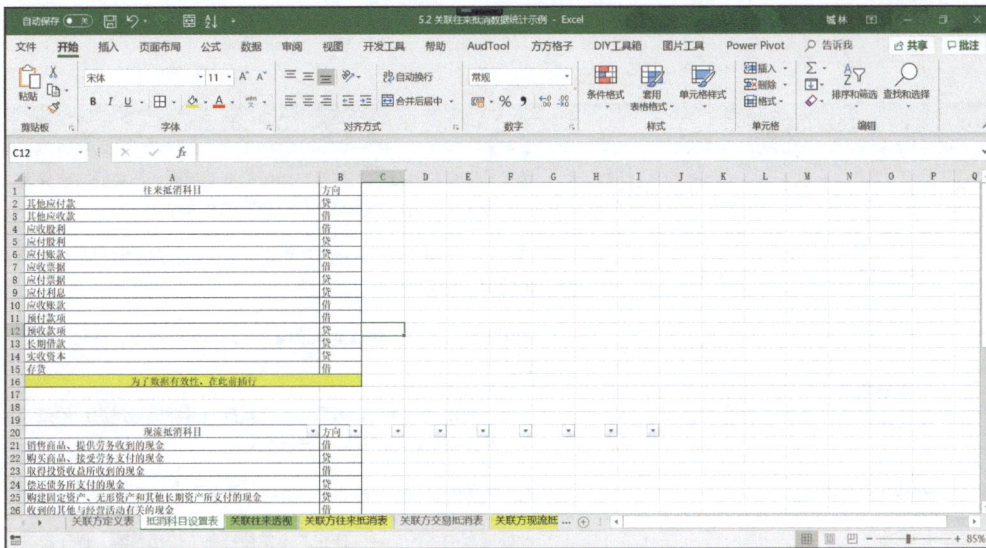

图 5-2-2

● 其他工作表

模板中的其他工作表可以通过单击工作表名称选项进行切换，如图 5-2-3 所示。

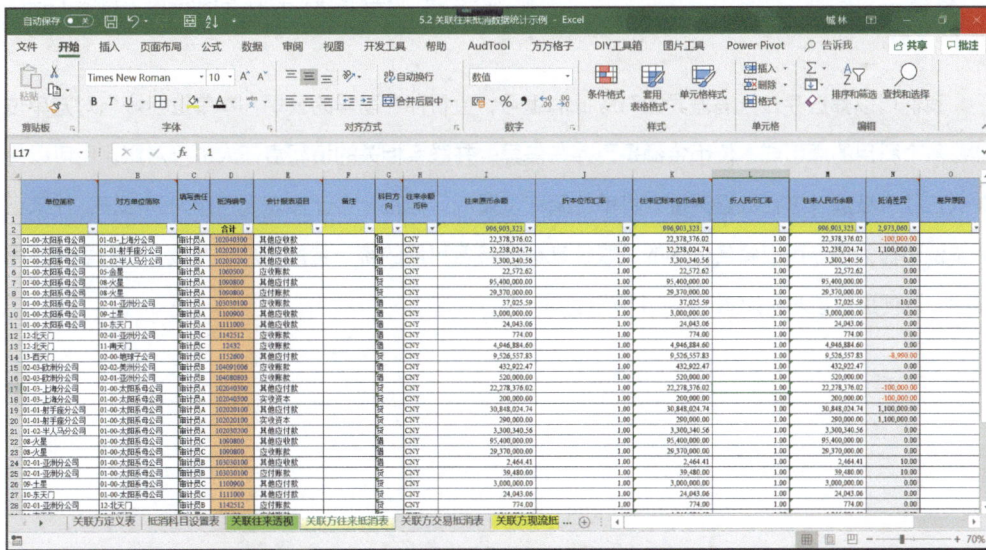

图 5-2-3

部分字段解析，如表 5-2-2 所示。

表 5-2-2

表头	使用功能 / 公式	备注
单位简称、对方单位简称	数据有效性	填写挂账单位的简称、与对方单位的抵消简称，与关联方定义表的 D 列对应。用数据有效性保证填写的准确性
填写责任人	INDEX+MATCH	匹配对应本单位的公司的 TB 负责人，如果出现关联对账有差异的情况，则容易找到对应负责人
抵消编号	INDEX+MATCH	使用单条件匹配，获取本单位编号与对方单位编号，将两个编号相乘
	IFERROR	以上公式出现错误时，请填写人检查抵消名称填写是否正确或关联方定义表是否对该关联方进行定义
往来原币余额		此处填写的是往来交易的原币金额，便于不同币种的交易核对
往来记账本位币金额		此处填写的是内部往来挂账的本单位挂账本位币金额，便于存在国外子公司的统计数据与子公司的 TB 数据及底稿核对。可以存在多家不同记账本位币的公司，此处填写与该公司账面的记账本位币相符的金额即可
往来人民币金额		此处填写的是将各公司的本位币金额转换成人民币的金额。便于在人民币合并报表时进行抵消。一般使用 TB 币别转换的汇率，以保证转换前与转换后的统计数据与 TB 一致
抵消差异	SUMIFS	按照抵消编号，对方向是借方或贷方的往来挂账进行汇总求和并相减

我们可以筛选存在抵消差异的对应抵消编号，查看存在差异的公司，本单位挂账与对方单位挂账各个科目的原币或本位币金额是否存在差异，并联系相关的填写责任人进行对账。也可以将关联方往来抵消表进行数据透视。将单位简称设置成行标签，会计报表项目作为列标签，往来记账本位币作为值。可以将各公司的关联往来数据按各科目的统计金额汇总，并按 TB 编号的顺序排序，以便进行核对，如图 5-2-4 所示。

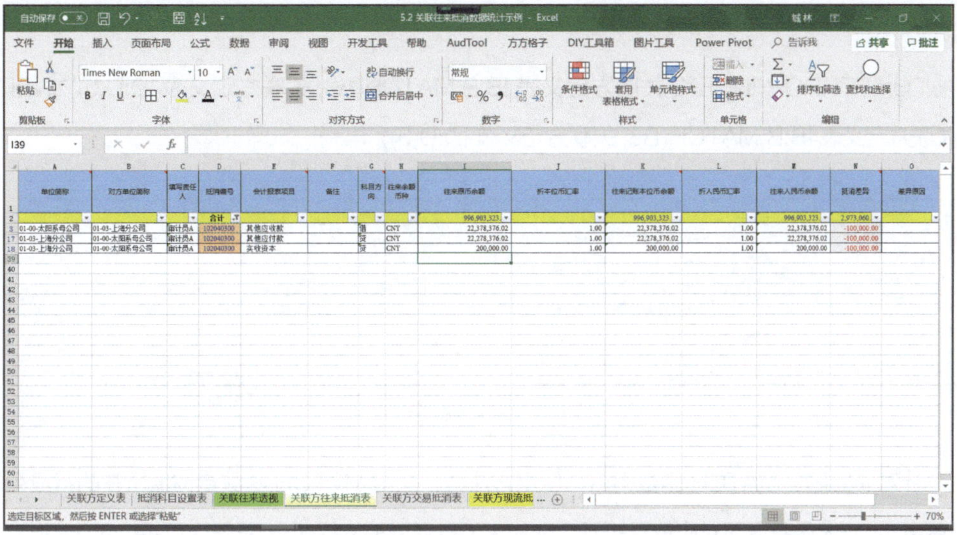

图 5-2-4

本示例的关键点就在于，将本单位与对方单位的编号的乘积作为唯一的抵消编号。由于两个相同的数字无论哪个在前，乘积的数值都是相同的，所以在获得这个唯一的匹配字段后，对比借贷方的抵消数据是否一致就很容易了，如图 5-2-5 所示。

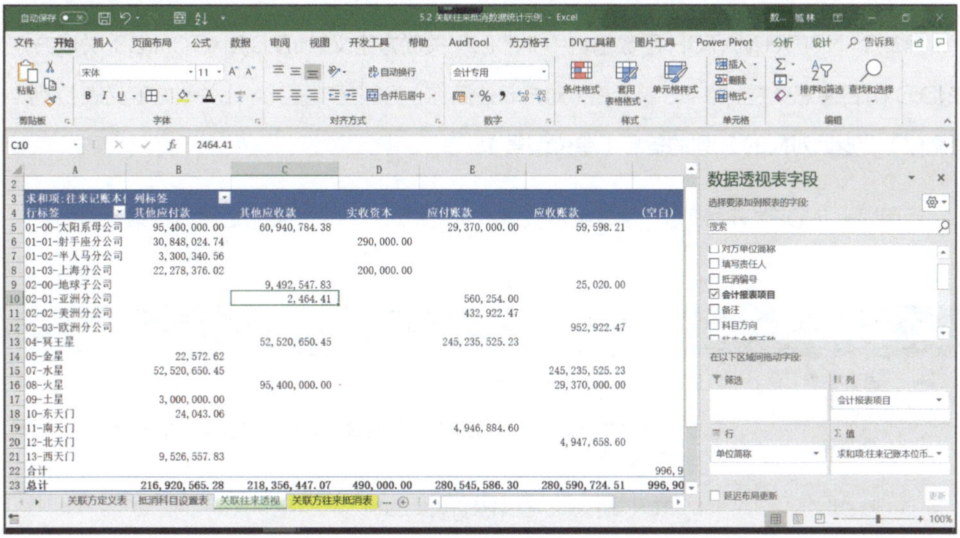

图 5-2-5

抵消编号公式的解析：以 D3 单元格的公式为例，如图 5-2-6 所示。

D3=IFERROR(INDEX(关联方定义表 !B:B,MATCH(A3, 关联方定义表 !D:D,0))*INDEX
(关联方定义表 !B:B,MATCH(B3, 关联方定义表 !D:D,0)),""")

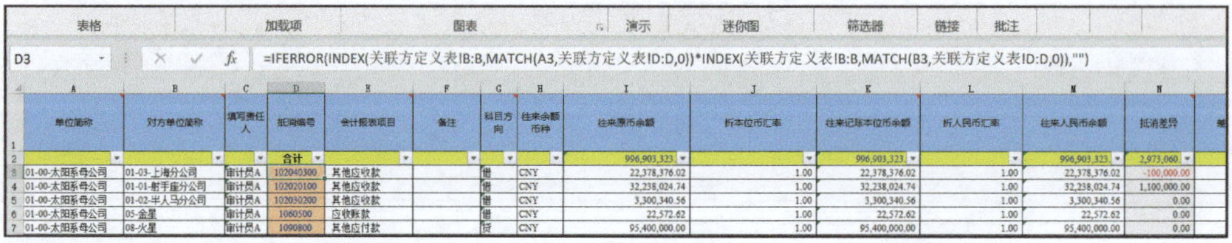

图 5-2-6

针对 INDEX+MATCH 函数组合，使用方法为，先用 MATCH 函数查询值所在的行或列，然后用 INDEX 函数返回对应位置的值。对 MATCH 函数的介绍如表 5-2-3 所示，对 INDEX 函数的介绍如表 5-2-4 所示。

第一个 INDEX+MATCH 函数组合中 INDEX(关联方定义表 !B:B,MATCH(A3, 关联方定义表 !D:D,0) 的意思就是，以 A3 单元格（本单位简称）为匹配字段，对比关联方定义表 D 列（抵消简称），返回对应的 B 列的信息（单位编号）。

第二个 INDEX+MATCH 函数组合中 INDEX(关联方定义表 !B:B,MATCH(B3, 关联方定义表 !D:D,0) 的意思就是，以 B3 单元格（对方单位简称）为匹配字段，对比关联方定义表 D 列（抵消简称），返回对应的 B 列的信息（单位编号）。

运用以上 INDEX+MATCH 函数组合获得本单位和对方单位的编号后将其相乘。

表 5-2-3

项目	内容
语法格式	MATCH(lookup_value,lookup_array,[match_type])
函数作用	查找条件在查找区域里的什么位置（查找区域是一列时，返回第几行；查找区域是一行时，返回第几列）
语法释义	MATCH(查找条件 , 查找区域 , 查找方式)

表 5-2-4

项目	内容
语法格式	INDEX(array,row_num,[column_num])
函数作用	（数组形式）返回行和列交叉位置的值
语法释义	INDEX(返回区域 , 行序号 ,[列序号])

抵消编号公式的解析：以 N3 单元格的公式为例，如图 5-2-7 所示。

N3 =SUMIFS($M:$M,D:D,$D3,G:G," 借 ")-SUMIFS($M:$M,D:D,$D3,G:G," 贷 ")

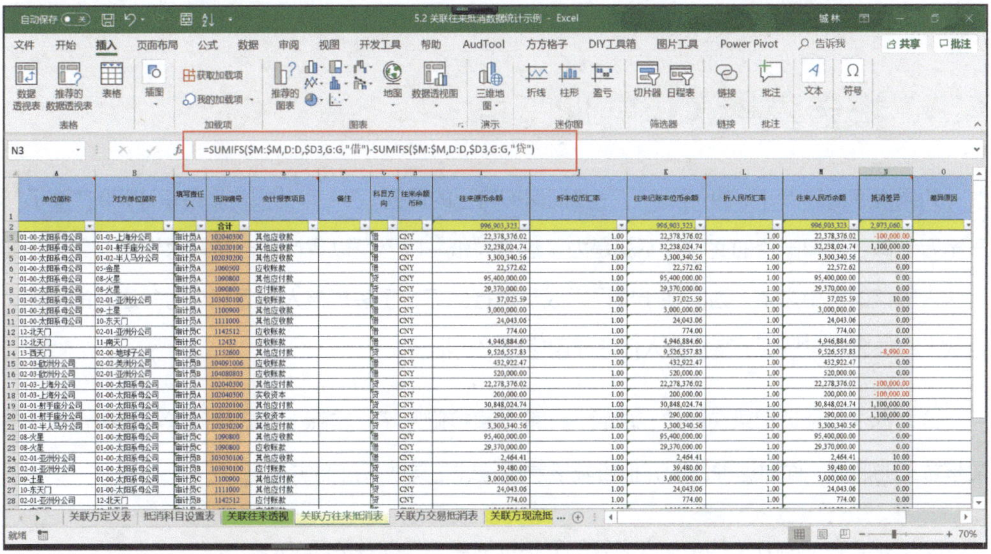

图 5-2-7

对 SUMIFS 函数的介绍如表 5-2-4 所示。将 N3 单元格的公式拆分成以下两部分。

借方发生额求和：SUMIFS($M:$M,D:D,$D3,G:G," 借 ") 对满足条件 D 列（抵消编号）等于 D3，G 列（科目方向）等于"借"的 M 列（往来人民币余额）进行求和。

贷方发生额求和：SUMIFS($M:$M,D:D,$D3,G:G," 贷 ") 对满足条件 D 列（抵消编号）等于 D3，G 列（科目方向）等于"贷"的 M 列（往来人民币余额）进行求和。

然后将借方发生额之和减贷方发生额之和，即可得到本抵消编号的抵消情况。

表 5-2-5

项目	内容
语法格式	SUMIFS(sum_range,criteria_range1,criteria1,[criteria_range2,criteria2]…)
函数作用	对某一区域内满足多重条件的单元格求和
语法释义	SUMIFS(求和单元格区域 , 条件区域 1, 条件 1,[条件区域 2, 条件 2]…)

案例中使用的公式并不复杂，只使用了单条件匹配公式与多条件求和公式。主要巧妙的地方在于，用两个公司编号的乘积作为匹配字段。让 A 对 B 与 B 对 A 的往来存在一个统一的识别码去进行检索和借贷相抵。

5.3 报告复核意见整理工具

如果说底稿是审计师的"里子"，是我们保护自己的证据，那么审计报告就是审计师的"面子"。千辛万苦做了厚厚一沓的底稿，不就是为了这张"纸"吗？所以审计报告及其附件往往是质控和合伙人复核的重中之重。为了便于项目组成员进行修订，了解复核人查看报告时关注到的问题，合伙人往往喜欢在报告上直接插入批注或用修订格式标注。

这些批注和修订记录在修改完成后，一般就直接删除了。实际上在归档时需要留存合伙人的复核意见的底稿。面对这种情况，报告复核意见整理工具就应运而生了。

步骤❶ 在 Word 文档中插入必要的复核批注后，保存并关闭 Word 文档。

步骤❷ 单击 Word 批注导出按钮，选中需要提取 Word 批注的文件，如图 5-3-1 所示。

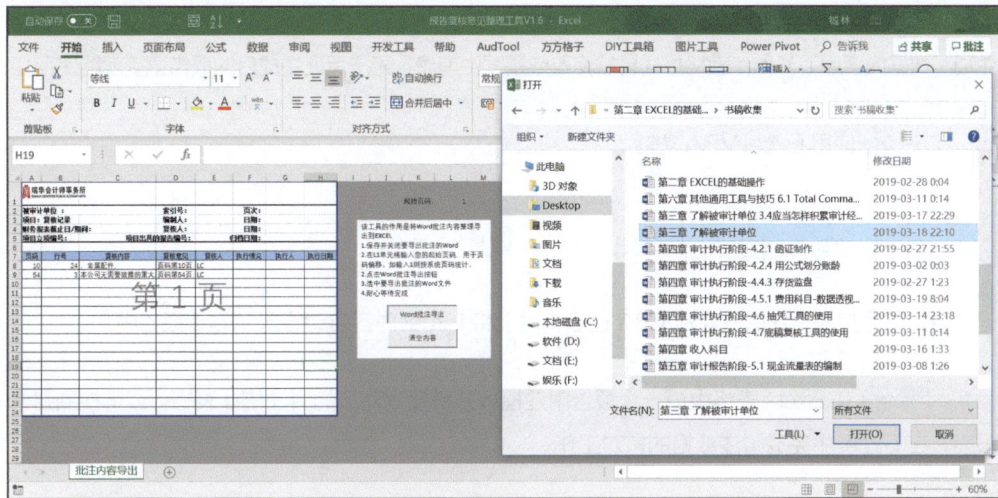

图 5-3-1

步骤❸ 耐心等待 Word 报告批注中的复核意见内容提取至 Excel。

5.4 报告的生成

在执行完前面的审计程序后，最后一个工作就是编制审计报告、出具审计意见了。按照审计准则的要求，注册会计师仅对出具的审计意见负责，编制财务报表及附注内容是被审计单位管理层的责任。可是在实际工作中，大部分中小规模的上市公司或是新三板公司基本上都是由审计人员统计填写最终审定的附注数据的。我们对集团公司进行审计时，往往同时对一些重要子公司进行审计工作，并根据集团公司的需求对子公司发表审计意见。

这些子公司的会计政策、主要的会计科目、披露口径几乎与集团审计报告相同。只需要将集团公司的审计报告的数据替换成对应子公司的数据，然后再进行相应增减、修改，就可以获得子公司的报告附注了。

可是财务报表附注的内容很多，如果要出具审计报告的公司有数十家、上百家，那么这项工作的工作量就会巨大且在操作过程中容易出错。那么如何快速、准确地将平时统计在 Excel 里的附注信息填写到 Word 的相应表格里呢？

方法 1 使用 Word 粘贴链接。但是这种方法有一个弊端就是 Word 的格式容易被破坏。链接生成了数据内容后，Word 表格格式易被修改或是发生崩溃，无法保证生成后的报告直接就能使用。

方法 2 使用 Excel VBA 功能。

5.4.1　导入财务报表附注的 Excel VBA 模板

导入财务报表附注的 Excel VBA 模板，可以将 Excel 内容自动导入 Word 报告中。

步骤 1 在 Excel 表格中搭一个报告附注模板并链接到对应的附注统计表格，或链接到财务报表，在 Excel 中完成附注数据的核对工作。

步骤 2 单击"对数据区域涂色"按钮，会自动地将内容是金额的单元格标记成黄色，如图 5-4-1 所示。如果某些未被涂成黄色的区域是需要自动生成到 Word 报告中的，可以手动将其涂成黄色。

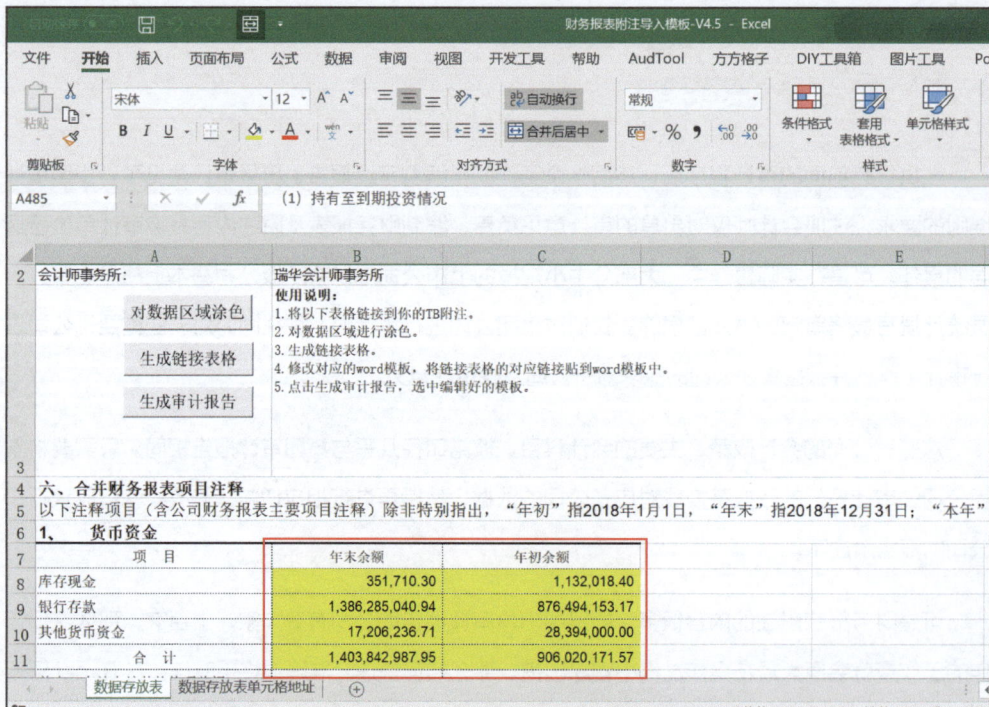

图 5-4-1

步骤❸ 单击"生成链接表格"按钮，会生成一个带之前标记成黄色的单元格坐标链接的 Excel 表格。

步骤❹ 将 Excel 坐标地址复制、粘贴至 Word 模板的对应位置中，如图 5-4-2 所示。对 Word 中不需要的内容进行增减、修改，完成 Word 模板的搭建，保存 Word 模板，如图 5-4-3 所示。

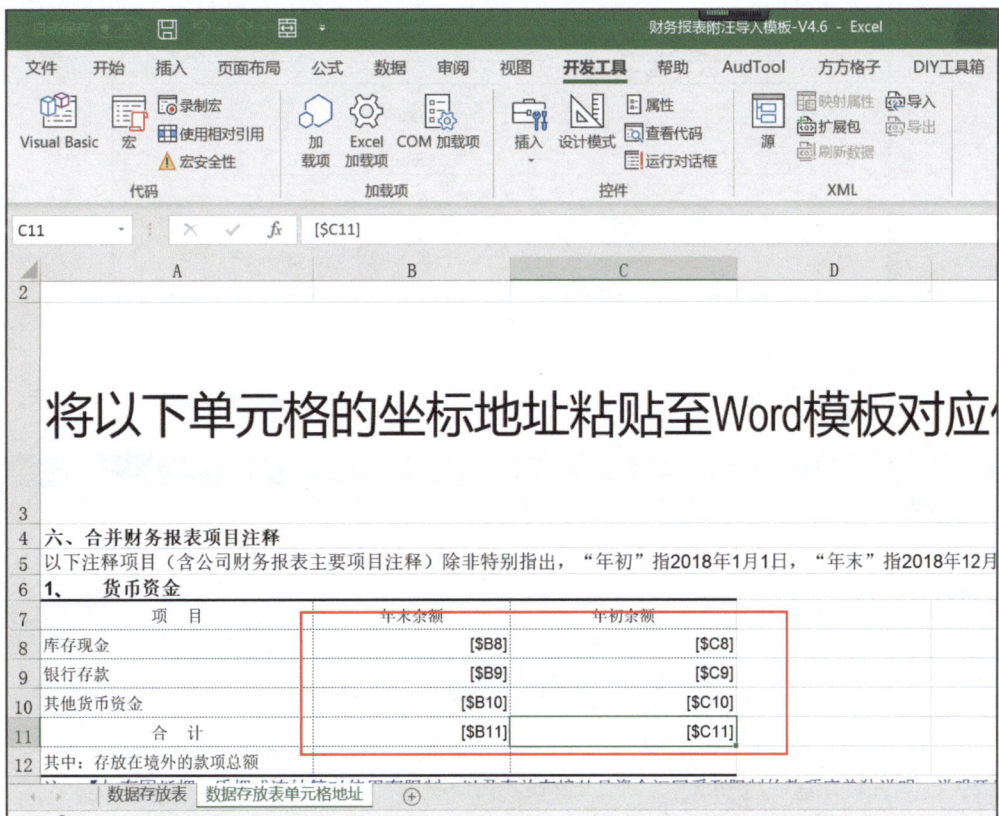

图 5-4-2

图 5-4-3

步骤⑤ 单击"生成审计报告"按钮，然后再选择生成报告的储存地址，如图 5-4-4 所示。

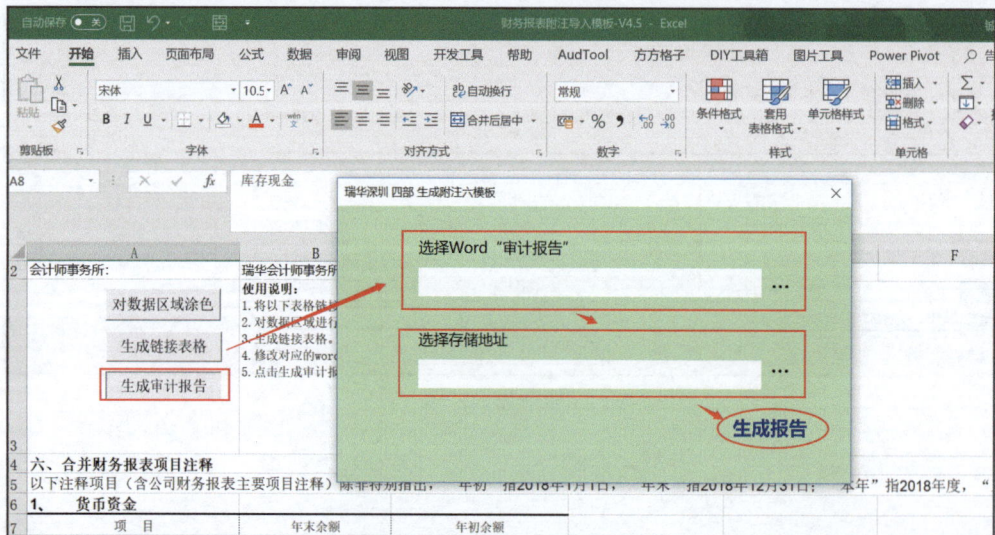

图 5-4-4

步骤❻ 当需要出另一家公司的报告时，只需要更换 Excel 模板中的链接，在数据更新后再次单击"生成审计报告"按钮即可。

生成的数据示例中，输出的结果不会对排版或字体有任何影响，所以最好提前在 Word 模板中设置好字体和格式，如图 5-4-5 所示。

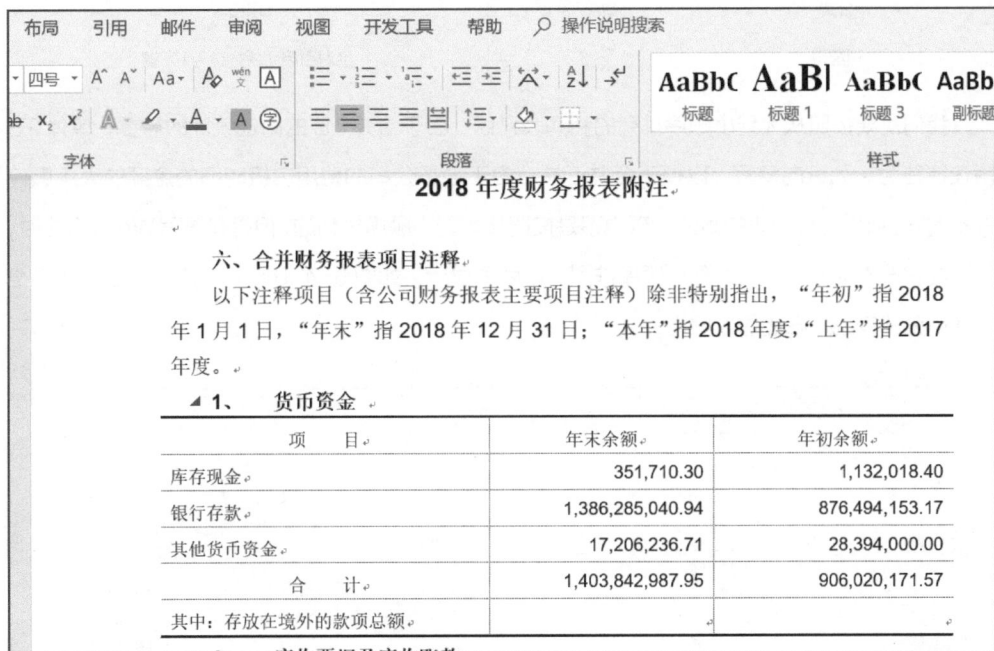

图 5-4-5

5.4.2 怎样建立合理的表数据链接

5.4.1 节介绍了如何快速将 Excel 的内容导入 Word 中。本节内容要介绍的是，如何合理利用公式建立链接，使自己的 Excel 模板在不同的项目上使用时，可以用尽量少的改动实现功能。让销售费用等利润表科目自动按金额大小排列,在财务报表附注中将横向排列的科目(如固定资产、无形资产)链接起来以便修改。

常用的公式和功能的清单，如表 5-4-1 所示。

表 5-4-1

功能 / 公式	内容	解析
公式	SUMIFS	多条件求和
公式	LARGE	计算按照从大到小顺序排列的某一位置的数据
公式	INDEX	返回一组值中的最大值
公式	MATCH	求和
通配符	$	绝对引用，快捷键为 F4 键

我们需要按照从大到小顺序排列的利润表科目。由于合并 TB 的附注统计的需要，单体 TB 附注往往为一列纵向填写，以便于合并汇总。由于各子公司的费用二级明细的金额的大小顺序并不相同，所以汇总出来的附注金额也不是按照从大到小顺序排列的。但是在填写 Word 附注时，却需要它按本期发生额从大到小顺序排列，以两列显示。如图 5-4-6 所示，表中左边的数据格式利用公式变成了右边的数据格式。

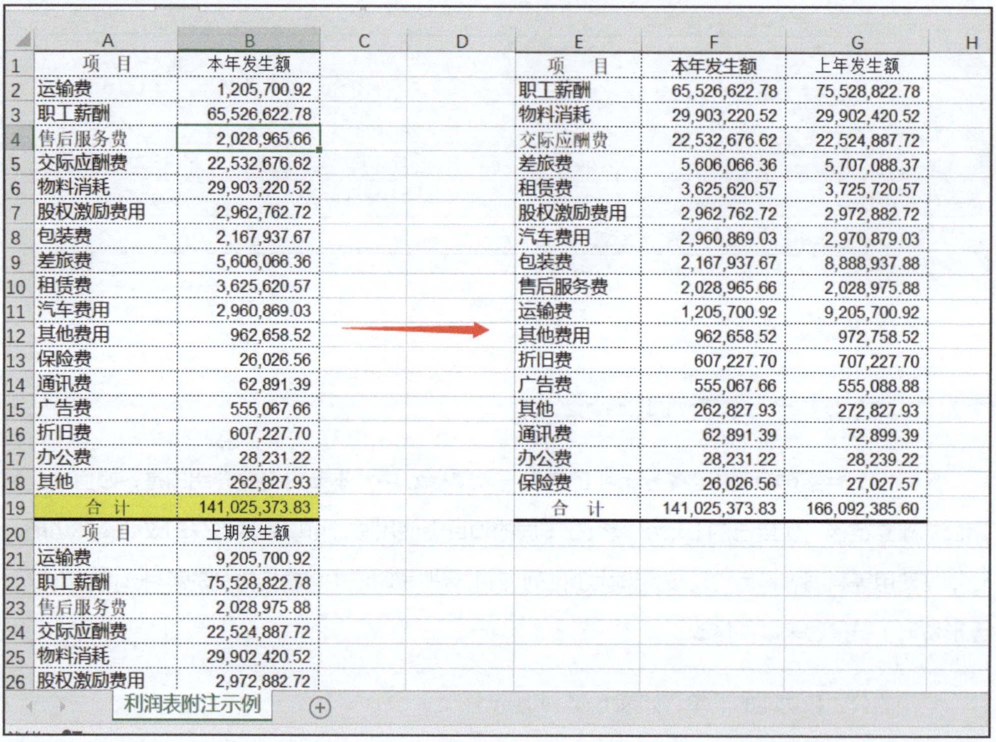

图 5-4-6

步骤❶ 使用 LARGE 函数，将费用金额从大到小顺序排列。LARGE 函数的介绍，如表 5-4-2 所示。

表 5-4-2

项目	内容
语法格式	LARGE(array,k)
公式翻译	找出指定排在第几大的数据
语法释义	LARGE(查找的区域，指定要找第几大的数据)

如图 5-4-7 中的公式所示，E2=LARGE($B$2:$B$18,1) 可获得 $B$2:$B$18 区域中的最大数值，即职工薪酬的金额为 "65,526,622.78"。然后将公式下拉到 E3=LARGE($B$2:$B$18,2)，可以获取 $B$2:$B$18 区域中的第二大数值，即物料消耗 "29,903,220.52"。

	剪贴板			字体				对齐方式				数字	

E2		✕ ✓ f_x	=LARGE($B$2:$B$18,1)

	A	B	C	D	E	F
1	项　目	本年发生额		公式	返回的结果		项
2	运输费	1,205,700.92		LARGE($B$2:$B$18,1)	65,526,622.78		职工
3	职工薪酬	65,526,622.78					物料
4	售后服务费	2,028,965.66		公式翻译：			交际
5	交际应酬费	22,532,676.62		找出指定排在第几大的数字。			差旅
6	物料消耗	29,903,220.52		LARGE(查找的区域,指定要找第几大)			租赁
7	股权激励费用	2,962,762.72					股权
8	包装费	2,167,937.67					汽车
9	差旅费	5,606,066.36					包装
10	租赁费	3,625,620.57					售后
11	汽车费用	2,960,869.03					运输
12	其他费用	962,658.52					其他
13	保险费	26,026.56					折旧
14	通讯费	62,891.39					广告
15	广告费	555,067.66					其他
16	折旧费	607,227.70					通讯
17	办公费	28,231.22					办公
18	其他	262,827.93					保险
19	合　计	141,025,373.83					
20	项　目	上期发生额					

图 5-4-7

这里介绍一个小技巧，当纵向拖动 LARGE 函数并改变参数时（即在向下拖动公式时指定查找第几大数据），需要按照 2、3、4……19 这样的顺序变动。可以利用 ROWS 函数及绝对引用通配符 $ 来解决。ROWS 函数的介绍如表 5-4-3 所示。

表 5-4-3

项目	内容
语法格式	ROWS(array)
公式翻译	返回选定范围的行数

将 E2 单元格的公式改为 E2=LARGE($B$2:$B$18,ROWS($E$2:E2))，即用选定范围的行数代替之前的常量 1。由于 ROWS($E$2:E2) 中的 $E$2 是绝对引用，在向下拖动公式时 $E$2 会固定不变，而 E2 是相对引用，随着公式向下拖动，会自动返回数值 E2、E3、E4……E19。

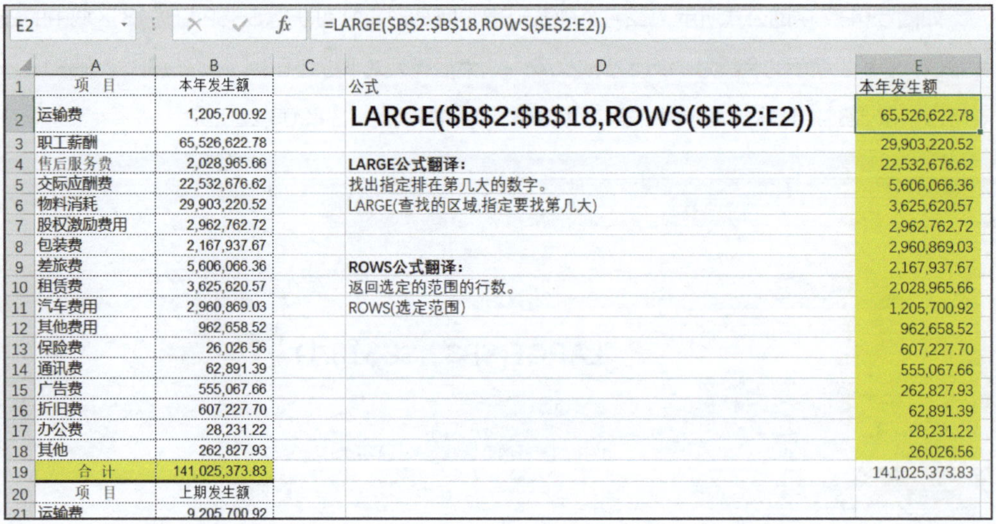

图 5-4-8

至此就获得了按照从大到小顺序排列的本期费用金额了。

步骤 ❷ 使用 INDEX+MATCH 函数组合获取费用披露的二级科目名称。

由于一般被审计单位的本期二级科目的费用金额是唯一的，所以可以使用单条件匹配公式以费用金额作为统计字段，返回相应的费用名称，如图 5-4-9 所示。

E2　　=INDEX($A$2:$A$18,MATCH(F2,$B$2:$B$18,0))

	A	B	C	D	E	F
1	项 目	本年发生额		公式		本年发生额
2	运输费	1,205,700.92		INDEX($A$2:$A$18,MATCH(F2,$B$2:$B$18,0))	职工薪酬	65,526,622.78
3	职工薪酬	65,526,622.78			物料消耗	29,903,220.52
4	售后服务费	2,028,965.66		**INDEX函数翻译**	交际应酬费	22,532,676.62
5	交际应酬费	22,532,676.62		(引用方式)返回行和列交差位置的单元格引用	差旅费	5,606,066.36
6	物料消耗	29,903,220.52		INDEX(单元格区域或数组常量,行序号,[列序号])	租赁费	3,625,620.57
7	股权激励费用	2,962,762.72		PS: [列序号]如果不填，默认为1	股权激励费用	2,962,762.72
8	包装费	2,167,937.67			汽车费用	2,960,869.03
9	差旅费	5,606,066.36		**MATCH函数翻译：**	包装费	2,167,937.67
10	租赁费	3,625,620.57		查找条件在查找区域里的什么位置	售后服务费	2,028,965.66
11	汽车费用	2,960,869.03		MATCH(查找条件,查找区域,查找方式)	运输费	1,205,700.92
12	其他费用	962,658.52			其他费用	962,658.52
13	保险费	26,026.56		**INDEX+MATCH组合公式**	折旧费	607,227.70
14	通讯费	62,891.39		INDEX(单元格区域或数组常量,行序号,[列序号])	广告费	555,067.66
15	广告费	555,067.66		行序号=MATCH(查找条件,查找区域,查找方式)	其他	262,827.93
16	折旧费	607,227.70			通讯费	62,891.39
17	办公费	28,231.22			办公费	28,231.22
18	其他	262,827.93			保险费	26,026.56
19	合 计	141,025,373.83				141,025,373.83
20	项 目	上期发生额				
21	运输费	9,205,700.92				
22	职工薪酬	75,528,822.78				
23	售后服务费	2,028,975.88				

图 5-4-9

此处费用类别的公式为 E2= INDEX($A$2:$A$18,MATCH(F2,$B$2:$B$18,0))

注意 为保证下拉公式时不出现错误，需要对查找区域 $B$2:$B$18 及返回区域 $A$2:$A$18 进行绝对引用。

步骤③ 使用 SUMIFS 函数或 INDEX 函数，以费用类别名称作为匹配字段取得上期发生额。

5.5　合并 TB 的搭建与更新

现场负责人执行审计工作时往往需要搭建集团合并 TB 框架。其流程为：

1. 按照企业会计政策和行业特点，修改 TB 模板中报表、附注等附表统计的数据与信息。

2. 按照修改好的 TB 模板，复制生成多个子公司的单体 TB。

3. 将各个子公司的本年 TB、上年 TB、本年现金流量、上年现金流量、附注等相关信息，链接至合并 TB，用合并 TB 汇总各个子公司的财务数据并进行合并抵消。

4. 各个项目组成员完成子公司的合并 TB 后，由现场负责人逐个打开对应的合并 TB 进行更新。

通过以上流程的描述，我们可以发现第 2 至第 4 的流程中包含着重复操作的循环。此时可以通过 Excel VBA 完成这些重复性的工作。

笔者为此制作了一个 Excel VBA 小工具"TB 批量搭建器"，使用步骤如下。

步骤① 按照指定模板与名称复制成多个子公司对应的 TB。

先把这家公司的 TB 名字给取好，如图 5-5-1 中的 A 列所示。例如，有"狗狗""猫猫""猪猪"三家子公司。按照一定规则给工作簿命名后（注意要有后缀），单击"创建 TB"按钮。选择对应的 TB 模板。如图 5-5-2 所示，在对应文件夹的目录下按照工作簿名称和模板生成三个对应的子公司 TB 表格。

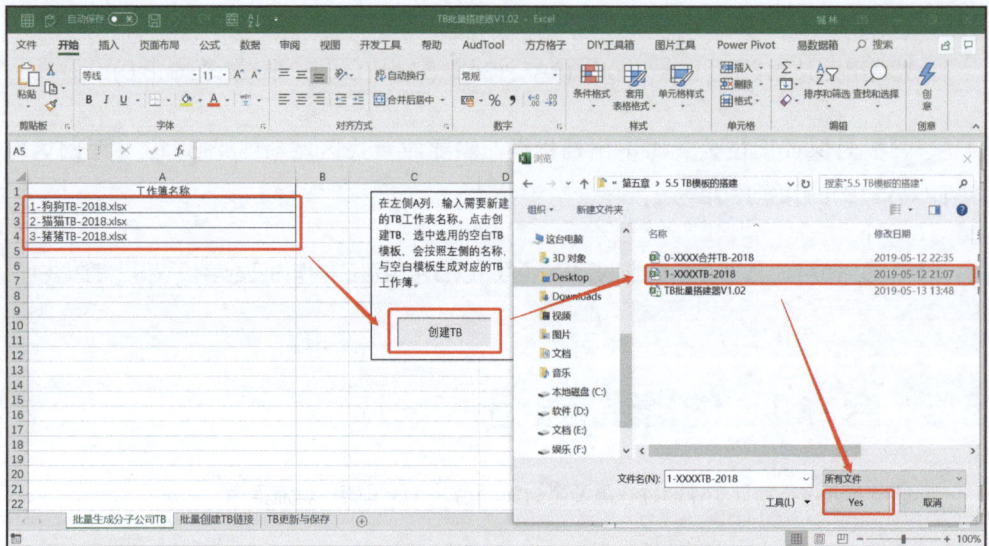

图 5-5-1

图 5-5-2

步骤❷ 建立子公司 TB 与合并 TB 之间的链接。

大部分审计团队的 TB 都大同小异，一般会设置有 TB、现金流量、附注等表格。通过公式链接的方式将子公司的 TB 汇总起来。在合并 TB、搭建链接前，需要维护一个链接关系表，即确定母公司 TB 的哪些区域需要链接到子公司 TB 的对应区域。我们以 2018 年 TB 为例，合并 TB 中的 G 列（见图 5-5-3）并链接到"1- 狗狗 -2018TB"工作簿的 E 列（见图 5-5-4)。它们之间需要填写对应的链接关系，如图 5-5-5 所示。填写好链接关系后，单击"建立链接"按钮，选择合并 TB 与单体 TB 所在的文件夹，即可完成链接的建立。

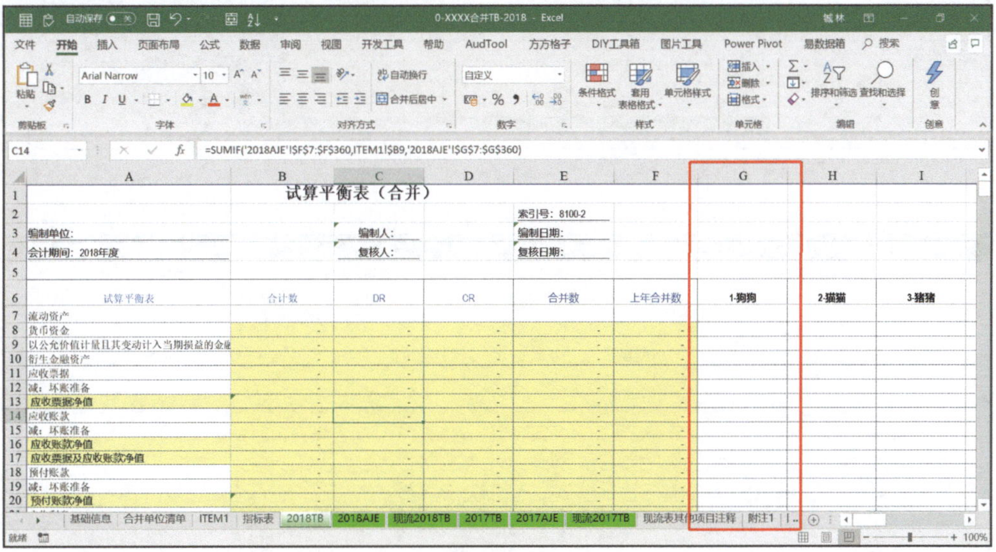

图 5-5-3

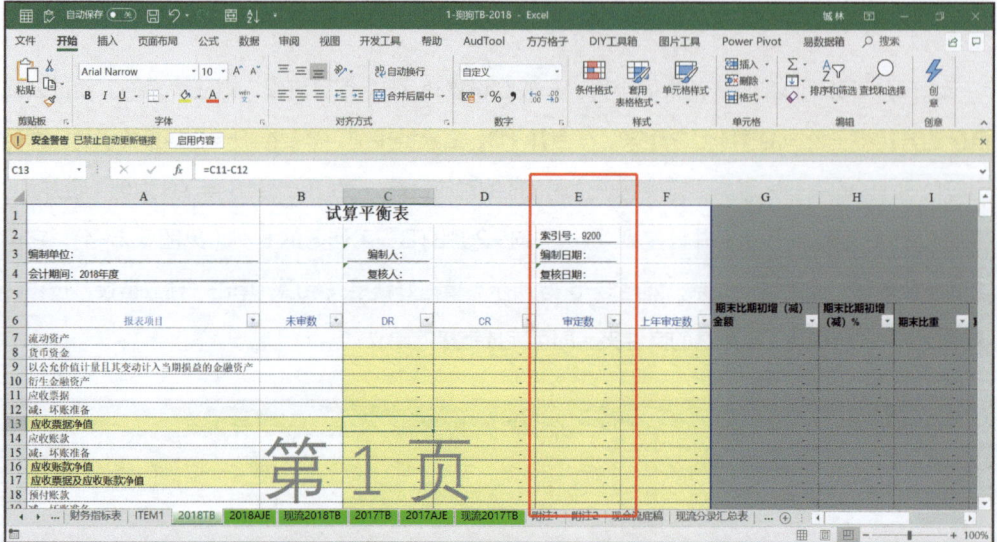

图 5-5-4

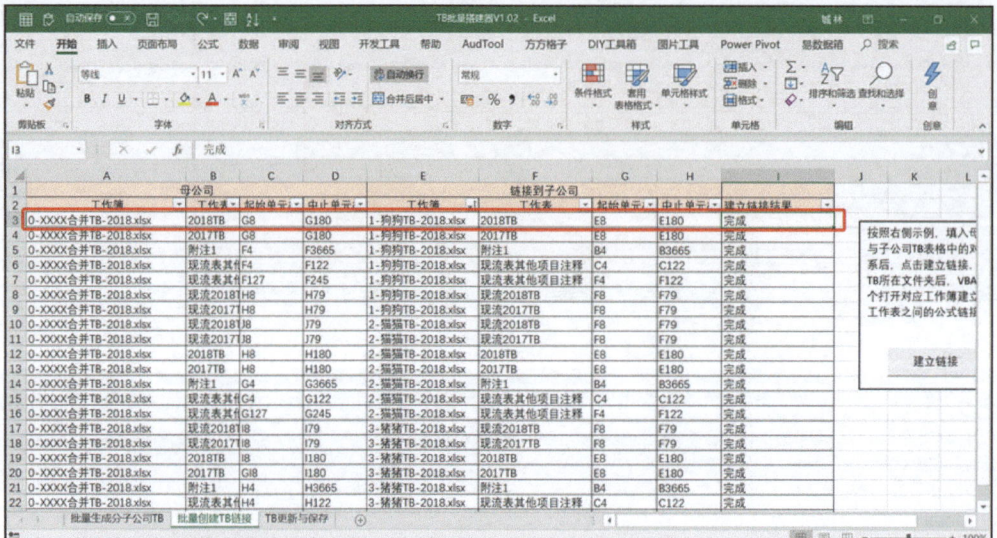

图 5-5-5

步骤❸ TB 的链接更新与保存。

需要进行多级合并的集团在更新最上级的合并 TB 时，需要打开各级的合并工作簿，然后更新链接数据并进行保存。这样才能保证集团合并的数据是准确的。为了使操作更便捷，笔者编辑了一个 Excel VBA 工具去实现批量将工作簿打开、保存、关闭的功能，如图 5-5-6 所示。

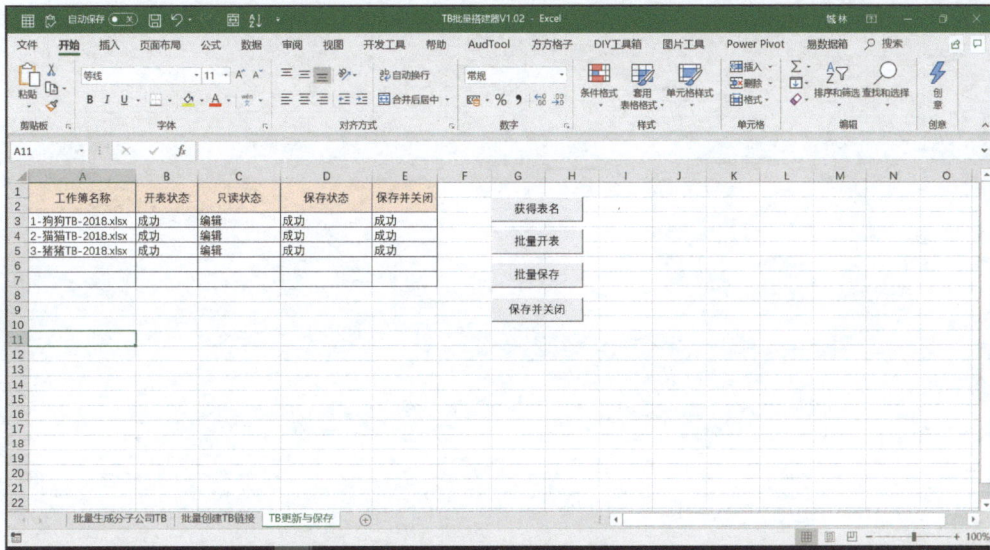

图 5-5-6

第6章

其他通用知识

6.1　Total Commander

如果说让审计师在刚入职时就必须学会一个工具，那么笔者认为这个工具应该是 Total Commander。Total Commander 作为一款优秀软件，接受再多的赞誉都不为过。虽然它如此优秀，但是很多人都没有听说过它，只有极少数电脑爱好者对它爱不释手。那么 Total Commander 究竟是什么？简单来说，它就是一个类似 windows 资源管理器的软件。

由于 Total Commander 的界面"丑陋"、难以上手等问题，大多数人用了几天可能就会卸载。但不得不说它是一款"大杀器"，就像杨过用的玄铁重剑。当你学成的那天，才会发现它对于每天操作大量文件的人来说实在是太方便了。我们来看一看为什么它对审计师来说如此重要。

快速定位

以在文件夹中来回切换的操作为例。如图 6-1-1 所示，我们可以用 Ctrl+D 组合键调出收藏夹，通过"添加当前文件夹（A）"选项将常用的文件夹添加进收藏夹并设置快捷键。下次无论在哪个文件夹的界面中，只要通过 Ctrl+D 组合键就可以快速切换到想要的文件夹了。例如，笔者把所有的审计项目按项目名和编号归整到"项目"文件夹中，并且给它的快捷键设置为"p"(Program)。之后在操作时，只需要按下 Ctrl+D 组合键，再按 p 键，就可以跳转到"项目"文件夹中了。

如图 6-1-2 所示，进入"项目"文件夹后里面有 10 个不同项目的文件夹。如果想进入"02 格力空调"这个项目的文件夹，那么不需要用鼠标单击，而是直接输入拼音缩写"gl"即可。如图 6-1-3 所示，当前 10 个文件夹项目就只剩下了"02 格力空调"这个项目。要使用这个快速搜索功能，需要安装 QuickSearch eXtended 插件，它能通过识别中文的拼音缩写，快速搜索出当前目录下你想要的文件。

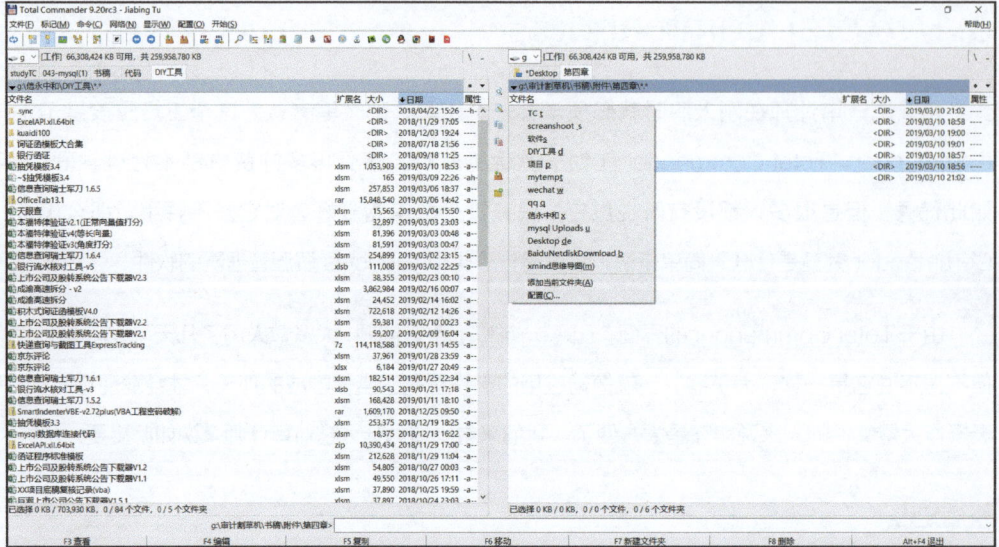

图 6-1-1

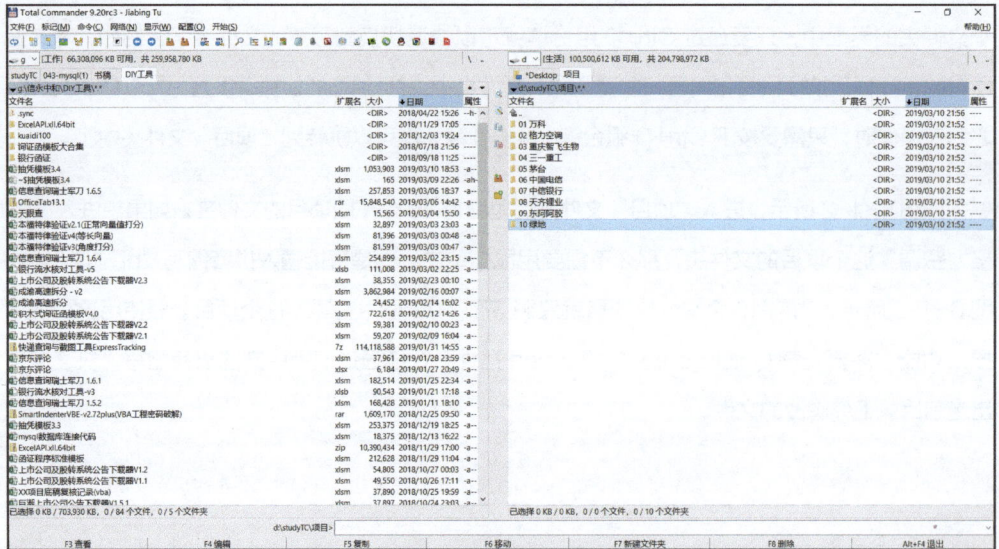

图 6-1-2

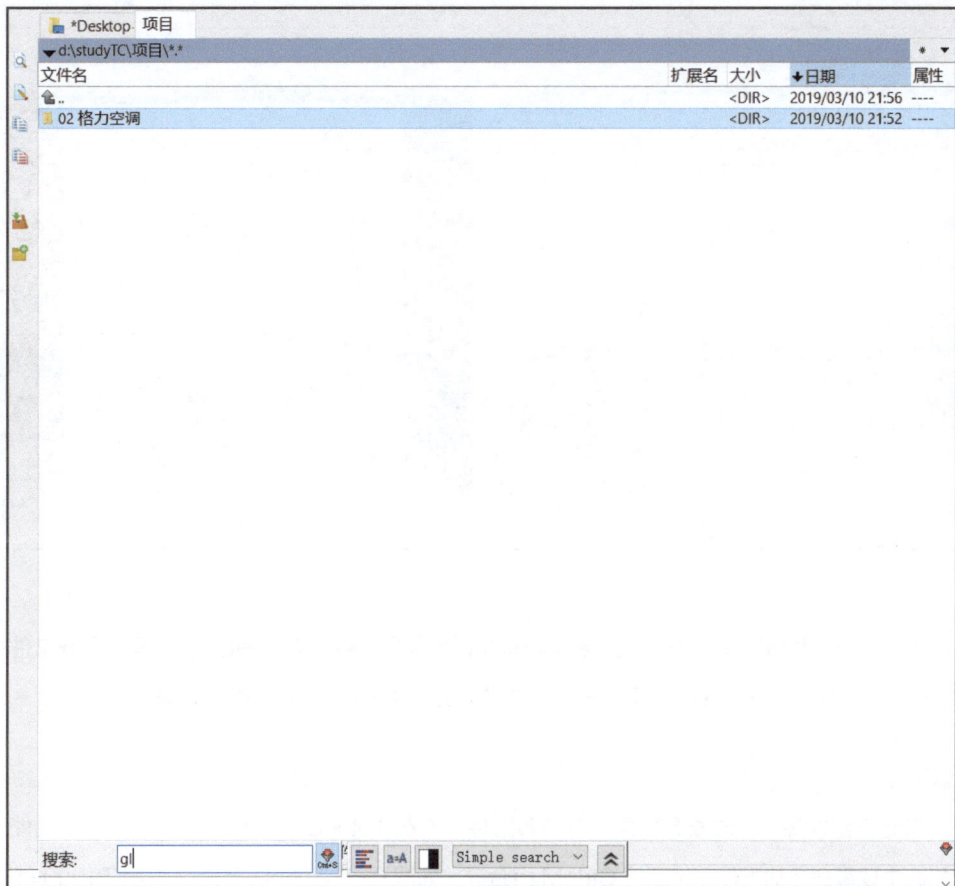

图 6-1-3

双窗口操作

可以看到 Total Commander 和资源管理器不同，它实际上有左、右两个窗口。用 Tab 键可以在左、右两个窗口间快速切换。在双窗口中，使用快捷键就可以完成很多操作。例如，F5 键为复制、F6 键为剪切、F9 键为解压缩、Alt+F5 组合键为压缩文件，等等。这些操作就是将一边窗口中的文件复制、剪切、压缩到另一边的窗口中。由于有快速定位的功能，所以可以很快地找到对应的文件夹，使其处理文件的速度更快。不仅如此，双窗口的操作还方便我们预览文件。如图 6-1-4 所示，按 Ctrl+Q 组合键后，另一边的窗口就会显示文件内容。不管是 PDF 格式，还是 Excel、Word 格式，都可以快速显示。而不用再一个文件一个文件地打开，这对我们这种在审计工作中经常要查看附件的人来说，十分方便。

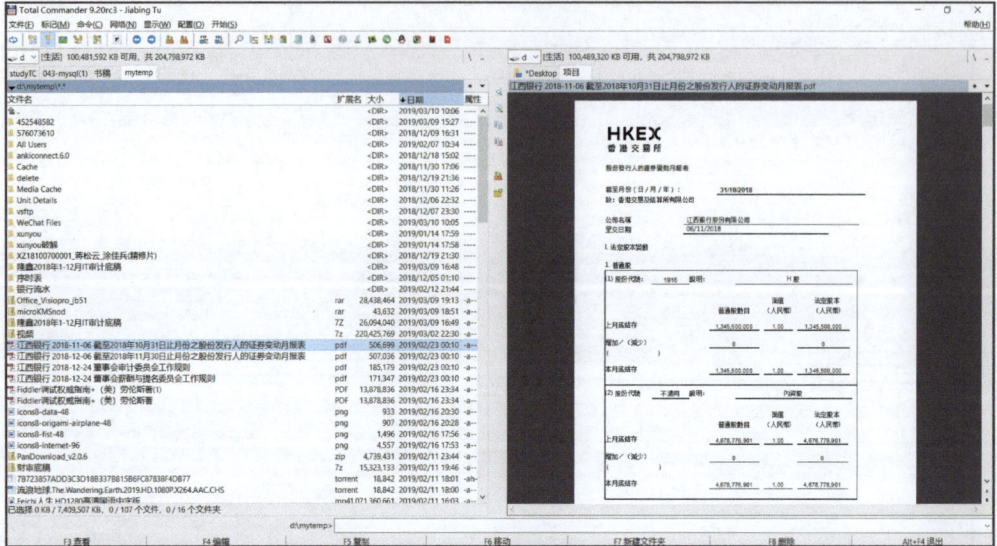

图 6-1-4

按 Ctrl+T 组合键可以新建标签。多个标签窗口可以保存多个文件夹的内容，避免了在文件夹中来回切换。使用"两个窗口 + 多标签"的方式，就可以让你的工作效率讯速提升。

批量重命名

我们在整理底稿的时候会按索引号命名附件。而在 Total Commander 中自带这个功能。首先选中要重命名的附件，然后按 Ctrl+M 组合键，如图 6-1-5 所示。比如，按照 T1000-1~4 进行命名。调整好文件顺序后（可以上下拖动文件进行顺序调整），在重命名规则中填写文件名"T1000-"，然后单击"计数器"按钮，最后单击"开始"按钮，批量完成文件的重命名。

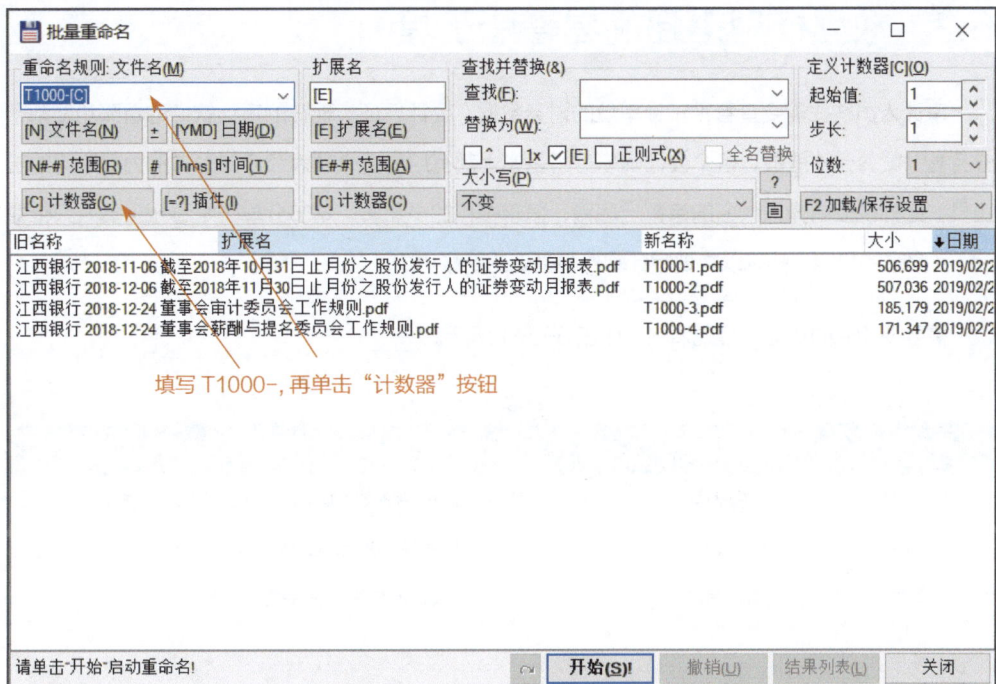

图 6-1-5

快速搜索

　　Total Commander 具有快速搜索功能。如果你记不清某个文件放在哪里了，那么可以用 Everything 工具搭配 Total Commander，就能快速搜索到。

怎么学

　　建议大家在"善用佳软"的网站中搜索"Total Commander"，可以看到其教程，跟着教程系统学习一下。另外，推荐大家加入一些聚集着 Total Commander 爱好者的 QQ 群，如果有不清楚的问题，那么可以在群里探讨。

6.2 数据模型搭建简易看账工具

审计人员往往需要查看被审计单位的财务数据、会计凭证。现在的审计软件的看账功能都十分完善，就算无法取数，各个会计师事务所基本上都有用科目余额表和序时账做的为看账用的宏工具，比如说业内鼎鼎大名的京都宏底稿、信永中和的小账套。本节分享一个看账工具，只依靠 Excel 自带的功能，就可以实现审计软件中基础的看账功能。

需要使用到的功能或公式清单，如表 6-2-1 所示。

表 6-2-1

功能区域	功能	备注
Power Pivot	数据模型	将科目余额表与序时账添加成数据模型并建立对应关系
插入	数据透视表	对数据模型进行数据透视并按科目汇总
数据	高级筛选	筛选出选中凭证的完整凭证信息

6.2.1 使用 Power Pivot 建立数据模型

Pivot Table 指数据透视表，也可以直译为交互式的表格。Power Pivot 就是"超级数据透视"，指拓宽 Excel 表格的数据处理边界，跨越不同表格，在各个表格之间针对数据建立联系并进行交互式分析。

Power Pivot 是 Excel 2016 及以上版本或 Excel for Office 365 版本的自带功能，使用低版本 Excel 的用户可以从 Office 官网上下载相关加载项的安装包。如果在 Excel 2016 及以上版本或 Excel for Office 365 中没有显示 Power Pivot 的功能区选项卡，那么可以单击 Excel 选项→在自定义功能区勾选 Power Pivot 主选项卡，将该功能的相关组件显示出来，如图 6-2-1 所示。

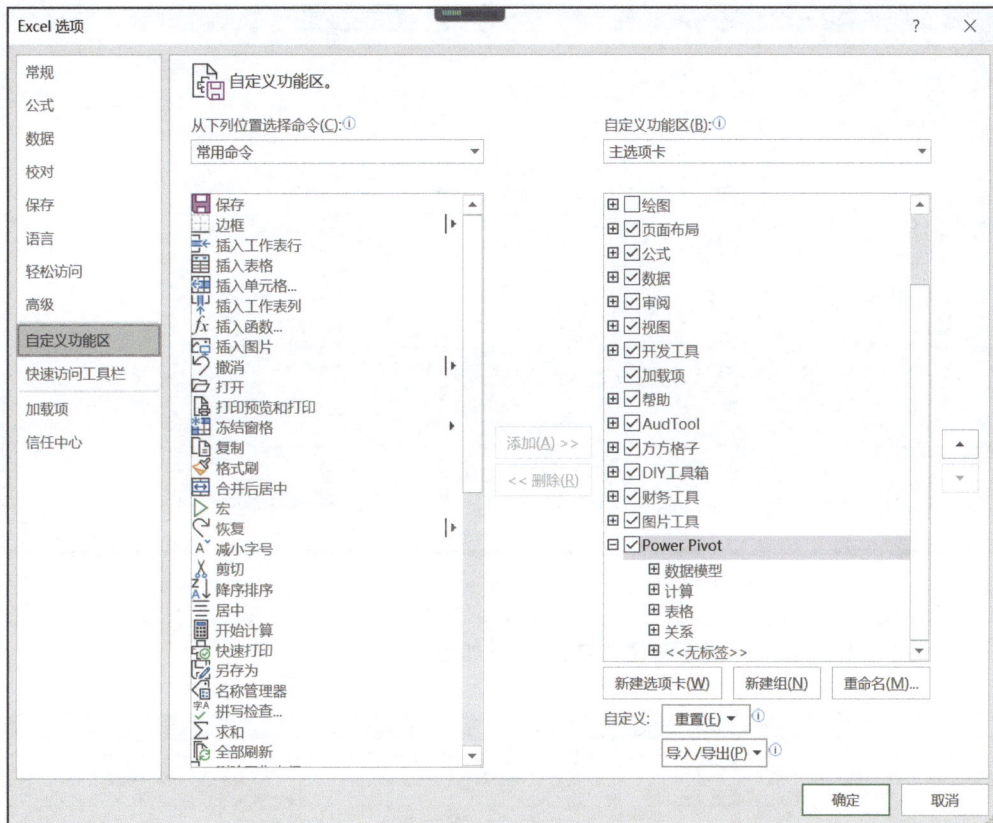

图 6-2-1

准备好被审计单位账面导出的序时账与科目余额表。

步骤 1　建立数据模型。

建立数据模型时一个模型可以只包含一个表格。如果要基于一个表创建模型，那么选择该表，然后单击"添加到数据模型"按钮（在 Power Pivot 中）。如果要使用 Power Pivot 功能（如筛选的数据集、计算列、计算字段、KPI 和层次结构），则必须先执行此操作。

单击"添加到数据模型"按钮后，可以框选需要建立数据模型的区域，如图 6-2-2 所示。

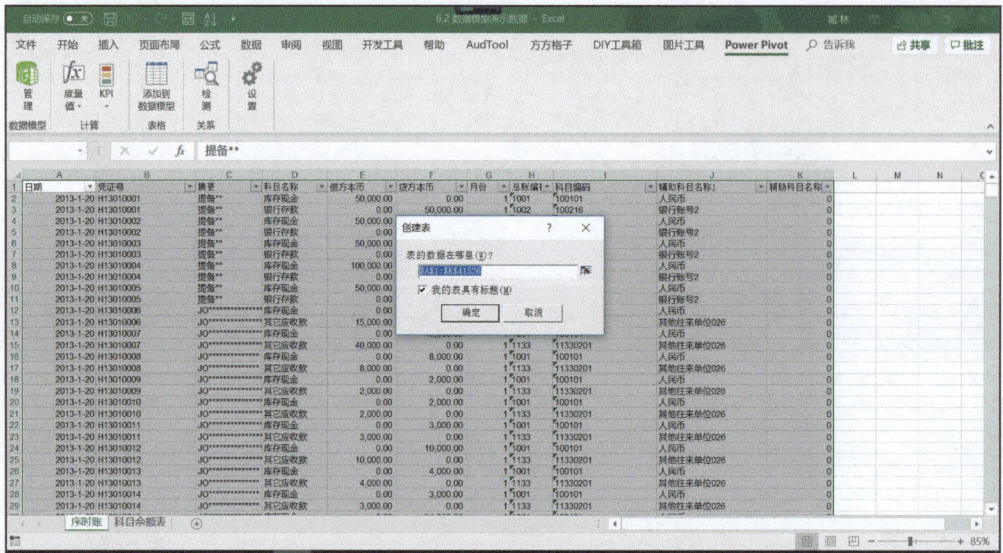

图 6-2-2

将序时账与对应的科目余额表建立数据模型，如图 6-2-3 所示。

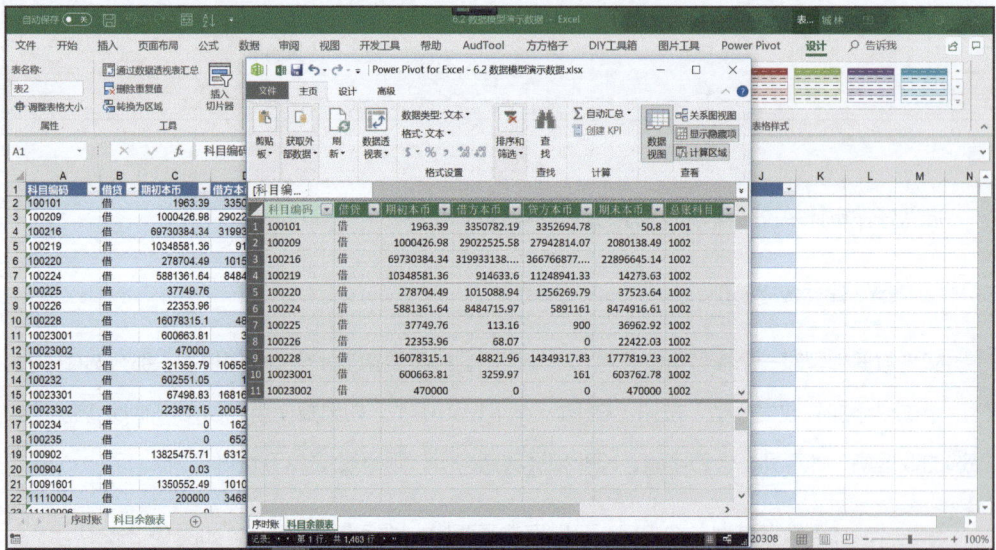

图 6-2-3

步骤 2　创建表之间的关系。

在表之间创建关系，以便从其中任何一个表中提取数据。每个表都需要具有主键或唯一字段标识符，如科目余额表的科目编号。最简单的方法是拖放这些字段，在 Power Pivot 的关系图视图中建立字段间的关联关系。

转到 "Power Pivot"→"管理"，在 "开始"选项卡上选择 "关系图视图"，将显示之前导入的"序时账"与"科目余额表"。将 "科目编码"字段从一个表拖动到下一个表中。创建表之间的关系，如图 6-2-4 所示。

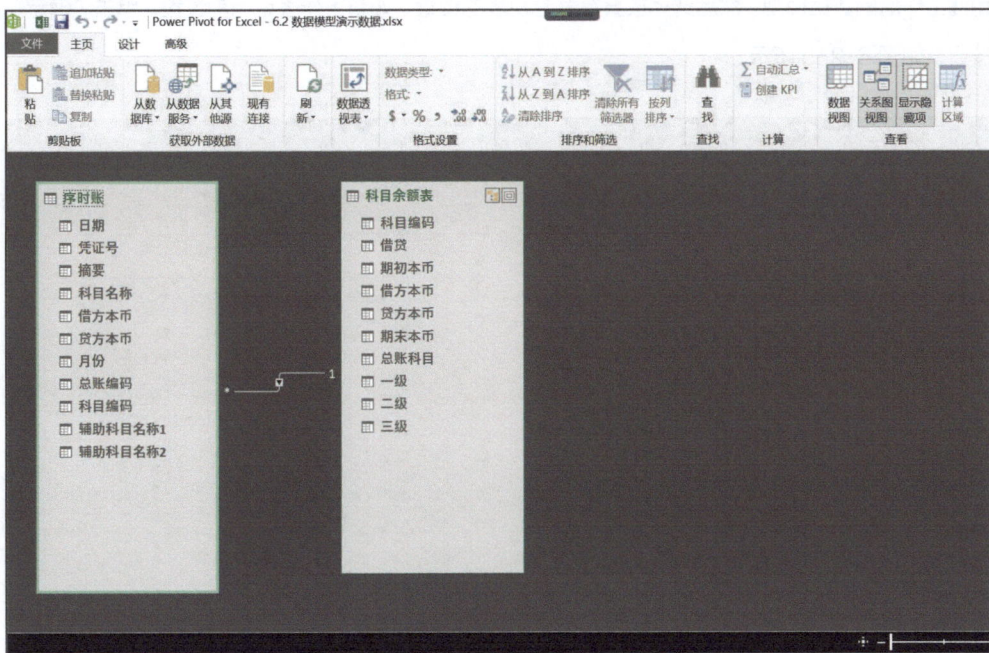

图 6-2-4

值得注意的是，字段的名称无须相同，就可以创建关系，但它们必须具有相同的数据类型。关系图视图中的连接线一侧显示"1"，而在另一侧显示"*"。这意味着表之间具有一对多的关系，以此确定数据在数据透视表中的使用方式。在建立数据模型中可以是一对一或一对多的关系，但不能是多对多。由于多对多不存在逻辑唯一性，所以无法建立模型。如示例中的科目余额表，它的每个科目编号就只有一个。

连接器仅表示表之间存在关系。实际上它不会显示哪些字段相互链接。若要查看链接，需要转到 Power Pivot → "管理" → "设计" → "关系" → "管理关系" 中查看。

6.2.2 使用数据模型建立数据透视表

Excel 工作簿只能包含一个数据模型，但该模型包含可在整个工作簿中重复使用的多个表。你可以随时向现有数据模型添加更多的表。

在"插入"选项卡中，单击"数据透视表"按钮。在弹出的窗口中选择要分析的数据，即使用此工作簿的数据模型。然后选择放置数据透视表的位置，如新工作表或当前位置。单击"确定"按钮，如图 6-2-5 所示。

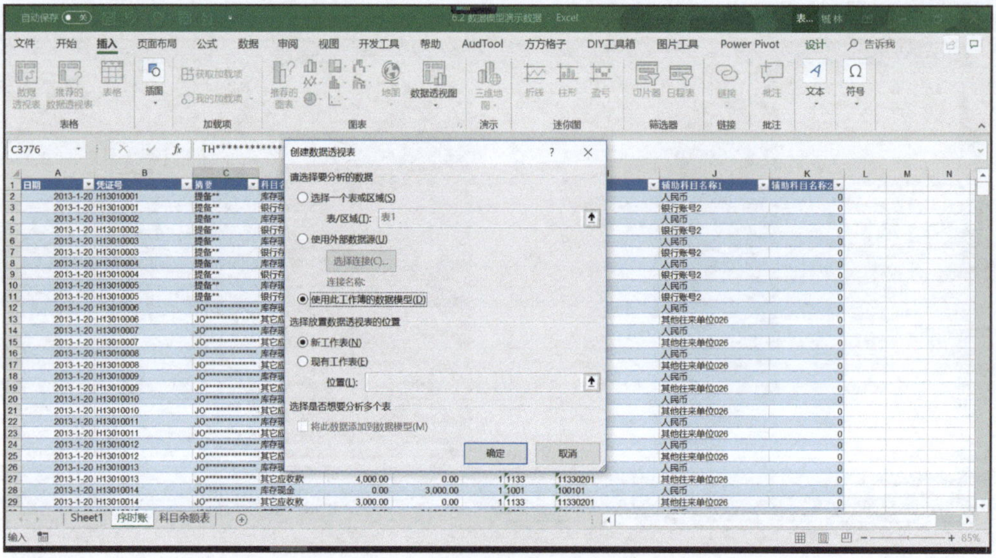

图 6-2-5

Excel 将添加空数据透视表，并在右侧显示字段列表窗格，如图 6-2-6 所示。

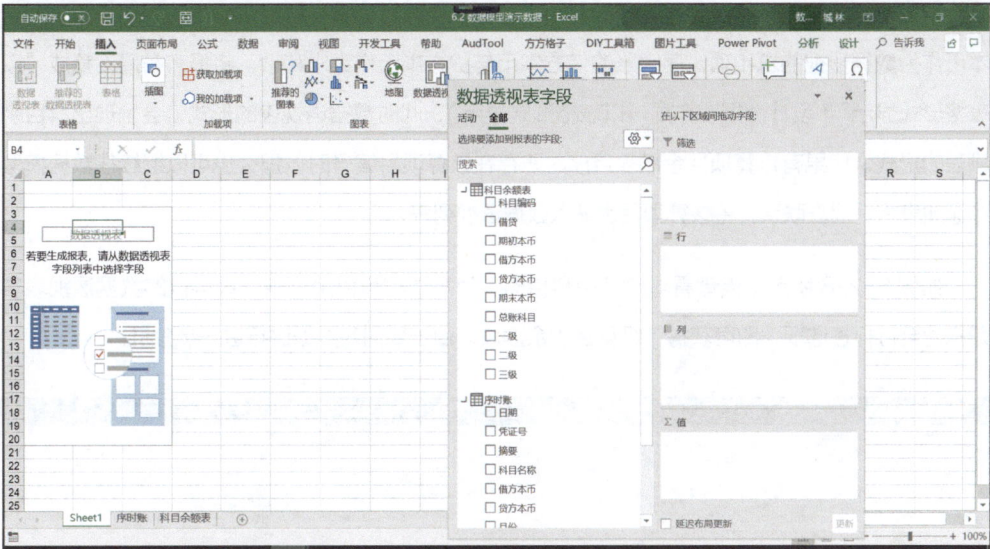

图 6-2-6

大家可以看到此时与之前第 4 章的费用科目中介绍的数据透视表不一样，在数据透视表字段中显示了我们建立联系的数据模型，以及所有工作表的字段，如图 6-2-7 所示。

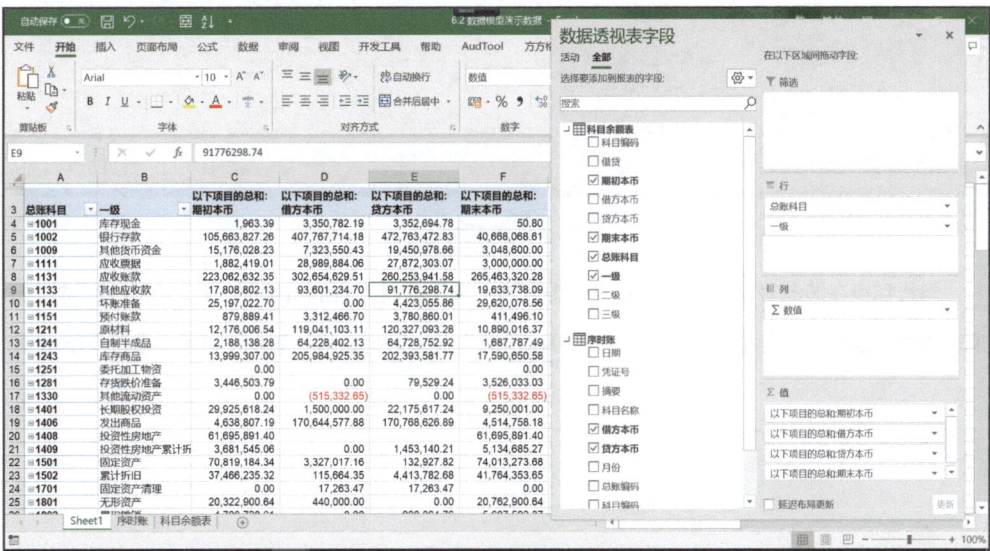

图 6-2-7

科目余额表的总账科目编号与一级科目名称可以作为行标签。科目余额表的期初本币、期末本币作为数据透视的求和项。序时账的借方本币与贷方本币作为求和项。将报表布局设置成"以表格形式显示"（设计→报表布局→以表格形式显示），此时数据透视表的形式就会呈现出科目余额表的形式。如果有核算项目余额表且序时账存在核算项目编号时，那么也可以继续往数据模型中添加表格、建立联系，将核算项目也纳入数据透视列表。

如图 6-2-8 所示，当查看对应 2 级科目时，只需要将科目余额表二级科目的数据透视表字段拖动至行标签选项，即可获得二级科目的余额表，便于我们对数据进行进一步分析。

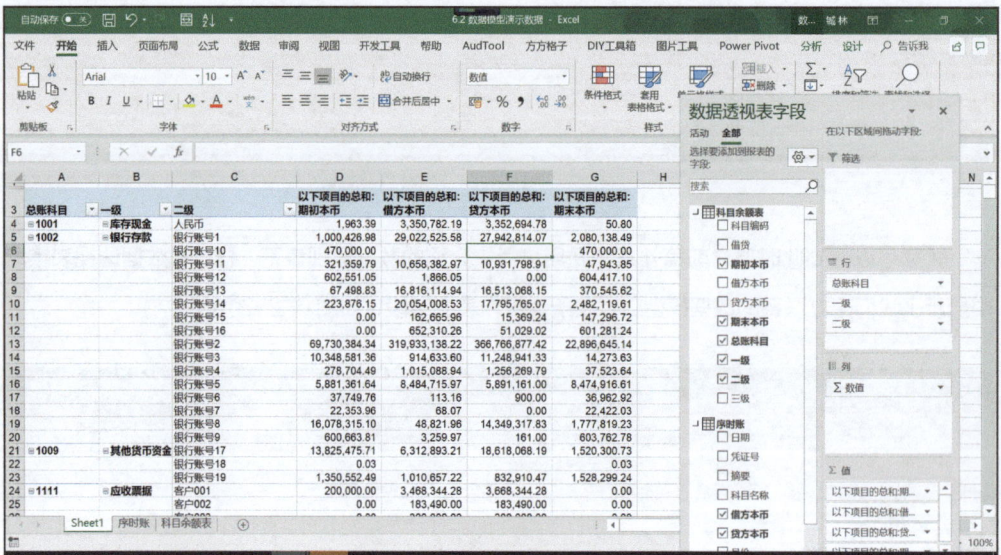

图 6-2-8

当看到存在波动异常或是金额较大、想要进一步了解其内容的科目时，我们可以双击数据透视表中的对应金额去查看其明细。图6-2-9显示的是双击银行账号1的发生额所显示的明细数据。

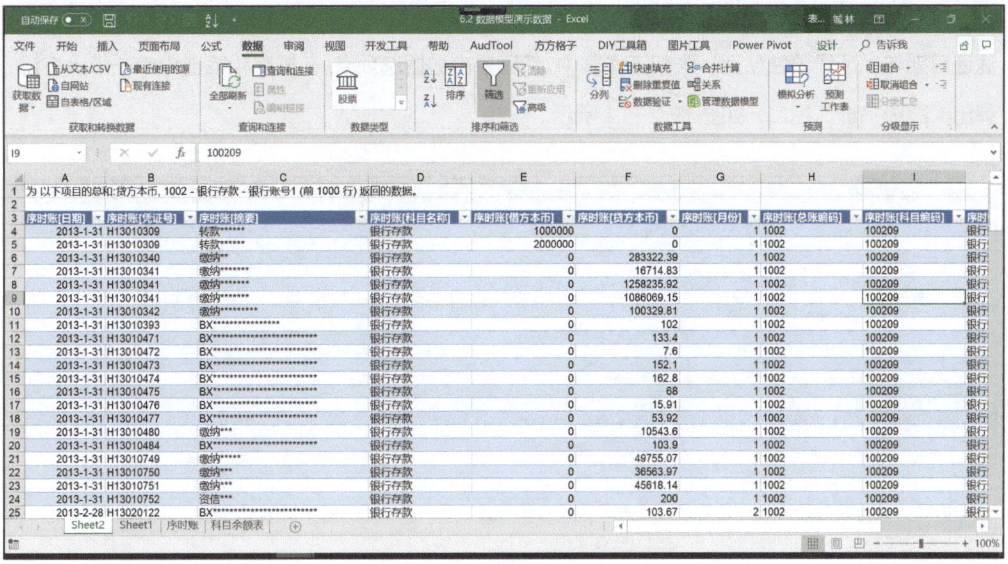

图 6-2-9

6.2.3　使用高级筛选快速找出需要的会计凭证

在查看被审计单位的会计账簿过程中，常常需要查看完整的会计凭证，了解被审计单位的会计处理是否正确。一般审计软件或会计软件，甚至是账套处理宏中都有联查功能。可以双击凭证查看对应的会计凭证。对完整的会计序时账使用 Excel 自带的高级筛选功能，可以批量并且多条件地查找出符合我们要求的凭证。

如果要查看一个会计凭证，则只需要使用序时账工作表中的数据选项卡的筛选功能，筛选指定的凭证号即可，如图 6-2-10 所示。

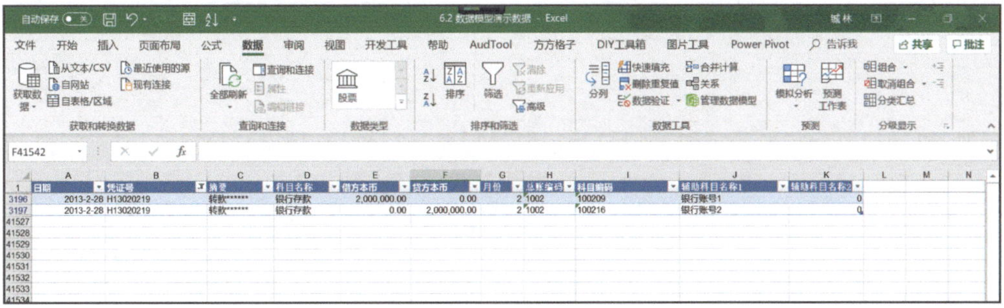

图 6-2-10

当要一次性查看多个会计凭证时，就需要使用高级筛选功能。找出我们感兴趣的凭证，将其凭证日期与凭证号单独贴到一张新工作表中。然后单击数据选项卡，在排序和筛选中单击高级按钮，弹出"高级筛选"窗口，如图 6-2-11 所示。

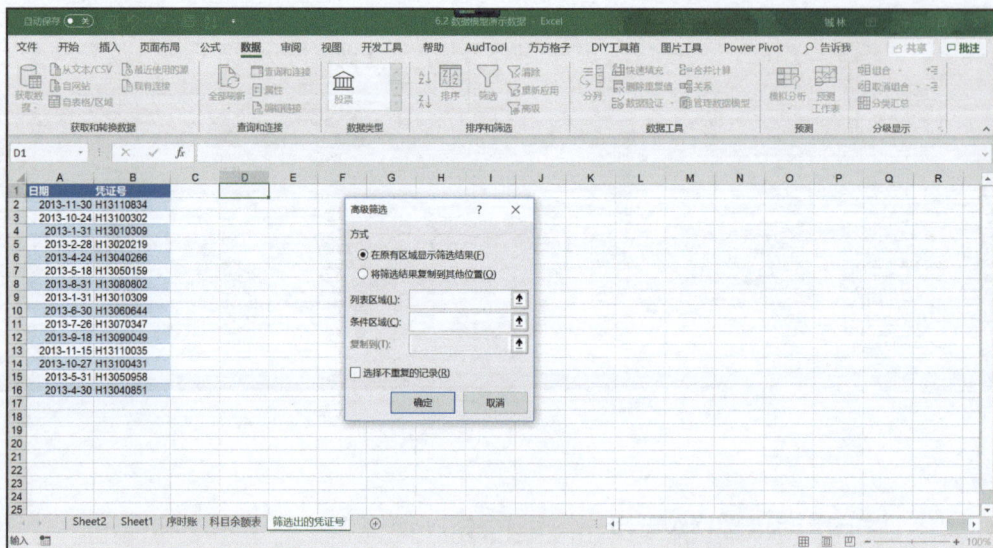

图 6-2-11

方式：将筛选结果复制到其他位置。

列表区域：序时账。

条件区域：筛选出凭证的日期及凭证号，此处选择 A1:B16 单元格区域。

复制到：展示筛选结果的地方，此处选 D1 单元格。

设置好以上高级筛选的条件后，单击"确定"按钮，如图 6-2-12 所示。

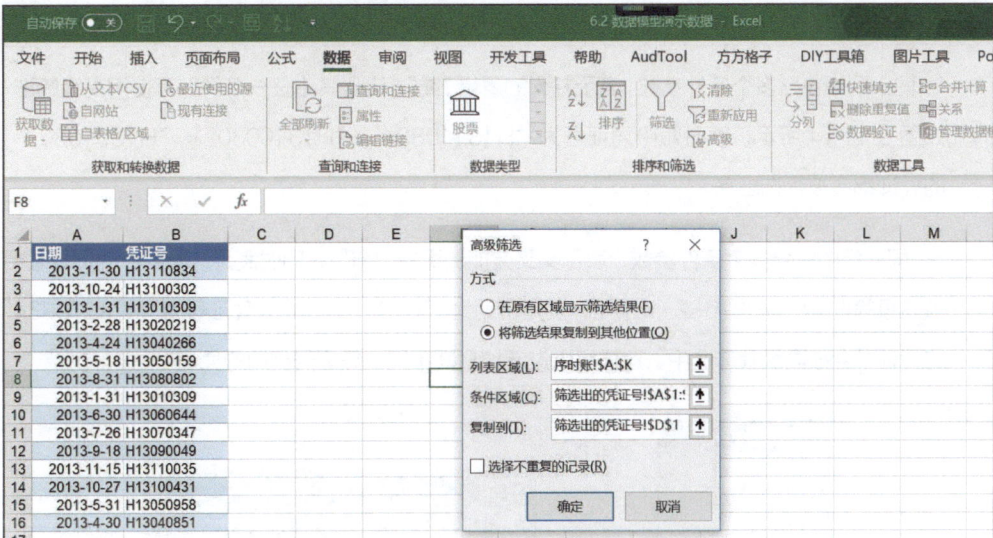

图 6-2-12

如图 6-2-13 所示，获得筛选条件内的所有完整会计凭证。

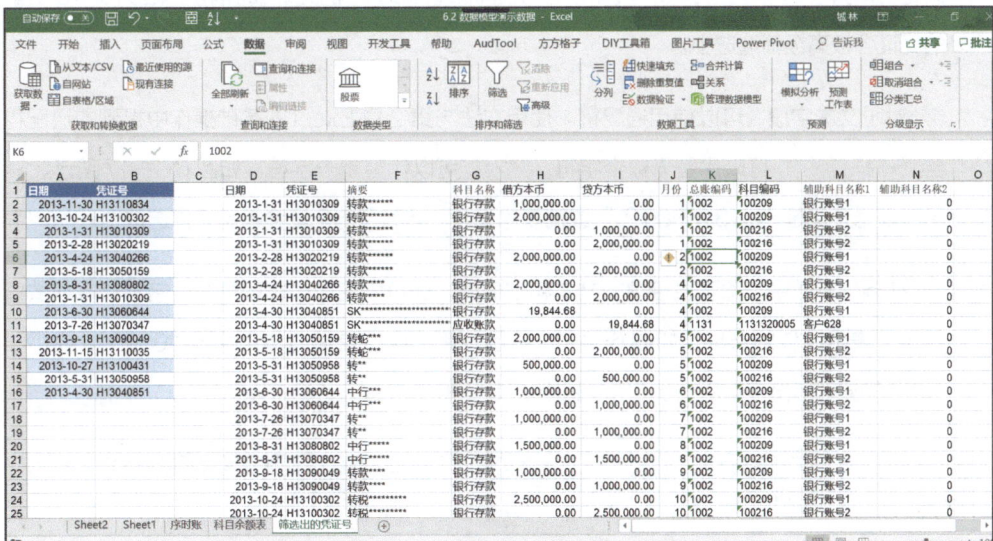

图 6-2-13

高级筛选的关键点在于条件区域的设置，设置的注意事项与逻辑关系如下：

1. 条件区域至少包含两行，在默认情况下，第一行作为字段标题，第二行作为条件参数。

字段标题可以为空，条件参数也可以为空，表示任意条件。

2. 同一列中包含多个条件参数，表示并列的逻辑"或"，满足其中任一条件即可使用高级筛选。如图 6-2-14 所示，序时账中凭证号为"H13110834""H13100302""H13010309"的凭证都会被筛选出来。

3. 同一行中包含多个条件参数，表示交叉叠加的逻辑"与"，同时满足这些条件的记录才会被高级筛选选中。如图 6-2-15 所示，满足日期为"2013-11-30"且凭证号为"H13110834"的凭证才会被高级筛选选中。这样可以过滤掉日期不同、凭证号相同的凭证。

凭证号
H13110834
H13100302
H13010309

图 6-2-14

日期	凭证号
2013-11-30	H13110834

图 6-2-15

4. 如果条件区域包含多行、多列，那么参照上面两条规则进行逻辑组合。如图 6-2-16 所示，满足日期为 "2013-11-30"且凭证号为"H13110834"的凭证或日期为"2013-10-24"的凭证会被高级筛选选中。

5. 对于文本字段，可以使用通配符。使用方法与第 2 章 Excel 的基础操作中提到的通配符含义一样，"*"可以代替无数个字符，"？"可以代替单一字符。如图 6-2-17 所示，满足凭证号开头是"H1311080？"或摘要内包含"转款"的凭证会被高级筛选选中。

6. 在条件参数中，除了直接填写文本和数值外，还可以使用比较运算符直接与文本或数值相连，表示比较的条件。如图 6-2-18 所示，筛选条件是借方本币大于 1000000 或小于 1000 的凭证与贷方本币大于 5000 且小于 10000 的凭证。

日期	凭证号
2013-11-30	H13110834
2013-10-24	

图 6-2-16

凭证号	摘要
H1311080？	
	转款

图 6-2-17

借方本币	贷方本币	贷方本币
>1000000		
<1000		
	>5000	<10000

图 6-2-18

高级筛选的条件区域的填写方式其实就是对筛选过程的逻辑梳理。高级筛选这个功能在审计工作中是可以和数据透视、分列功能媲美的基本功能。

第7章

学会学习

如何成为一个审计专家？其实笔者本人还没有成为一个专家，但是对遇到的厉害的合伙人和经理都有过观察。发现他们都有一个共性，那就是"会学习"。只要他们遇到任何觉得无法解决的问题就会立刻查阅准则、法律条款。很多人连"审计准则"和"内控应用指引"都没看过就埋头画底稿。审计这份工作必须是一份"会学习"的工作，需要不断积累，接触新的行业、新的知识，为利益相关者提供真正的价值服务，这才是审计这份工作的意义所在。

作家马尔科姆·格拉德威尔在《异类》一书中介绍：人们眼中的天才之所以卓越非凡，并非天资超人一等，而是付出了持续不断的努力。10000 小时的锤炼是任何人从平凡变成世界级大师的必要条件。很多人虽然在工时上积累了 10000 小时但并没有成为专家。这个 10000 小时并不是让我们埋头在底稿里做简单的复制、粘贴工作，那样只会让我们成为一个"数字搬运"的熟手技工。我们必须有明确的计划，掌握学习和积累的方法，不断地从各个渠道中汲取养分。

笔者为成为一名审计专家曾定下目标计划（见本书附赠资源）。作为一个参考，希望大家可以明确自己的目标，坚持学习，不断前行。

7.1　关于学习

在学习上每个人都有自己的学习方法，不能一味地照搬别人的方法。以学习英语为例，有很多通过自己努力、英语水平突飞猛进的人会向你传授他的方法，有人说要学习"疯狂英语"就是要每天大声说；有人说你不会听、说、读、写，是因为词汇量不够，所以要大量背单词；有人说把新概念英语四册书都背了，就可以说流利英语了；有人说要看英文电影和英文原著进行沉浸式学习……为什么每个人说的方法都不一样呢？原因是很多人往往迷信某一种方法，但是在尝试后发现很难坚持下来，所以就放弃了。而方法不是唯一的，只有找到适合自己的方法才有效。

下面介绍一些学习方法和学习理念，希望大家能够在学习的道路上越走越远。

7.2　逻辑等式

在 2007 年 10 月 17 日，陈春在"中国记忆力训练网"发布了文章讲述了他的"逻辑等式心象术"，也就是本书所说的逻辑等式。那么什么是逻辑等式呢？其实就是构造一个逻辑关系，使得"题目"="答案"。

答案是从不同角度对题目进行解释说明的，因此答案可以按解释角度不同而划分成几个独立的小块儿，用"1，2，3，4，5…"将答案小块儿标记出来，并用"+"将它们连接起来。"式子"的表达形式可以写成"题目——1 答案 +2 答案 +3 答案 +……"。

如果答案小块之间有因果关系、时间顺序、衍生关系、发展关系，那么可以用"→"代替"+"。"式子"的表达形式可以写成 "题目——1 答案→ 2 答案→ 3 答案→……"。

其实逻辑等式就是梳理知识中的内在逻辑，将知识与知识之间建立联系，如果知识没有明显相关的内在逻辑，那么就要努力找到知识背后的共通点，自己给它建立一个隐式逻辑。我们以一些 CPA 教材中的题目为例进行说明。

递进逻辑

题目：**企业战略联盟形成的原因？**

答案：

　　（1）促进技术创新。

　　（2）避免经营风险。

　　（3）避免或减少竞争。

　　（4）实现资源互补。

　　（5）开拓新的市场。

　　（6）降低协调成本。

我们知道"战略联盟"就是两个或两个以上单位为了实现共同战略目标而建立的合作关系。

那么题目实际上就是问"两个单位合作的原因"。那么合作有什么好处呢？

首先，可以利用别人的技术优势得出"（1）促进技术创新"。然后，合作的话自己就少了一个竞争对手，自然就减少了竞争，同时就减少了自己的经营风险，所以得出"（2）避免经营风险""（3）避免或减少竞争"。减少了竞争的问题，就可以谈互利合作了，因此得出"（4）实现资源互补"。

接着再共同去"（5）开拓新的市场"。在开拓新的市场过程中，因为两个人合作，自然就得出"（6）降低了协调成本"。可以看到，上面的答案中包含一个递进的关系，理解了这个逻辑，按照这个方式思考，就能很自然地记住知识点。

并列逻辑

题目：**什么是退出障碍？**

答案：

（1）固定资产的专用性程度。

（2）退出成本。

（3）内部战略联系。

（4）感情障碍。

（5）政府与社会约束。

如图 7-2-1 所示，我们看到题目里面包含了"退出"和"障碍"两个词。而答案就是解释这两个词的。

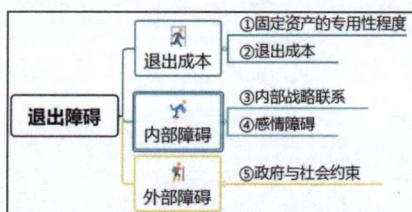

图 7-2-1

"退出"→"退出成本"

"障碍"→"内部障碍"＋"外部障碍"

这样一个并列关系就把答案和题目联系起来了，更容易记住。

混合逻辑

题目：什么是多元化战略风险？

答案：

（1）来自原有经营产业的风险。

（2）市场整体风险。

（3）产业进入风险。

（4）产业退出风险。

（5）内部经营整合风险。

根据题目，多元化战略包含了三个风险："原有产业风险"、"进入新产业风险"和"整体风险"。这里的三个答案是并列关系，共同解释了题目，如图 7-22 所示。

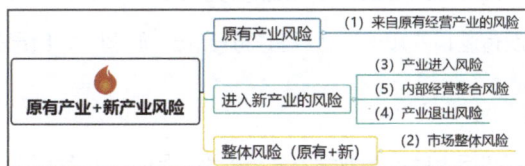

图 7-2-2

然后我们再分析一下"进入新产业风险"的逻辑，即"产业进入风险"→"内部经营整合风险"→"产业退出风险"。这其实就是企业在一个新产业里的生命周期。根据这个逻辑，就能很轻松地记住答案了。

构建逻辑

题目：波特五力模型的局限性？

答案：

（1）该模型基本上是静态的。然而，在现实中竞争环境始终在变化，其变化速度比模型所显示的要快得多。

（2）该模型能够确定行业的盈利能力。但是对于非营利机构，有关获利能力的假设可能是错误的。

（3）该模型基于这样的假设即一旦进行了这种分析，企业就可以制定企业战略来处理分析结果。但这只是一种理想的方式。

（4）该模型假设战略制定者可以了解整个行业（包括所有潜在的进入者和替代产品）的信息。但这一假设在现实中并不一定成立，因为对于任何企业来讲，在制定战略时掌握整个行业的全部信息可能性不大。

（5）该模型低估了企业与供应者、客户或分销商、合资企业之间可能建立长期合作关系以减轻相互之间威胁的可能性。在现实的商业世界中，同行之间、企业与上下游企业之间不一定完全是"你死我活"的关系。"强强联手"或"强弱联手"有时可以创造更大的价值。

（6）该模型对产业竞争力的构成要素考虑不够全面。因为任何一个产业内部都存在不同程度的互补。企业认真识别具有战略意义的互补并采取适当的战略（包括控制互补品、捆绑式经营或交叉补贴销售），使企业获得重要的竞争优势。

我们看这道题目，你很难找到答案和题目之间的逻辑关系，要是硬背的话，可能今天背了明天就会忘记。遇到这样没有逻辑的知识，就只有打开自己"脑洞"，自己去人为构建一个逻辑。下面我们来进行分析。

由于，波特五力模型实际上就是产业竞争分析模型。因此，题目可理解为"产业竞争分析模型的局限性"。

如图 7-2-3 所示，我们把答案按照"产业""竞争""分析"三个维度去解释题目。例如，"（2）确定行业盈利能力"是讲的产业整体；"（5）低估上下游关系"是讲的产业内部的上下游。其他的内容很容易理解，不再赘述。

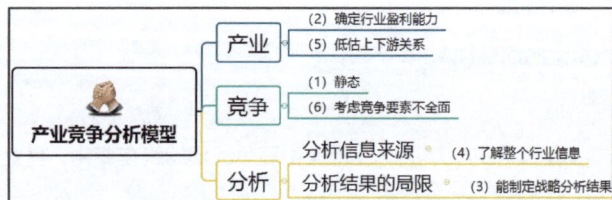

图 7-2-3

逻辑等式是一种非常好的梳理知识内在逻辑的方法，可以帮助我们对知识进行理解并加深记忆。

7.3　知识的联系

"知识体系"这个词很火，很多知识付费课程都在讲如何建立知识体系，基本上都会运用到思维导图、大纲、印象笔记建立目录等方法。然而，为什么有人跟着画了一堆思维导图、大纲，但在脑袋中仍然是一堆碎片化的知识呢？为什么有些人不用什么软件却仍然可以把一门知识条理清楚地和你娓娓道来呢？所有工具的使用，都只能起到对已有方法及思维的便捷化。而很多人往往沉迷的是工具，而不去体会真正的知识之间的联系。

在学习的过程中，每个人的方式是不同的，有些人喜欢以一个项目或任务的形式去学习，有些人喜欢拿一本书体系化的学习。无论是在项目实战中学习还是体系化学习，当你开始学习一个具体的知识点的时候，每一个知识点都是一个信息的孤岛，而这些孤岛之间没有任何联系，所谓的知识体系就是在这些信息孤岛中架设一座座桥梁。

每个人在开始学习一项新的技能之前，脑海中就存在着固有的知识结构，它就像一张蜘蛛网一样相互关联，每一个节点就是我们经过多年积累形成的牢固知识。当在一个新的领域学习时，善于学习的人总是会将新习得的知识与那张庞大的"知识网"产生联系，将新的节点联结在已有的网络中。在这个过程中，如果联结的路径越多，理解得越深刻，那么学习的速度就越快，抗遗忘的效果就越好。遗忘就像一个节点与其他节点的断裂，当你联结足够多的节点时，你总能够想起其中的一个节点。记得笔者在高三的时候，参加数学竞赛集训，这期间其他科目都没有碰过。集训完后就参加月考，物理试卷中有一道天体运动的题，但笔者突然忘记了天体运动的公式，最后用万有引力公式和圆周运动公式结合推导出了天体运动公式，完成了解答。很多人在学习的过程中，只会关注这个点，不会去思考这个点与其他点的联系，这样的知识结构是十分脆弱的。

将新的、未知的知识与熟悉的、已知的知识产生联系。这个思想其实和数学中的化归思想是一致的。在学习中除需要将新知识与老知识联系起来以外，还需要在新知识之间建立联系。以CPA 考试中的财务成本管理举例，很多人觉得这是 CPA 中最难的一门，林林总总需要记忆的公式太多了。但是如果对整本书前前后后所有真正需要记住的公式进行统计，那么结果可能不超过10 个。其中涉及最多的就是关于货币的时间价值的公式，即资本成本。只要是涉及资本成本的，最后总结下来就只有两个公式。

（1）资本成本 = 近一期利息 / 本金

（2）现金流量流出 × 折现率 − 现金流量流入 × 折现率 =0

第一个公式可以衍生出银行借款、债券、普通股、优先股的资本成本。如果考虑所得税、手续费、股利增长率、筹资费率等，就会衍生出几十个公式。但是如果你看透了它们背后的逻辑，那么就只有一个公式。就连本期市盈率 = 股利支付率 ×(1+ 增长率)/(股权成本 − 增长率) 这样的公式都可以从其衍化出来。

而第二个公式可能衍生出融资租赁、资本预算等公式。由此可以看出，当你在学习新的领域的知识的时候，要尽最大可能和已有的"老知识"产生联系，也要和刚学的"新知识"产生联系。不然，你画一堆思维导图，也只是列出了几百个公式，而不知道它们之间内在的联系是什么，逻辑是什么。就像《为什么学生不喜欢上学》里讲的"记忆是思考的残留物"。所有经过时间洗礼后还能记住的知识，都是经过深度思考的结果，那是和其他知识节点产生了无数联系的产物。

7.4 学习时间

大家可能知道遗忘曲线。例如，如果你不复习，那么一天后你就只记得 33.7% 的知识，一个月后就只记得 21.1% 的知识。在同样多的时间里学习一项知识，用间隔复习的方法会比集中时间学习的方法记忆的内容更多。这个间隔效应其实很直观，在事务所每个人都会准备 CPA 考试，在淡季的时候大家还有时间复习，但一旦上项目那么看书的时间就没有了，之前就有一位所里的朋友已经看了几个月的书，但是考前的两个月就一直在项目上，完全没有时间来复习，结果考试没有通过，十分可惜。相反，如果利用间隔复习的方法，那么在我们即将要遗忘的时候复习知识点，虽然把整体学习的时间拉长了，但学习的效果会好很多。我们怎么把握复习的时间节点呢？

Anki 是一个适用多平台的软件，也是一个复习系统，我们可以把学习过的知识以卡片的形式存储在其中，在我们即将忘记一个知识点的时候推出当天需要复习的卡片，从而达到最好的记忆效果。

如图 7-4-1 所示，当我们学习了一个知识点时，可以将其整理加工成卡片（这也是一个思考的步骤）。卡片是由"问题＋答案"的形式组成的，当我们看着题目回想答案时，根据是否能够轻松回忆起答案，选择"重来、困难、一般、简单"的按钮。系统会根据我们选择的情况，决定下一次复习的时间间隔，回忆越轻松，那么复习的时间间隔就越长，否则会缩短复习的时间间隔，从而让你进行更多的复习，直到记住该知识点为止。

图 7-4-1

软件强大的复习算法帮助我们避免了人工选择复习间隔的痛苦。当我们完成一次全面的学习后，每天只需要复习卡片，就可以避免遗忘。就算我们在项目上很忙，每天也可以在睡觉前掏出手机复习卡片上的知识，这样到考试的时候就能从容不迫。当然，就像我们前面说的，工具永远只是一个辅助，它代替不了你的思考。如果你只是把需要记忆的内容批量做成卡片，而不进行任何思考，那么复习再多次也是没有用的。因为"记忆是思考的残留物"。

间隔效应针对的是对已有知识的复习，尤其是对于通过一门考试有奇效。但是，在工作中我们要学习一个新的专业、新的技能，光靠碎片化的时间是不行的。就像学习一门编程语言，尤其是在最开始学习的时候，如果你隔几天学习一两个小时，那么可能很难入门。因为像编程这种耗时长的新技能，需要投入大量时间，靠零星的时间是难以攻克的。

　　我们的精力实在是太容易被分散了，除了每天繁忙重复的工作占用了大量的时间，在休息的时候我们的精力也仍然会被分散。例如，这一周想起了去健身，下一周又突然对 Excel VBA 感兴趣，再下一周看到别人学英语也报了一门网上的课。总之，如果把我们的精力比作一股作战力量，我们想要学习的技能是需要去战胜的敌人，那么我们总是在分兵抗敌。那些精通多领域专业的能人，"他们"很多并不是同时在多个领域上研究的，而是在一段时间内只专研一个领域，集中优势兵力，攻克"敌人"后，再去攻克下一个"敌人"。我们的人脑是单线程的，对于多线程的任务会大大降低效率，因此我们在一段时间内就专注于一个目标，把所有的空余时间都花在一个领域上面，你会发现在坚持几个月或一年后，就可以看到惊人的变化。